国家出版基金项目

NATIONAL PUBLICATION FOUNDATION

〔宋〕歐陽脩 撰
〔宋〕徐無黨 注

點校本
二十四史
修訂本

新五代史

第一册
卷一至卷三一

中華書局

圖書在版編目(CIP)數據

新五代史/(宋)歐陽脩撰;(宋)徐無黨注. —北京:中華書局,2015.8(2024.11 重印)
(點校本二十四史修訂本)
ISBN 978-7-101-10529-2

Ⅰ.新… Ⅱ.①歐…②徐… Ⅲ.中國歷史-五代(907~960)-紀傳體 Ⅳ.K243.104.2

中國版本圖書館 CIP 數據核字(2014)第 253168 號

責任編輯:魯 明
責任校對:李曉霞
責任印製:管 斌

點校本二十四史修訂本
新 五 代 史
(全三册)
〔宋〕歐陽脩 撰
〔宋〕徐無黨 注
*
中華書局出版發行
(北京市豐臺區太平橋西里 38 號 100073)
http://www.zhbc.com.cn
E-mail:zhbc@zhbc.com.cn
北京盛通印刷股份有限公司印刷
*
880×1230 毫米 1/32 · 35½印張 · 618 千字
2015 年 8 月第 1 版 2024 年 11 月第 6 次印刷
印數:17501-19000 册 定價:180.00 元

ISBN 978-7-101-10529-2

五代史記卷第一

歐陽　脩　撰

徐　無黨　注

梁本紀第一

本紀因舊以爲名本原其所始起而紀次其事以時也即位以前其事詳原本其所自來故曲而備之見其起之有漸有暴也即位以後其事略居尊任重所責者大故所書者簡惟簡乃可立法

太祖神武元聖孝皇帝姓朱氏宋州碭山午溝里人也其父誠以五經教授鄉里生三子曰全昱存溫變諱某書名義在稱王注中誠卒三子貧不能爲生與其母傭食蕭縣人劉崇家全昱無他材能然爲人頗長者存溫勇有力而溫尤兇悍唐僖宗乾符四年黃巢起曹濮存溫亡入賊中巢攻嶺南存戰死巢陷京師以溫爲東南面[illegible]營先鋒使攻陷同州以爲同

南宋初撫州刊本（中國國家圖書館藏）

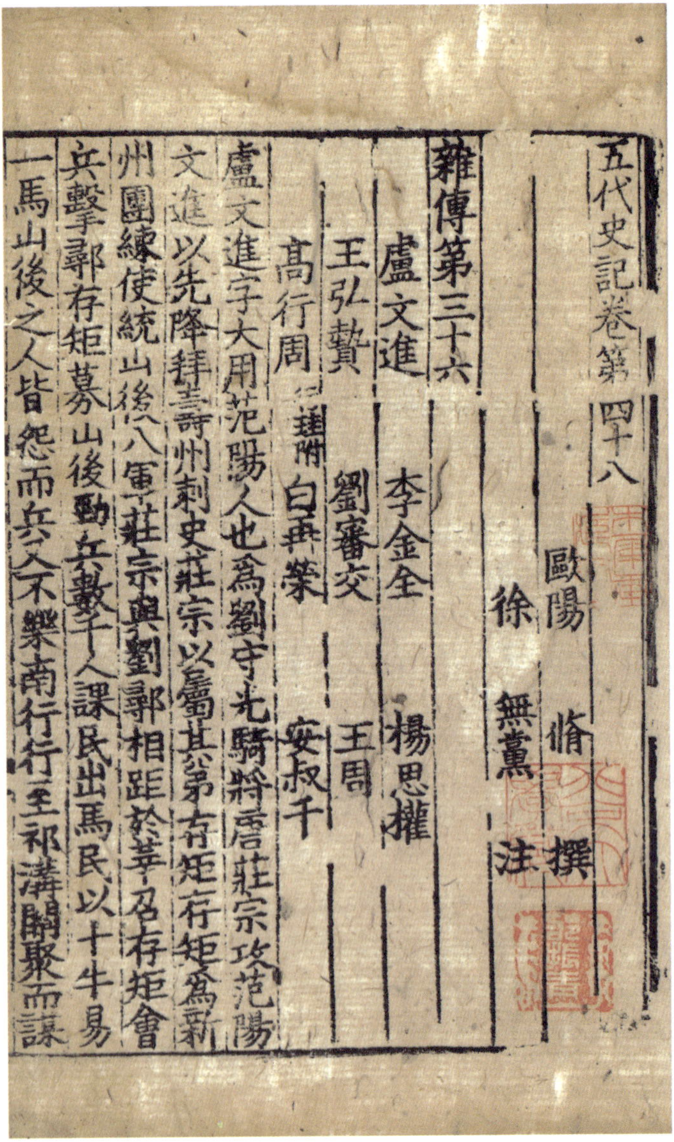

五代史記卷第四十八

歐陽　脩　撰

徐　無黨　注

雜傳第三十六

盧文進　李金全　楊思權

王弘贄　劉審交　王周

高行周　仁達附　白再榮　安叔千

盧文進字大用范陽人也為劉守光騎將唐莊宗攻范陽文進以先降拜壽州刺史莊宗以弟存矩為新州團練使統山後八軍莊宗與劉鄩相距於莘召存矩會兵擊鄩存矩募山後勁兵數千人課民出馬民以十牛易一馬山後之人皆怨而兵亦不樂南行行至祁溝關聚而謀

二　南宋刊宋元遞修本（北京大學圖書館藏）

五代史記卷第三

歐陽脩　撰

徐無黨　注

梁本紀第三

末帝太祖第三子友貞也末帝非諡號從其本語爲人美容貌沉厚寡言雅好儒士太祖即位封均王爲左天興軍使東京馬步軍都指揮使乾化二年六月太祖遇弑友珪自立殺博王友文以弑帝之罪歸之以王爲東京留守開封尹敬翔爲中書侍郎同中書門下平章事戶部尚書李振爲崇政院使明年友珪改元曰鳳曆二月駙馬都尉趙巖至東都王私與之謀遣馬慎交之魏州見楊師厚計事師厚遣小校王舜賢至洛陽告左龍虎統軍袁象先使討賊是

三　南宋初浙江刊宋修本（臺北「國家圖書館」藏）

五代史記卷第六十一

嗚呼自唐失其政天下乘時黥髡盜販衮冕峩巍吳暨南唐姦豪竊攘蜀險而富漢險而貧貧能自彊富者先亡閩陋荆蹙楚開蠻服剥剽弗堪吳越其尤牢牲視人嶺蜑遭劉百年之間並起爭雄山川亦絶風氣不通語曰清風興羣陰伏日月出爝火息故真人作而天下同作十國世家

吳世家第一

楊行密 子渥 隆演 溥

百衲本景印元覆宋慶元五年建刊曾三異校訂本（北京中華書局圖書館藏）

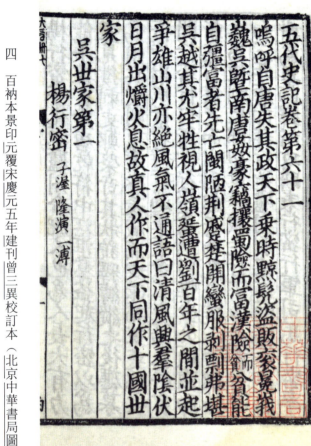

五代史記卷第三十七

歐陽　脩　撰

徐　無黨　注

伶官傳第二十五

嗚呼盛衰之理雖曰天命豈非人事哉原莊宗之所以得天下與其所以失之者可以知之矣世言晉王之將終也以三矢賜莊宗而告之曰梁吾仇也燕王吾所立契丹與吾約爲兄弟而皆背晉以歸梁此三者吾遺恨也與爾三矢爾其無忘乃父之志莊宗受而藏之于廟其後用兵則遣從事以一少牢告廟請其矢盛以錦囊負而前驅及凱

元大德鉛山州宗文書院刊明修本（中國國家圖書館藏）

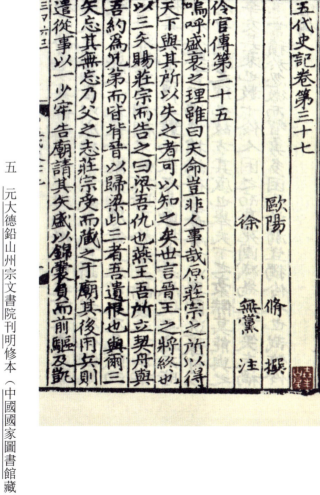

新五代史整理人員名録

原點校者　陳　垣　柴德賡
石淑儀　李國鈞　李德清　沈灌群　周子美　林艾園　金祖孟
袁英光　徐震堮　徐德嶙　馬興榮　陳光祖　陳懷良　梁永昌
張惠芬　張瑞璠　葉百豐　趙善詒　戴家祥　簡修煒　鄒逸麟
陸　楓　葉亞廉　劉德權　馮菊年　周琪生

修訂主持人　陳尚君

修訂承擔單位　復旦大學

修訂組成員　唐　雯　仇鹿鳴

編輯組成員　張忱石　馮寶志　魯　明　劉彦捷　王　勇

點校本二十四史及清史稿修訂緣起

以「二十四史」及清史稿爲代表的紀傳體史書，記載了中國古代從傳説中的黄帝到辛亥革命結束清朝統治前各個朝代的歷史概貌，以歷代王朝的興亡更替爲先後，反映了中國的歷史進程，構成了關於中國古代政治、經濟、軍事、科技、思想文化、社會風俗等各個方面最爲重要的基本史料，使中國和中華民族成爲世界上惟一擁有數千年連貫、完整歷史記載的國家和民族。這是中華民族引以爲榮並值得進一步發揚光大的寶貴歷史文化遺產。

爲了更好地傳承與保護這份珍貴的歷史文化遺産，二十世紀五十至七十年代，在毛澤東主席、周恩來總理的親自部署和國家有關部門的直接領導下，由中華書局承擔組織落實和編輯出版工作，集中全國學術界、出版界的力量，完成了「二十四史」及清史稿的點校整理和出版。從一九五八年九月標點「前四史」及改繪楊守敬地圖工作會議召開，次年九月點校本史記問世，到一九七八年點校本宋史完成出版，整理工作歷時二十年，其間不斷完善點校體例，逐史加以標點、分段、校勘、正誤、補闕，所積累的科學整理方法和豐富的實踐經驗，爲傳統文獻的整理做出了寶貴的探索，確立了現代古籍整理的基本範式和標準。點校本出版之後，以其優秀的學術品質和適宜閱讀的現代形式，逐漸取代了此前的各種舊本，爲學術界和廣大讀者普遍採用，成爲使用最廣泛的權威性通行本。

點校本「二十四史」及清史稿從開始出版，至今已超過半個世紀，上距一九七八年宋史出版，點校工作完成，也已經過去了三十多年。點校本「二十四史」及清史稿的整理出版工作，由於受到當時種種客觀條件的制約，加之整理出版過程歷時綿長，時間跨度大，參與點校者時有變動，點校體例未能統一，或底本選擇不够精當，或校勘過於簡略，或標點間有失誤，各史都存在着不同程度的缺憾。爲適應新時代學術發展和讀者使用的需求，亟需予以全面修訂。

中華書局於二〇〇五年開始籌備「二十四史」及清史稿的修訂工作，梳理學術界關於點校本的意見建議，清理點校工作原始檔案，進一步明確修訂工作重點。二〇〇六年四月召開專家論證會，得到了學術界的積極響應。其後，在新聞出版總署、中國出版集團公司和社會各界學術力量的支持下，正式組建了點校本「二十四史」及清史稿修訂工程組織機構，擬定了修訂工作的各項具體規定，包括修訂工作總則、修訂工作流程，以及標點分段辨法舉例、校勘記寫法細則舉例等一系列規範性文件，並在全國範圍内通過廣泛調研，遴選確定了各史修訂承擔單位和主持人。

點校本「二十四史」及清史稿，是二十世紀中國古籍整理的標誌性成果，修訂本是原點校本在新的歷史時期的延續。修訂工作在原有點校本基礎上展開，嚴格遵守在點校本基礎上進行適度、適當修訂和完善的原則，通過全面系統的版本覆核、文本校訂，解決原點校本存在的問題，彌補不足，力求在原有基礎上，形成一個體例統一、標點準確、校勘精審、閱讀方便的新的升級版本。

修訂工作的總體目標，主要包括兩個方面：一，保持點校本已取得的整理成果和學術優勢，通過各個修訂環節，消弭點校本存在的缺憾，並認真吸收前人與時賢的研究成果，包括當代學術研究的新發現（文物、文獻資料）、新結論（學術定論），使修訂本成爲符合現代古籍整理規範、代表當代學術水準、能够體現二十一世紀新的時代特點的典範之作。二，解決原點校本各史體例不一的問題，做到體例基本統一，包括：規範取校範圍、校勘取捨標準、分段及校勘記、標點方式；撰寫各史修訂本前言、凡例；編製主要參考文獻目録及其他附録、索引。

早在一九六〇年，時任國務院古籍整理出版規劃小組組長的齊燕銘同志，就曾對點校本「二十四史」提出過兩點明確的要求，其一是在學術成果上「超越前人」；其二是經過重版修訂使之「成爲定本」。點校本的學術業績，獲得了學術界和廣大讀者的高度評價和廣泛採用，經過全面修訂，希望能在保持原有學術優勢的基礎上完善提高，進一步確立並鞏固點校本「二十四史」及清史稿的現代通行本地位，「成爲定本」還需要廣大讀者的檢驗和今後不斷的努力。

點校本「二十四史」及清史稿整理工作自二十世紀五十年代起始，至本世紀全面修訂再版，五十餘年間，一代又一代學者如同接力賽跑，前赴後繼，爲之默默奉獻，傾盡心力。點校本的學術成就和首創之功，以及其間展現的幾代人鍥而不捨的爲學精神，將澤被學林，彪炳史册！值此修訂本出版之際，我們向所有參加過點校工作的前輩學者和出版工作者，表示崇高的敬意，對已故前輩表達深切的懷念，向承擔本次修訂的各位學者專家表示誠摯的謝意，向國家出版基金管理委員會及其辦公室、各史點校和修訂承擔單位、各相關圖書收藏機構，以及關注和支持本次修訂工作的社會各界人士，謹致由衷的謝忱。

中華書局編輯部　二〇一三年七月

點校本新五代史修訂前言

新五代史，北宋歐陽脩撰，原名五代史記，後世爲區别於薛居正等官修的五代史，習稱爲新五代史。全書七十四卷，記載後梁、後唐、後晉、後漢、後周五朝共五十三年的歷史。

一

唐末的動亂，可以追溯到唐懿宗咸通後期的桂林戍卒叛亂，至唐僖宗廣明以後，戰亂遍及全國，各地割據自守，在中原則形成朱全忠與沙陀李克用互相爭雄的局面。至唐哀帝天祐四年（九〇七），佔據優勢的朱全忠受唐禪，建立後梁。李克用父子據河東與之抗衡，復經十七年戰爭，李存勗於同光元年（九二三）稱帝滅梁，建立後唐。此後石敬瑭建後晉（九三六），劉知遠建後漢（九四七），郭威建後周（九五一），都是河東沙陀勢力分化的結果。與此同時，北方的契丹日益强盛，成爲影響五代歷史走向的重要外部因素，而各地割據勢力先後稱王建號者有岐李茂貞、前蜀（國號漢）王建、吴越錢鏐、燕劉守光、吴楊隆演、閩王審知、南漢劉龑、楚馬殷、後蜀孟知祥、南唐李昪、北漢劉旻等，佔據數州之地而形同割據者則有荆南（即南平）高季興、夏州李仁福、靈武韓洙等。後世取其大端，習稱爲五代十國時期。嚴格地説，這一時期僅包括後梁建立到宋受周禪的五十三年，但如以唐僖宗乾符後期河東沙陀勢力崛起爲起點，以宋太宗太平興國四年（九七九）北漢滅亡爲終點，則約有一百年。

宋太祖趙匡胤建立宋王朝後，先後出兵征服後蜀、南漢，並迫使荆南歸順，政局穩定，統一可期，乃於開寶六年（九七三）詔參知政事薛居正監修五代史，歷時一年半成書，凡一百五十卷。薛史主要依據五代各朝實録删削而成，大量保存了五代實録的原始記録，但因成書倉促，失於本紀太繁，列傳僅次履歷，拙於敍事，史筆無法，美惡失實，頗爲後人詬病。

宋王朝完成國家統一後，實力增强，更重視國家的制度建設和士人的道德敦尚，因此時人不滿於薛撰五代史，多有重修之議。宋仁宗天聖五年（一〇二七）二月「知寧州楊及上所修五代史」〔一〕。慶曆初翰林學士盛度建議重修唐書後，時居相位的宋庠即有奏劄請同時重修五代史。他認爲薛書「雖粗成卷帙，而實多漏略，義例無次，首末相違」，「其五代帝紀則殆是全寫實録，別傳則更同銘誌，比於唐史，抑又甚焉」。而當時秘府所藏「五代實録、諸國僭僞之篇，往往完具，若得裒類而通閲，猶足以整齊年月，補緝散亡，勒成新書，或矯前病」。並推薦其弟刑部員外郎宋祁、翰林侍讀學士李淑承擔編纂〔二〕。可知在歐陽脩之前，宋人已有重修五代史的動議和嘗試。

二

歐陽脩（一〇〇七—一〇七二），字永叔，廬陵（今江西吉安）人，北宋著名政治家、文學家、史學家。宋仁宗天聖八年（一〇三〇）進士及第。景祐、康定間兩度任館閣校勘，參與編纂崇文總目。至和元年（一〇五四）後，主持新唐書編修，任翰林學士、樞密副使。官至參知政事，以太子少師致仕。歐陽脩詩文負天下重名，一生勤於著述，開創尤多。著有居士集、居士外集、詩本義、集古録跋尾等，南宋時彙輯爲歐陽文忠公文集一百五十三卷。

歐陽脩編纂五代史書，始於景祐初任館閣校勘期間。其實元元年（一〇三八）作答李淑内翰書云：「五代紀傳，脩曩在京師，不能自閒，輒欲妄作。」景祐四年（一〇三七）作與尹師魯第二書云：「開正以來，始似無事，治舊史。前歲所作十國志蓋是進本，務要卷多，今若便爲正史，盡宜删削。」「正史更不分五史，而通爲紀傳，今欲將梁紀并漢、周，脩且試撰次；唐、晉，師魯爲之，如前歲之議。其他列傳，約略且將逐代功臣隨紀各自撰傳，待續次盡，將五代列傳姓名寫出，分而爲二，分手作傳。」可知他在京期間，初擬修十國志，因貶官中輟，且計劃也有所改變，即從敍述十國歷史的十國志，改作通述五代的正史。乃初擬纂述體例，與尹洙同撰，明確各自分工，互相閲讀删削。歐陽脩與尹師魯第三書云：「列傳人名，便請師魯録取一本，分定寄來。不必以人死年月斷於一代，但著功一代多者，隨代分之，所貴作傳與紀相應。」旨在斟酌立傳原則及紀傳間之照應。此書提及慶曆四年（一〇四四）蘇舜欽案，應作於次年春歐陽脩出使河北、河東期間，知二人合作撰史當在九年以上。全書最終由歐陽脩一手完成，但尹洙曾參與前期編撰，應可確定。

歐陽脩修史主要在景祐三年（一〇三六）貶夷陵、慶曆五年（一〇四五）知滁州及皇祐四年（一〇五二）丁母憂去職期間。皇祐五年與梅聖俞云：「閒中不曾作文字，祇整頓了五代史，成七十四卷。」知初稿已大體完成。至和元年（一〇五四）與澠池徐宰云：「五代史，昨見曾子固議，今卻重頭改換，未有了期。」知曾以史稿聽取曾鞏意見，並擬大幅度改作。嘉祐五年（一〇六〇）作免進五代史狀云：「外方難得文字檢閱，所以詮次未成。昨自還朝，便蒙差在唐書局，因之無暇更及私書，是致全然未成次第。欲候得外任差遣，庶因公事之暇，漸次整緝成書。」至此全書似尚未完稿。

此後數年，歐陽脩仍繼續整比全書。晁公武郡齋讀書志卷五以爲晉出帝論乃有感於治平二年（一〇六五）濮議而發。又治平元年，詔路振所撰九國志五十卷以付史館〔三〕，今十國世家注中多引及路書。熙寧五年（一〇七二）閏七月二十三日，歐陽脩去世〔四〕，半個多月後，朝廷向其家詔求五代史〔五〕，其時全書似乎仍未最終定稿，故元吴師道敬鄉録卷二引洪興祖云：「五代史，歐陽公未及考正而薨，其家遽以進御，後人傳刻，舛繆增多。」清周中孚鄭堂讀書記卷一五皆議此書：「梁末帝紀竟無論贊，馮道傳前忽有序引，使史體敧側偏枯，成何體制？」此類未及劃一處，或皆因未曾最終定稿所致。

三

歐陽脩對五代歷史有自己獨特的認識，他不贊同李昉以梁爲僞的見解，認爲正統是指「王者所以一民而臨天下」，而「五代之得國者，皆賊亂之君也，而獨僞梁而黜之者，因惡梁者之私論也」〔六〕。認爲五代「其君天下者，類皆爲國日淺，威德未洽」，「是以兵無制，用無節，國家無法度，一切苟且而已」〔七〕。各代皆未嘗合天下於一，因而都不具備正統地位。這一觀念貫穿於五代史記全書編纂中。

歐陽脩改變了舊五代史五代各朝分別成編的體例，打破朝代界限，將各朝本紀、列傳總合在一起，以此體現其大一統的史觀。編纂體例則模仿史記，將全書分爲紀、傳、世家、考（即志）、年譜（即表）五部分。其中特別之處有以下數端：一是將五代各朝皇室傳記分別編爲家人傳，按照血緣關係區分爲五朝八家，特意於後唐分爲唐太祖家人傳、唐明宗家人傳和唐廢帝家人傳，後周分爲周太祖家人傳和周世宗家人傳，强調血緣宗族是禮法社會的根本，糾正舊史以義兒、繼子具有合法繼承地位的偏差。二是臣工傳記，對專事一朝之人，列爲梁臣傳、唐臣傳等，而將歷事兩朝或數朝之人統列入雜傳。以砥礪士節、忠于職守爲原則，體現宋王朝對士人廉恥名節之重視，也成爲歐陽脩評騭人物品德之關鍵。三是另立類傳以收不同職業或操守之人，死節、死事、一行諸傳有所褒揚，唐六臣傳、義兒傳、伶官傳皆寓貶抑。歐陽脩斥責將唐社稷印信奉達梁廷之六臣「皆庸懦不肖、傾險獪猾、趨利賣國之徒」，認爲義兒緣起於「世道衰，人倫壞，而親疏之理反其常，干戈起於骨肉，異類合爲父子」，是導致世亂的根本所在。此外，作十國世家以存各割據政權歷史，不依舊史以是否得到中原王朝的承認來區分僭僞與否。作十國世家年譜以貫穿中原五朝與割據十國的年代先後，作四夷附録以存契丹政權歷史與四裔各族之梗概。

舊五代史原有記載典章制度的十志，新五代史改稱考。歐陽脩認爲五代時期是「干戈賊亂之世」，「禮樂崩壞，三綱五常之道絶，而先王之制度文章掃地而盡」，禮樂文章「無取焉」，因而只作司天考記録曆法及天象變化，作職方考記載州郡地理沿革。其他諸志部分内容融入列傳，如卷五七馬重績傳參取舊史曆志，多數典章制度則付闕如。

具體行文追求寓褒貶於敍事之中，歐陽發先公事迹云：「其於五代史，尤所留心，褒貶善惡，爲法精密，發論必以『嗚呼』，曰『此亂世之書也』。其論曰：『昔孔子作春秋，因亂世而立治法；余述本紀，以治法而正亂君。』此其志也。」由於行文簡雋，寓意深邃，爲了讓讀者體察行文中的褒貶之意，故而出現了史著與史注同時完成的特例。

新五代史注，歷代傳本及宋史藝文志皆題徐無黨注。徐無黨，東陽（今屬浙江）人，少從歐陽脩學，皇祐五年登進士第，知澠池縣。嘉祐初爲婺州教授、著作郎。官至政和殿學士，卒於元祐元年（一〇八六）。早年曾爲歐陽脩代筆作初配夫人胥氏墓誌銘，且二人屢有題贈唱和。徐無黨從歐陽脩受學在慶曆末至皇祐間，恰值新五代史撰作之時。歐陽脩與澠池徐宰云：「五代史「仍作注，有難傳之處，蓋傳本固未可，不傳本則下注尤難，此須相見可論」。細繹此語，注文更似歐陽脩自撰而借名於弟子者。故北宋就有歐陽脩「授徐子爲注」的傳聞〔八〕。清俞正燮也認爲「其注於新義隱義，以一二語抉之，甚精到，但未整理文詞耳。疑歐自注而署徐名者」〔九〕。當然也可能徐曾爲其修史之助手，注文爲師生二人切磋而定。其注頗簡略，多集中於本紀，且多發揮義例，解讀微言大義。如梁本紀下「皇帝即位」注：「自即位以後，大事則書，變古則書，非常則書，意有所示則書，後有所因則書。」「弑濟陰王」句注：「弑，臣子之大惡也，書『濟陰王』，從其實；書『弑』，正梁罪名。」凡此之類，皆旨在傳達作史者意圖。十國世家部分次之，内容爲敍述諸書異同及史文取捨之據，與司馬光通鑑考異類似。列傳則多半無注。

新五代史的史源，趙翼謂其「多據薛史舊本，然采證極博，不專恃薛本也」〔一〇〕。列傳部分主要以舊五代史爲藍本，酌取實録、野史、筆記乃至故老口述加以充實，其所涉細節也有較薛史豐富處。如朱全昱酒醉後斥責其弟朱全忠辜負唐恩而「滅他唐家三百年社稷」一節，係用五代史闕文所載，王鳴盛稱此爲採小説補史之「最妙」者。王景仁、郭崇韜、安重誨、李茂貞、孔謙、王彦章、段凝、趙在禮、范延光、盧文紀、馬胤孫、姚顗、崔梲、吕琦等傳中皆有史實上的增補。十國與四夷部分史料，較舊五代史大爲豐富。歐陽脩撰史時，十國亡國已久，文獻陸續散出，路振據以纂九國志五十一卷，爲歐陽脩所重視。又如敍楊吴事用徐鉉吴録，敍南唐、閩事用湯悦江南録，敍前蜀事用前蜀書，皆甚可貴。論吴越稱帝改元，則引用吴越國封落星石爲寶石山制書，知其嘗改元，這一結論南宋後爲更多的文獻與刻石所證明。而述契丹道里用胡嶠陷虜記，述于闐風俗用平居誨（歐陽脩所引誤作高居誨）于闐記，尤足珍貴。

四

歐陽脩生前，新五代史已在友朋間傳閲，除前引曾鞏讀後提出修改意見外，劉敞也在皇祐二年（一〇五〇）作有觀永叔五代史詩，記其閲讀感受[二一]。歐陽脩去世五年後，其書得以入藏秘閣[二二]。由于歐陽脩在當時及後世的崇高地位與廣泛影響，加上北宋後期到南宋前期理學成爲學術主流，他所倡導的重一統、明血親、礪士節、黜勢利的見解，成爲士大夫的共識，新五代史影響也迅速擴大，爲世所重，邵氏聞見録卷一五云「今歐陽公五代史頒之學官，盛行於世」，約在北宋後期已取得官學的地位。

新五代史最早刊刻當在歐陽脩去世後不久，郡齋讀書志卷五云：「永叔没後，朝廷聞之，取以付國子監刊行。」惜北宋本已無存世。南宋至清代，此書屢經刊刻，版本衆多。列入中國古籍善本書目的傳本達三十四種，其中宋元本（包括殘本及配補）九部，加上流播海外者，則傳世宋元本即達十餘部之多，去其重複，主要有五本：

一是中國國家圖書館藏殘宋本（簡稱宋甲本），存一至十四卷〔一三〕，半葉十二行，行二十二字，有章鈺、傅增湘跋。其中一至十二卷係傅增湘舊藏，後歸周叔弢，餘二卷係周叔弢所藏。傅跋初以爲北宋本，後於藏園群書經眼録據刻工姓名，斷爲南宋初撫州刊本，阿部隆一宋元版所在目録亦同此説。此本爲新五代史現存最早刊本。

二是北京大學圖書館藏殘宋本（簡稱宋乙本），存卷四三至四五，卷四八至五〇，共六卷，半葉十二行，行二十二字。此本係李盛鐸舊藏，傅增湘藏園群書經眼録有著録，謂有七卷，較今存本多第四十六卷，並稱其「補刻之版已居八九」。

三是臺北「國家圖書館」所藏宋本（簡稱宋丙本），有補鈔。此本半葉十二行，行二十二字。楊守敬初得此本於日本，經繆荃孫、劉世珩、張乃熊遞藏。日本訪書志、藝風藏書記等著録。尾崎康據刻工及避諱定爲南宋初浙江刊本。清劉世珩影刻宋本即以此爲底本。

四是元覆宋慶元五年（一一九九）建刊曾三異校訂本（簡稱慶元本）。此本半葉十行，行十八字，曾三異之校訂多以「三異案」與原注區別，卷一八末有題記一行：「慶元五年魯郡曾三異校定。」傅增湘、張元濟初據此認爲此本係南宋寧宗時所刊，尾崎康據刻工及字體定爲元覆刻本。曾三異，字無疑，號雲巢，臨江軍人，曾協助周必大校正歐陽脩文集，又以承務郎差監潭州南嶽廟，充秘閣校勘，轉太社令。宋史藝文志著録其宋新舊官制通考十卷及宋新舊官制通釋一卷。曾校多考新五代史與他書之異同，間亦記古本面貌。此本傳本尚多，中國古籍善本書目著録有三部，百衲本新五代史取傅增湘雙鑑樓舊藏元覆宋慶元本爲底本影印，流通頗廣。

五是元大德間鉛山州宗文書院刊本（簡稱宗文本）。此本半葉十行，行二十二字，文字多有優長之處，係明清以降諸多通行版本的祖本，明南監本、北監本、汲古閣本、汪文盛本、清殿本等皆據此本整理翻刻。中國古籍善本書目著録有四部，以中華再造善本影印中國國家圖書館藏本爲易見。

點校本新五代史整理工作最初由陳垣、柴德賡承擔，一九七一年後轉由華東師範大學完成，於一九七四年出版。原點校本以百衲本影印元覆宋慶元本爲底本，參酌了當時通行的明清諸本，並吸取了前人一些研究成果，糾訂了部分史實錯謬。

本次修訂，仍以百衲本影印元覆宋慶元本爲底本，以宋甲本、宋乙本、宋丙本、宗文本爲通校本，以南監本、北監本爲參校本。北宋吴縝五代史纂誤、司馬光資治通鑑考異、南宋錢端禮編諸史提要、題南宋呂祖謙編五代史詳節、元胡三省資治通鑑音注以及宋類書、文集中所引新五代史文字，亦或保存宋元舊本面貌，本次校訂皆酌情參考。歐陽脩纂修時間有史實訛誤，亦酌情加校記予以説明。歷代學者考訂新五代史成果有資校勘者，本次修訂皆盡力予以吸收，限於體例，未能一一標注，謹此一併致謝。

點校本新五代史修訂組　二〇一五年三月

〔一〕續資治通鑑長編卷一〇五。

〔二〕永樂大典卷一〇一三六引宋元憲公集。按原劄稱范質五代史，但内容係針對薛史。進奏時間據所涉諸人官職確定。

〔三〕續資治通鑑長編卷二〇二。

〔四〕吴充歐陽脩行狀。

〔五〕宋會要輯稿崇儒五。

〔六〕居士集卷一六正統論下。

〔七〕居士外集卷九本論上。
〔八〕敬鄉録卷二引吴縝五代史纂誤，按此語不見於今本五代史纂誤。
〔九〕癸巳存稿卷八書五代史纂誤後。
〔一〇〕廿二史劄記卷二一歐史不專據薛史舊本條。
〔一一〕公是集卷九。按歐陽脩有答原父詩酬答，歐陽脩集編年箋注繫於皇祐二年。
〔一二〕續資治通鑑長編卷二八二。
〔一三〕王文進文禄堂訪書記著録經眼殘宋本五代史記一部，存卷一三、卷一五，據其所記行款及刻工姓名，可知與宋甲本同版，但文禄堂書影所收書影爲卷一七，與著録不符。傅增湘藏園群書經眼録記此本曾歸李盛鐸，今下落俟訪。

點校本新五代史修訂凡例

一　本次修訂以百衲本二十四史影印元覆宋慶元五年建刊曾三異校訂本爲底本。

二　修訂所用通校本及簡稱如下：

(一)宋甲本：中國國家圖書館藏南宋初撫州刊本（存卷一至一四，其中卷八殘）；

(二)宋乙本：北京大學圖書館藏南宋刊宋元遞修本（存卷四三至四五、卷四八至五〇）；

(三)宋丙本：臺北「國家圖書館」藏南宋初浙江刊宋修本（其中序、目録首七葉、卷三四至四一、卷四九至五〇、卷五五至五七及其他卷個別葉係補鈔）；

(四)宗文本：中華再造善本影印中國國家圖書館藏元宗文書院刊明修本。

三　修訂所用參校本及簡稱如下：

(一)南監本：中華書局圖書館藏明萬曆四年南京國子監刊本；

（二）北監本：中華書局圖書館藏明萬曆二十八年北京國子監刊本。

四　本次修訂以版本對校爲基礎，充分運用本校、他校，審慎使用理校。凡有改字，除極易致訛、學界公認可徑改的形近字外，均出校記説明。對於新五代史在改寫舊五代史及其他文獻時所造成的史實錯訛，爲便於讀者閲讀，酌情出校説明。

五　北宋吴縝五代史纂誤、司馬光資治通鑑考異、南宋錢端禮編諸史提要、題南宋吕祖謙編五代史詳節、元胡三省資治通鑑音注以及宋類書、文集中所引新五代史文字，亦或保存宋元舊本面貌，皆酌情參考。

六　凡底本缺筆避諱字，一律徑改作正字。但爲保存追溯史源的綫索，歐陽脩著述時所存五代及宋前期避諱改字，除歐陽脩家諱外，一般不作校改及説明。

七　本次修訂充分吸收了原點校本的標點及分段成果，對未盡妥善之處，適當加以改正完善。

八　前人校訂本書的研究著作及論文有資校勘者，盡力予以吸收，具體篇目見參考文獻，校記中僅引及有獨特發明者。

九　爲行文簡便，校記中部分文獻使用簡稱：
資治通鑑，簡稱通鑑。

册府元龜，簡稱册府。
太平御覽，簡稱御覽。
五代史詳節，簡稱詳節。
吴縝五代史纂誤，簡稱吴縝纂誤。
吴蘭庭五代史記纂誤補，簡稱吴蘭庭纂誤補。
吴光耀五代史記纂誤續補，簡稱吴光耀纂誤續補。
周壽昌五代史記纂誤補續，簡稱周壽昌纂誤補續。
錢大昕廿二史考異，簡稱錢大昕考異。
王鳴盛十七史商榷，簡稱王鳴盛商榷。
朱玉龍五代十國方鎮年表，簡稱朱玉龍方鎮表。
劉次沅諸史天象記録考證，簡稱劉次沅考證。

新五代史目録

第一册

卷一
梁本紀第一
太祖 朱温 上……一
卷二
梁本紀第二
太祖下……一五
卷三
梁本紀第三
末帝 友貞……二七
卷四
唐本紀第四
莊宗 李存勗 上……三五
卷五
唐本紀第五
莊宗下……四七
卷六
唐本紀第六
明宗 嗣源……六一
卷七
唐本紀第七
愍帝 從厚……八一

廢帝從珂……八三
卷八
晉本紀第八
高祖石敬瑭……九一
卷九
晉本紀第九
出帝重貴……一〇五
卷十
漢本紀第十
高祖劉知遠……一一七
隱帝承祐……一二一
卷十一
周本紀第十一
太祖郭威……一二九
卷十二
周本紀第十二
世宗柴榮……一三九
恭帝宗訓……一四六
卷十三
梁家人傳第一
太祖母文惠皇后王氏……一五二
太祖元貞皇后張氏……一五三
昭儀陳氏……一五四
昭容李氏……一五四
末帝德妃張氏……一五五
次妃郭氏……一五五
太祖兄全昱……一五六
子友諒……一五七
友能……一五七
友誨……一五七

兄存……一五八
子友寧……一五八
友倫……一五八
太祖子友裕……一五九
友文……一六〇
友珪……一六一
友孜……一六三

卷十四

唐太祖家人傳第二

太祖劉太妃……一六七
貞簡皇后曹氏……一六七
莊宗神閔敬皇后劉氏……一六九
淑妃韓氏……一七三
德妃伊氏……一七三
太祖弟克讓……一七三
克脩……一七四
子嗣弼……一七四
嗣肱……一七四
克恭……一七五
克寧……一七五
太祖子存美……一七七
存霸……一七七
存禮……一七七
存渥……一七七
存乂……一七七
存確……一七七
存紀……一七八
莊宗子繼岌……一七八
繼潼……一七九
繼嵩……一七九

繼蟾……一七九
繼嶢……一七九
卷十五
唐明宗家人傳第三
明宗和武憲皇后曹氏……一八五
昭懿皇后夏氏……一八五
宣憲皇后魏氏……一八六
淑妃王氏……一八六
愍帝哀皇后孔氏……一八九
明宗子從璟……一八九
從榮……一九一
明宗姪從璨……一九五
從璋……一九五
從溫……一九六
從敏……一九七
卷十六
唐廢帝家人傳第四
廢帝皇后劉氏……一九九
子重吉……二〇〇
重美……二〇〇
卷十七
晉家人傳第五
高祖皇后李氏……二〇三
太妃安氏……二〇八
出帝皇后馮氏……二〇八
高祖從弟敬威……二一〇
敬贇……二一一
敬暉……二一三
高祖子重信……二一三
重乂……二一三

重睿……二一三
重杲……二一四
出帝子延煦……二一四
延寶……二一四
卷十八
漢家人傳第六
高祖皇后李氏……二一九
高祖子承訓……二二一
承勳……二二一
姪贇……二二一
弟崇……二二一
信……二二三
卷十九
周太祖家人傳第七
太祖皇后柴氏……二二五
淑妃楊氏……二二五
貴妃張氏……二二六
德妃董氏……二二七
太祖子侗……二二七
信……二二七
姪守愿……二二七
奉超……二二七
遜……二二七
卷二十
周世宗家人傳第八
柴守禮……二三一
世宗貞惠皇后劉氏……二三二
宣懿皇后符氏……二三三
後立皇后符氏……二三四
世宗子誼……二三四

誠……二三四
諴……二三四
熙讓……二三四
熙謹……二三四
熙誨……二三四
卷二十一
梁臣傳第九
敬翔……二三七
朱珍……二四〇
李唐賓……二四〇
龐師古……二四三
葛從周……二四四
霍存……二四六
張存敬……二四七
符道昭……二四八
劉捍……二四九
寇彦卿……二五〇
卷二十二
梁臣傳第十
康懷英……二五三
劉鄩……二五五
牛存節……二五八
張歸霸……二六〇
弟歸厚……二六一
歸弁……二六二
王重師……二六二
徐懷玉……二六三
卷二十三
梁臣傳第十一
楊師厚……二六七

王景仁……二六九
賀瓌……二七一
王檀……二七三
馬嗣勳……二七四
王虔裕……二七四
謝彦章……二七五
卷二十四
唐臣傳第十二
郭崇韜……二七九
安重誨……二八五
卷二十五
唐臣傳第十三
周德威……二九五
符存審……二九九
子彦超……三〇二
彦饒……三〇二
史建瑭……三〇三
子匡翰……三〇五
王建及……三〇五
元行欽……三〇七
安金全……三〇九
袁建豐……三一〇
西方鄴……三一一
卷二十六
唐臣傳第十四
符習……三一七
烏震……三一九
孔謙……三二〇
張延朗……三二一
李嚴……三二三

李仁矩……三三五
毛璋……三三六
卷二十七
唐臣傳第十五
朱弘昭……三三九
馮贇……三三〇
劉延朗……三三一
康思立……三三五
康義誠……三三六
藥彦稠……三三八
卷二十八
唐臣傳第十六
豆盧革……三四三
盧程……三四五
任圜……三四七
趙鳳……三五〇
李襲吉……三五三
張憲……三五四
蕭希甫……三五六
劉贊……三五八
何瓚……三五九
卷二十九
晉臣傳第十七
桑維翰……三六三
景延廣……三六六
吴巒……三六九
卷三十
漢臣傳第十八
蘇逢吉……三七一
史弘肇……三七四

楊邠……三七七
王章……三七八
劉銖……三七九
李業……三八〇
聶文進……三八一
後贊……三八二
郭允明……三八三
卷三十一
周臣傳第十九
王朴……三八七
鄭仁誨……三九〇
扈載……三九一

第二册

卷三十二
死節傳第二十
王彥章……三九五
裴約……三九八
劉仁贍……三九九
卷三十三
死事傳第二十一
張源德……四〇四
夏魯奇……四〇五
姚洪……四〇六
王思同……四〇六
張敬達……四〇八
翟進宗……四一〇
張萬迪……四一〇
沈斌……四一〇
王清……四一一
史彥超……四一一

孫晟……四一二
卷三十四
一行傳第二十二
鄭遨……四一八
張薦明……四一九
石昂……四一九
程福贇……四二〇
李自倫……四二一
卷三十五
唐六臣傳第二十三
張文蔚……四二四
楊涉……四二五
張策……四二五
趙光逢……四二六
薛貽矩……四二七
蘇循……四二七
杜曉……四二九
卷三十六
義兒傳第二十四
李嗣昭……四三四
嗣本……四三七
嗣恩……四三八
存信……四三八
存孝……四三九
存進……四四一
存璋……四四二
存賢……四四三
卷三十七
伶官傳第二十五
敬新磨……四四九

景進……四五〇
史彥瓊……四五一
郭從謙……四五一
卷三十八
宦者傳第二十六
張承業……四五五
張居翰……四五七
卷三十九
雜傳第二十七
王鎔……四六三
羅紹威……四六七
王處直……四七一
劉守光……四七五
卷四十
雜傳第二十八
李茂貞……四八七
韓建……四九一
李仁福……四九四
韓遜……四九六
楊崇本……四九六
高萬興……四九七
温韜……四九九
卷四十一
雜傳第二十九
盧光稠……五〇五
譚全播……五〇五
雷滿……五〇七
鍾傳……五〇八
趙匡凝……五〇九
卷四十二

雜傳第三十
朱宣……五一三
弟瑾……五一四
王師範……五一六
李罕之……五一八
孟方立……五二〇
王珂……五二三
趙犨……五二四
馮行襲……五二八
卷四十三
雜傳第三十一
氏叔琮……五三三
李彥威……五三四
李振……五三五
裴迪……五三七
韋震……五三八
孔循……五三九
孫德昭……五四〇
王敬蕘……五四二
蔣殷……五四三
卷四十四
雜傳第三十二
劉知俊……五四七
丁會……五四九
賀德倫……五五〇
閻寶……五五二
康延孝……五五三
卷四十五
雜傳第三十三
張全義……五五七

朱友謙……五六〇
袁象先……五六二
朱漢賓……五六四
段凝……五六五
劉玘……五六七
周知裕……五六七
陸思鐸……五六八
卷四十六
雜傳第三十四
趙在禮……五七一
霍彥威……五七三
房知温……五七五
王晏球……五七七
安重霸……五七九
王建立……五八〇
康福……五八三
郭延魯……五八四
卷四十七
雜傳第三十五
華温琪……五八九
萇從簡……五九〇
張筠……五九一
弟籛……五九二
楊彥詢……五九三
李周……五九四
劉處讓……五九六
李承約……五九七
張希崇……五九八
相里金……五九九
張廷蘊……六〇〇

馬全節……六〇一
皇甫遇……六〇二
安彦威……六〇四
李瓊……六〇五
劉景巖……六〇六

卷四十八

雜傳第三十六

盧文進……六一一
李金全……六一二
楊思權……六一四
尹暉……六一五
王弘贄……六一六
劉審交……六一七
王周……六一九
高行周……六一九
弟行珪……六二〇
白再榮……六二二
安叔千……六二三

卷四十九

雜傳第三十七

翟光鄴……六二七
馮暉……六二八
皇甫暉……六三〇
唐景思……六三一
王進……六三二
常思……六三三
孫方諫……六三四

卷五十

雜傳第三十八

王峻……六三七

王殷……六四〇
劉詞……六四一
王環……六四二
折從阮……六四四
卷五十一
雜傳第三十九
朱守殷……六四七
董璋……六四九
范延光……六五〇
婁繼英……六五六
安重榮……六五七
安從進……六六〇
楊光遠……六六二
卷五十二
雜傳第四十
杜重威……六六九
李守貞……六七二
張彥澤……六七五
卷五十三
雜傳第四十一
王景崇……六八一
趙思綰……六八三
慕容彥超……六八五
卷五十四
雜傳第四十二
馮道……六九二
李琪……六九五
兄珽……六九六
鄭珏……六九九
李愚……七〇一

盧導……七〇三
司空頲……七〇四
卷五十五
雜傳第四十三
劉昫……七〇七
盧文紀……七〇九
馬胤孫……七一一
姚顗……七一二
劉岳……七一三
馬縞……七一五
盧損 原缺傳文
崔居儉……七一七
崔棁……七一八
李懌……七二〇
卷五十六
雜傳第四十四
和凝……七二三
趙瑩……七二五
馮玉……七二六
盧質……七二七
吕琦……七二八
薛融……七三〇
何澤……七三一
王權……七三三
史圭……七三三
龍敏……七三三
卷五十七
雜傳第四十五
李崧……七三七
李鏻……七四〇

賈緯……七四一
段希堯……七四三
張允……七四三
王松……七四四
裴皞……七四五
王仁裕……七四六
裴羽……七四七
王延……七四八
馬重績……七四八
趙延乂……七五〇

第三册

卷五十八
司天考第一……七五三
卷五十九
司天考第二……七九三
卷六十
職方考第三……八〇三
卷六十一
吳世家第一
楊行密……八四一
子渥……八四六
隆演……八四七
溥……八五三
徐温……八五四
卷六十二
南唐世家第二
李昪……八六一
子景……八六五
景子煜……八七四
卷六十三

前蜀世家第三
王建……八八一
子衍……八八九
卷六十四
後蜀世家第四
孟知祥……八九七
子昶……九〇三
卷六十五
南漢世家第五
劉隱……九一一
弟龑……九一三
龑子玢……九一六
玢弟晟……九一七
晟子鋹……九一九
卷六十六
楚世家第六
馬殷……九二五
子希聲……九二九
希範……九三〇
希廣……九三一
劉言……九三三
周行逢……九三五
子保權……九三六
卷六十七
吴越世家第七
錢鏐……九四一
子元瓘……九四七
元瓘子佐……九四八
佐弟俶……九四九
卷六十八

閩世家第八
王審知……九五五
子 延翰……九五七
鏻……九五七
鏻子 繼鵬……九六〇
延羲……九六二
延政……九六三
卷六十九
南平世家第九
高季興……九六九
子 從誨……九七二
從誨子 保融……九七三
保勗……九七四
保融子 繼沖……九七四
卷七十
東漢世家第十
劉旻……九七七
子 承鈞……九八一
承鈞子 繼恩……九八三
繼元……九八四
卷七十一
十國世家年譜第十一……九八七
卷七十二
四夷附録第一……一〇〇一
卷七十三
四夷附録第二……一〇一九
卷七十四
四夷附録第三……一〇二九

徐無黨曰：凡諸國名號，梁本紀自封梁王以後始稱梁，唐本紀自封晉王以後始稱晉，自建國號唐以後始稱唐，各從其實也。自傳而下，於未封王建國之前，或稱梁、稱晉、稱唐者，史官從後而追書也。唐嘗稱晉，而石敬瑭又稱晉，李昪又稱唐；劉龑已稱漢，而劉旻又稱漢；王建已稱蜀，而孟知祥又稱蜀。石晉自爲一代，不待別而可知；唐、漢、蜀則加東、南、前、後，以別其世家。梁初嘗封沛、東平，南唐初嘗稱齊，三號當時已不顯著，故皆略而不道。五代亂世，名號交雜而不常，史家撰述，隨事爲文，要於理通事見而已，覽者得以詳焉。

附録

五代史記序 陳師錫 …………… 一〇四九
宋甲本題跋 章鈺 傅增湘 ………… 一〇五一
百衲本跋 張元濟 …………… 一〇五二

主要參考文獻 …………………… 一〇五七

新五代史卷一

梁本紀第一

本紀，因舊以爲名，本原其所始起而紀次其事以時也。即位以前，其事詳，原本其所自來，故曲而備之，見其起之有漸有暴也。即位以後，其事略，居尊任重，所責者大，故所書者簡，惟簡乃可立法。

太祖神武元聖孝皇帝，姓朱氏，宋州碭山午溝里人也。其父誠，以五經教授鄉里，生三子，曰全昱、存、温。〔一〕誠卒，三子貧，不能爲生，與其母傭食蕭縣人劉崇家。全昱無他材能，然爲人頗長者。存、温勇有力，而温尤凶悍。

〔一〕變諱某書名，義在稱王注中。

唐僖宗乾符四年，黄巢起曹濮，存、温亡入賊中。巢攻嶺南，存戰死。巢陷京師，以温爲東南面行營先鋒使。攻陷同州，以爲同州防禦使。是時，天子在蜀，諸鎮會兵討賊。【一】温數爲河中王重榮所敗，屢請益兵於巢，巢中尉孟楷抑而不通。温客謝瞳説温曰【二】：「黄家起於草莽，幸唐衰亂，直投其隙而取之爾，非有功德興王之業也，此豈足與共成事哉！今天子在蜀，諸鎮之兵日集，以謀興復，是唐德未厭於人也。且將軍力戰於外，而庸人制之於内，此章邯所以背秦而歸楚也。」温以爲然，乃殺其監軍嚴實，自歸于河中，因王重榮以降。都統王鐸承制拜温左金吾衞大將軍、河中行營招討副使，天子賜温名全忠。

【二】諸鎮，記當時語也。唐謂節度使所治軍州爲藩鎮，故有赴鎮、移鎮之語【二】。

中和三年三月，拜全忠汴州刺史、宣武軍節度使。四月，諸鎮兵破巢，復京師。巢走藍田。七月丁卯，全忠歸于宣武。是歲，黄巢出藍田關，陷蔡州，節度使秦宗權叛附于巢，遂圍陳州。徐州時溥【二】爲東南面行營兵馬都統，會東諸鎮兵以救陳。陳州刺史趙犨亦乞兵于全忠。溥雖爲都統而不親兵。四年，全忠乃自將救犨，率諸鎮兵擊敗巢將黄鄴、尚讓等。犨以全忠爲德，始附屬焉。是時，河東李克用下兵太行，度河，出洛陽，與東兵會擊巢。巢已敗去，全忠及克用追敗之于鄗城。巢走中牟，又敗之于王滿【三】。巢走封丘，又大敗之。巢挺身東走，至泰山狼虎谷，爲時溥追兵所殺。九月，天子以全忠爲檢校司徒、同中書門下平章事，封沛郡侯。光啓二年三月，進爵王。義成軍亂，逐其節度使安師儒，推牙將張驍爲留後，師儒來奔，殺之。遣朱珍、李唐賓陷滑州，以胡真爲留後。十二月，徙封吳興郡王。

【一】凡稱某州某人者，皆其節度使。

自黄巢死，秦宗權稱帝，陷陜、洛、懷、孟、唐、許、汝、鄭州，遣其將秦賢、盧瑭、張晊攻汴。賢軍板橋，晊軍北郊，瑭軍萬勝，環汴爲三十六栅。王顧兵少，不敢出。【二】乃遣朱珍募兵於東方，而求救于兖、鄆。三年春，珍得兵萬人【四】、馬數百匹以歸。乃擊賢板橋，拔其四栅。又擊瑭萬勝，瑭敗，投水死。宗權聞瑭等敗，乃自將精兵數千，栅北郊。五月，兖州朱瑾、鄆州朱宣來赴援。【三】王置酒軍中，中席，王陽起如廁，以輕兵出北門襲晊，而樂聲不輟。晊不意兵之至也，兖、鄆之兵又從而合擊，遂大敗之，斬首二萬餘級。宗權與晊夜走，過鄭，屠其城而去。宗權至蔡，復遣張晊攻汴。王聞晊復來，登封禪寺後岡，望晊兵過，遣朱珍躡之，戒曰：「晊見吾兵，必止。望其止，當速返，毋與之鬬也。」已而晊見珍在後，果止。珍即馳還。王令珍引兵蔽大林，而自率精騎出其東，伏大冢間。晊止而食，食畢，拔旗幟，馳擊珍。珍兵小却，王引伏兵横出，斷晊軍爲三而擊之。晊大敗，脱身走。宗權怒，斬晊。而河陽、陜、洛之兵爲宗權守者，聞蔡精兵皆已殲於汴，因各潰去。故諸葛爽將李罕之取河陽、張全義取洛陽以來附。十月，天子使來，賜王紀功碑。朱宣、朱瑾兵助汴，已破宗權東歸，王移檄兗、鄆，誣其誘汴亡卒以東，乃發兵攻之，取其曹州、濮州。遂遣朱珍攻鄆州，大敗而還。十二月，天子使來，賜王鐵券及德政碑。

【一】始而稱名，既而稱爵，既而稱帝，漸也。爵至王而後稱，著其逼者。

【二】流俗本「宣」從「玉」者〔五〕，非。

淮南節度使高駢死，楊行密入揚州。天子以王兼淮南節度使。王乃表行密爲副使，以行軍司馬李璠爲留後。璠之揚州，行密不納。文德元年正月，王如淮南，至宋州而還。是時，秦宗權陷襄州，以趙德諲爲節度使。德諲叛于宗權以來附。天子因以王爲蔡州四面行營都統，以德諲爲副。

三月庚子，僖宗崩。天雄軍亂，囚其節度使樂彥貞。其子相州刺史從訓攻魏，來乞兵。遣朱珍助從訓攻魏。而魏軍殺彥貞，從訓戰死，魏人立羅弘信，珍乃還。張全義取河陽，逐李罕之。罕之奔于河東。李克用遣兵圍河陽，全義來求救，遣丁會、牛存節救之，擊敗河東兵于沇河。

五月，行營討蔡州，圍之百餘日，不克。是時，時溥已爲東南面都統，又以王統行營而溥猶稱都統，王乃上書，論溥討蔡無功而不落都統，且欲激怒溥以起兵端。初，高駢死，淮南亂，楚州刺史劉瓚來奔，納之，及王兵攻蔡不克，還，欲攻徐，乃遣朱珍將兵數千以東，聲言送瓚還楚州。溥怒論己，又聞珍以兵來，果出兵拒之。珍戰于吴康，大敗之，取其豐、蕭二縣。遂攻宿州，下之。珍屯蕭縣，别遣龐師古攻徐州。龍紀元年正月，師古敗溥于吕梁。淮西牙將申叢執秦宗權，折其足，將檻送京師，别將郭璠殺叢，簒宗權以來獻。王遣行軍司馬李璠獻俘于京師，表郭璠淮西留後。三月，天子封王爲東平王。七月，朱珍殺李唐賓，王如蕭縣，執珍殺之，遂攻徐州。冬，大雨，水，不能軍而旋。

初，秦宗權遣其弟宗衡掠地淮南，是歲，宗衡爲其將孫儒所殺，儒攻楊行密于揚州。淮南大亂，行密走宣州，儒入揚州。大順元年春，遣龐師古攻孫儒于淮南，大敗而還。四月，宿州將張筠以宿州復歸于時溥，王自將攻之，不克。

初，黄巢敗走，李克用追之，至于冤朐，不及而旋。過汴，駐軍于北郊，王邀克用置酒上源驛，夜以兵攻之。克用踰城而免，訟其事于京師，天子知曲在汴而和解之。至是，宰相張濬私與汴交，王厚之以賂，濬爲汴請伐河東。唐諸大臣皆以爲不可興師。濬挾汴力，請益堅。天子不得已，許之。五月，以濬爲太原四面行營都統，王爲東南面招討使〔六〕。然王不親兵，以兵二千屬濬而已。濬屯于陰地。河東叛將馮霸殺潞州守將李克恭來降，王遣葛從周入潞州。李克用遣康君立攻之，從周走河陽。九月，王如河陽。十月，天子以王兼宣義軍節度使，遂如滑州，假道于魏，以攻河東，且責其軍須，亦所以怒魏爲兵端也。魏人果以謂非兵所當出，而辭以糧乏，皆不許。於是攻魏。十一月，張濬之師大敗于陰地。二年正月，王及魏人戰于内黄，大敗之，屠故元城，羅弘信來送款。十月，克宿州。十一月，曹州將郭紹賓殺其刺史郭饒來降〔七〕。十二月，丁會敗朱瑾于金鄉。景福元年二月，攻鄆州，前軍朱友裕敗于斗門，王軍後至，又敗而還。冬，友裕取濮州，遂攻徐州。二年四月，龐師古克徐州，殺時溥。王如徐州，以師古爲留後，遂攻兗、鄆。

乾寧元年二月，王及朱宣戰于漁山〔八〕，大敗之。二年八月，又敗宣于梁山。十一月，又敗之于鉅野。兗、鄆求救于河東，李克用發兵救之，假道于魏。既而魏人擊之，克用怒，大舉攻魏。羅弘信來求救，遣葛從周救魏。是歲，李克用封晉王。三年五月，戰于洹水，擒克用子落落，送于魏，殺之。七月，鳳翔李茂貞犯京師，天子出居于華州。王請以兵赴難，天子優詔止之。又請遷都洛陽，不許。四年正月，龐師古克鄆州，王如鄆州，以朱友裕爲留後。遂攻兗州。朱瑾奔于淮南，以葛從周爲兗州留後。九月，攻淮南，龐師古出清口，葛從周出安豐，王軍屯于宿州。楊行密遣朱瑾先擊清口，師古敗死。從周亟返兵，至于溮河，瑾又敗之。王懼，馳歸。

光化元年三月，天子以王兼天平軍節度使。四月，遣葛從周攻晉之山東，取邢、洺、磁三州。襄州趙匡凝自其父德諲時來附，匡凝又與楊行密、李克用通，而其事泄。七月，遣氏叔琮、康懷英攻匡凝，取其泌、隨、鄧三州。【一】匡凝請和乃止。十二月，李罕之以潞州來降。二年，幽州劉仁恭攻魏，羅紹威來求救。王救魏，敗仁恭于内黄。四月，遣氏叔琮攻晉太原，不克。七月，李克用取澤潞。十一月，保義軍亂，殺其節度使王珙，推其牙將李璠爲留後，其將朱簡殺璠，來降。以簡爲保義軍節度使。三年四月，遣葛從周攻劉仁恭之滄州，取其德州，及仁恭戰于老鴉堤，大敗之。八月，晉取洺州。王如洺州，復取之。是時，鎮、定皆附于晉。遂攻鎮州，破臨城，王鎔來送款。進攻定州，王郜奔于晉，其將王處直以定州降。

【一】曾三異校定曰：三異案，唐書地理志：唐州，天祐三年朱全忠徙治泌陽，表更名泌州。則是天祐二年唐州舊名猶在，至三年始更爲泌。光化之初，未當有泌州之名。今書爲「泌」，則誤也。

唐宦者劉季述作亂，天子幽于東宮。天復元年正月，護駕都頭孫德昭誅季述〔九〕，天子復位。封王爲梁王。遣張存敬攻王珂于河中，出含山，下晉、絳二州。王珂求救于晉，晉不能救，乃來降。三月，大舉攻晉。氏叔琮出太行，取澤潞。葛從周、張存敬、侯言、張歸厚及鎮、定之兵，皆會于太原，圍之，不克，遇雨而還。五月，天子以王兼河中尹、護國軍節度使。六月，晉取慈、隰。

自劉季述等已誅，宰相崔胤外與梁交，欲假梁兵盡誅宦者。而鳳翔李茂貞、邠寧王行瑜等皆遣子弟以精兵宿衛天子，宦官韓全誨等亦因恃以爲助。天子與胤計事，宦者屬耳，頗聞之，乃選美女，内之宫中，陰令伺察其實。久之，果得胤奏謀所以誅宦者之説。全誨等大懼，日夜相與涕泣，思圖胤以求全。胤知謀泄，事急，即矯爲制，召梁兵入誅宦者。十月，王以宣武、宣義、天平、護國兵七萬，至于河中，取同州，遂攻華州，韓建出降。全誨等聞梁王兵且至〔一〇〕，即以岐、邠宿衛兵劫天子奔于鳳翔。王乃上書言胤所以召之之意。天子怒，罷胤相，責授工部尚書，詔梁兵還鎮。王引兵去，攻邠州，屯于三原。邠州節度使楊崇本以邠、寧、慶、衍四州降。崔胤奔于華州。二年春，王退軍于河中。晉攻晉、絳。遣朱友寧擊敗晉軍于蒲縣，取汾、慈、隰，遂圍太原，不克而還，汾、慈、隰復入于晉。四月，友寧引兵西至興平，及李茂貞戰于武功，大敗之。王兵犯鳳翔，茂貞數出戰，輒敗，遂圍之。十一月，鄜坊李周彝以兵救鳳翔，王遣孔勍襲鄜州，虜周彝之族，徙于河中，周彝乃降。是時，岐兵屢敗，而圍久，城中食盡，自天子至後宫，皆凍餒。三年正月，茂貞殺韓全誨等二十人，囊其首，示梁軍，約出天子以爲解。甲子〔一一〕，天子出幸梁軍。遣使者馳召崔胤，胤託疾不至。王使人戲胤曰：「吾未識天子，懼其非是，子來爲我辨之。」天子還至興平，胤率百官奉迎。王自爲天子執轡，且泣且行，行十餘里，止之。人見者，咸以爲忠。己巳，天子至自鳳翔，素服哭于太廟而後入，殺宦者七百餘人。二月甲戌，天子賜王回天再造竭忠守正功臣，以輝王祚爲諸道兵馬元帥，王爲副元帥。王乃留子友倫爲護駕指揮使，〔一一〕以爲天子衛，引兵東歸。天子餞于延喜樓，賜楊柳枝五曲。

〔一一〕曾三異校定曰：三異案，家人傳友倫乃王兄存之子，其後中書上議，亦皆謂之皇姪。

初，梁兵已西，青州王師範遣其將劉鄩襲據梁兗州。王已還梁，四月，如鄆州，遣朱友寧攻青州。師範敗之于石樓，友寧死。九月，楊師厚敗青人于臨朐，取其棣州，師範以青州降，而鄩亦降。友倫擊鞠，墮馬死。王怒，以爲崔胤殺之，遣朱友謙殺胤于京師〔一三〕。〔一二〕其與友倫擊鞠者，皆殺之。

〔一二〕曾三異校定曰：三異案，家人傳殺崔胤者朱友謀〔一三〕，非友謙。

自天子奔華州，王請遷都洛陽，雖不許，而王命河南張全義修洛陽宮以待。天祐元年正月，王如河中，遣牙將寇彥卿如京師，請遷都洛陽，并徙長安居人以東。天子行至陝州，王朝于行在，先如東都。是時，六軍諸衛兵已散亡，其從以東者，小黃門十數人，打毬供奉、內園小兒等二百餘人。行至穀水，王教醫官許昭遠告其謀亂，悉殺而代之，然後以聞。由是天子左右皆梁人矣。四月甲辰〔一四〕，天子至自西都。是時，晉王李克用、岐王李茂貞、楚王趙匡凝、蜀王王建、吴王楊行密【一二】聞梁遷天子洛陽，皆欲舉兵討梁，王大懼。六月，楊崇本復附于岐。王乃以兵如河中，聲言攻崇本。遣朱友恭、氏叔琮、蔣玄暉等行弑，昭宗崩。十月，王朝于京師，殺朱友恭、氏叔琮。十一月，攻淮南，取其光州。攻壽州，不克而旋。二年二月，遣蔣玄暉殺德王裕等九王于九曲池。六月，殺司空裴贄等百餘人。七月，天子使來，賜王「迎鑾紀功碑」。

【一二】曾三異校定曰：三異案，克用本紀及茂貞傳，建、行密世家，皆書其在唐所授，獨匡凝不書其在唐，此乃闕文。

王欲代唐，使人諭諸鎮，襄州趙匡凝以爲不可。遣楊師厚攻之，取其唐、鄧、復、郢、隨、均、房七州。王如襄州，軍于漢北。九月，師厚破襄州，匡凝奔于淮南。師厚取荆南，荆南留後趙匡明奔于蜀。遂出光州，以攻壽州，不克。天子卜祀天于南郊，王怒，以爲蔣玄暉等欲祈天以延唐。天子懼，改卜郊。十一月辛巳，天子封王爲魏王、相國，總百揆。以宣武、宣義、天平、護國、天雄、武順、佑國、河陽、義武、昭義、武寧、保義、忠義、武昭【一五】、武定、泰寧、平盧、匡國、鎮國、荆南、忠武二十一軍爲魏國，備九錫。王怒，不受。十二月，天子以王爲天下兵馬元帥。王益怒，遣人告樞密使蔣玄暉與何太后私通，殺玄暉而焚之，遂弑太后于積善宫。又殺宰相柳璨，太常卿張廷範車裂以徇【一六】。天子詔以太后故停郊。

三年春，魏州羅紹威謀殺其牙軍，來假兵以虞變，王爲發兵北攻劉仁恭之滄州，兵過魏而紹威已殺牙軍，其兵之在外者果皆叛〔一七〕，據貝、衞、澶、博州，王以兵悉殺之。遂攻滄州，軍于長蘆。劉仁恭求救于晉。晉人取潞州，王乃旋軍。

校勘記

〔一〕謝曈　原作「謝瞳」，據宋甲本、宋丙本、册府卷七二一、卷七六六（宋本）改。按文苑英華卷四一一有授陵州謝曈兼御史中丞前舒州司馬倪徽端州刺史制。舊五代史卷二〇謝曈傳云其「字子明」，柴德賡識語：「以其字核之，當作『曈』。」

〔二〕移鎮之語　「之」字原闕，據宋甲本、宋丙本、宗文本補。

〔三〕又敗之于王滿　「王滿」，原作「王蒲」，據宋甲本、宋丙本、宗文本、舊五代史卷一梁太祖紀一、通鑑卷二五五改。

〔四〕珍得兵萬人　「兵」字原闕，據宋甲本、宋丙本、宗文本補。

〔五〕流俗本宣從玉者　「玉」，原作「王」，據宋甲本、宋丙本改。通鑑卷二五五考異引五代史記注：「今流俗以宣弟瑾，於名加『玉』者，非也。」

〔六〕五月……王爲東南面招討使　舊唐書卷二〇上昭宗紀同，通鑑卷二五八：「（大順元年五月）以朱全忠爲南面招討使。」舊五代史卷一梁太祖紀一：「（大順元年六月）充河東東面行營招討使。」新唐書卷一〇昭宗紀：「（大順元年五月）朱全忠爲南面招討使，王鎔爲東面招討使」，「（六月）朱全忠爲河東東面行營招討使。」

〔七〕曹州將郭紹賓殺其刺史郭饒來降　「郭紹賓」、「郭饒」，舊五代史卷一梁太祖紀一、册府卷一八七同，新唐書卷一〇昭宗紀、通鑑卷二五八作「郭銖」、「郭詞」。

〔八〕王及朱宣戰于漁山　「漁山」，舊五代史卷一梁太祖紀一、舊唐書卷一八二朱瑄傳、通鑑卷二五九作「魚山」。

〔九〕孫德昭　原作「孫德」，據宋甲本、宗文本、舊五代史卷二梁太祖紀二、通鑑卷二六二改。按本書卷四三、舊五代史卷一五有孫德昭傳。

〔一〇〕全誨等聞梁王兵且至　「梁王兵」，宋甲本作「梁兵」。

〔一一〕甲子　「子」字原闕，據宋甲本補。按舊五代史卷二梁太祖紀二：「甲子，昭宗發離鳳翔，幸左劍寨，權駐驛帝營。」新唐書卷一〇昭宗紀、通鑑卷二六三皆繫其事於甲子。

〔一二〕遣朱友謙殺胤于京師　本書卷一三梁家人傳、舊五代史卷二梁太祖紀二、舊唐書卷二〇上昭宗紀、卷一七七崔胤傳、通鑑卷二六四皆云殺崔胤者乃朱友諒。按友諒爲梁太祖兄朱全昱之子，本書卷一三、舊五代史卷一二有傳。

〔一三〕朱友謀　本書卷一三梁家人傳作「朱友諒」。按錢大昕考異卷六一：「『友謀』當作『友諒』，此刊本之訛也。」

〔一四〕四月甲辰　舊五代史卷二梁太祖紀二、舊唐書卷二〇上昭宗紀、新唐書卷一〇昭宗紀、通鑑卷二六四皆繫其事於閏四月。按四月丙寅朔，無甲辰，閏四月乙未朔，甲辰爲初十。

〔一五〕武昭　舊唐書卷二〇下哀帝紀、通鑑卷二六五作「戎昭」。按戎昭軍治金州，原名昭信軍，唐末避朱温祖諱改，唐代無武昭軍。

〔一六〕張廷範　原作「張延範」，據本書卷四三蔣殷傳、舊唐書卷二〇下哀帝紀、新唐書卷一〇哀帝紀、通鑑卷二六五改。按新唐書卷二二三下有張廷範傳。

〔一七〕其兵之在外者果皆叛　「果」字原闕，據宋甲本、宗文本補。

新五代史卷二

梁本紀第二

開平元年春正月壬寅，天子使御史大夫薛貽矩來勞軍。宰相張文蔚率百官來勸進。夏四月壬戌，更名晃。甲子，皇帝即位。【一】戊辰，大赦，【二】改元，國號梁。封唐主爲濟陰王。【三】升汴州爲開封府，建爲東都，以唐東都爲西都。廢京兆府爲雍州。【四】賜東都酺一日。契丹阿保機使袍笏梅老來。【五】

【一】自即位以後，大事則書，變古則書，非常則書，意有所示則書，後有所因則書。非此五者，則否。

【二】赦文皆曰大赦天下，此書「大」，見其志之欲遠及也，不曰天下，實有所不及也。

【三】謂天子爲唐主，録其本語如此。

【四】州縣廢置，見職方考，惟京都則書。

【五】夷狄來，不言朝，不責其禮【一】；不言貢，不貴其物。故書曰「來」。五代亂世，著其屢來，以見夷狄之來不來，不因治亂。而亂世屢來，不足貴也。

五月丁丑朔，以唐相張文蔚楊涉爲門下侍郎、御史大夫薛貽矩爲中書侍郎：同中書門下平章事。戊寅，渤海、契丹遣使者來。【一】乙酉，封兄全昱爲廣王【二】、子友文博王、【二】友珪郢王、友璋福王、友貞均王、友徽建王、姪友諒衡王、友能惠王、友誨邵王。甲午，改樞密院爲崇政院，太府卿敬翔爲使。是月，潞州行營都指揮使李思安及晉人戰，敗績。【三】

【一】夷狄君臣姓名、官爵，或書或否，不必備，或因其舊史之詳略，但書其來以示意爾。

【二】友文非子而書「子」，語在家人傳。

【三】我敗曰敗績，彼敗曰敗之，文理宜然。已見行營，故戰不言地。

六月甲寅，平盧軍節度使韓建守司徒、同中書門下平章事。

秋七月己亥，追尊祖考爲皇帝，妣爲皇后：皇高祖黯謚曰宣元，廟號肅祖，祖妣范氏謚曰宣僖；曾祖茂琳謚曰光獻，廟號敬祖，祖妣楊氏謚曰光孝；祖信謚曰昭武，廟號憲祖，祖妣劉氏謚曰昭懿；考誠謚曰文穆，廟號烈祖，妣王氏謚曰文惠。

八月丁卯，同州虸蚄蟲生。隰州黄河清。【一】

【一】於此書，見不爲瑞也。

九月，括馬。

冬十月己未，講武于繁臺。

十一月壬寅，赦亡命背軍、髠黥刑徒。【一】

【一】於好殺之世，小赦必書，見其亦有愛人之意也。

二年春正月丁酉，渤海遣使者來。己亥，卜郊于西都。弑濟陰王。【一】

【一】弑，臣子之大惡也，書「濟陰王」，從其實，書「弑」，正梁罪名。

二月辛未，契丹阿保機遣使者來。

三月壬申朔，如西都。【一】丙子，如懷州。【二】丁丑，如澤州。戊寅，封鴻臚卿李崧介國公【三】，爲二王後。【三】壬午，匡國軍節度使劉知俊爲潞州行營招討使。癸巳，改卜郊。張文蔚薨。

【一】幸，已至也。如，往而未至之辭。書「如」，則在道。有事，可以書。

【二】五代亂世，兵無虛日，不可悉書。故用兵無勝敗，攻城無得失，皆不書。其命大將與天子有所如，自著大事爾。此如懷、澤者，以兵方攻潞州也。

【三】梁嘗更「戊」曰「武」，而舊史悉復爲「戊」。

夏四月癸卯，楊涉罷。吏部侍郎于兢爲中書侍郎，翰林學士承旨、禮部侍郎張策爲刑部侍郎：同中書門下平章事。壬子，至自澤州〔四〕。

五月己丑，潞州行營都虞候康懷英及晉人戰于夾城，敗績。【一】戊戌，立唐三廟。契丹遣使者來。

【一】築城圍潞，戰于城中，故書地。

六月壬寅，忠武軍節度使劉知俊爲西路行營招討使，以伐岐。【一】己酉，殺右金吾衛上將軍王師範，滅其族。【二】丙辰，劉知俊及岐人戰于漠谷，敗之。

【一】用兵之名有四：兩相攻曰攻，以大加小曰伐，加有罪曰討，天子自往曰征。隨事爲文，不得不異，非有褒貶也。

【二】當殺曰伏誅，不當殺者，以兩相殺爲文。

秋九月丁丑，如陝州，【一】博王友文留守東都。

【一】以晉人攻晉、絳故也。

冬十月丁未，至自陝州。

十一月癸巳，張策罷，左僕射楊涉同中書門下平章事。

十二月己亥，以介國公爲三恪，酅國公、萊國公爲二王後。

三年春正月甲戌，如西都。復然燈以祈福。【一】庚寅，享于太廟。辛卯，有事于南郊，【二】大赦。丙申，羣臣上尊號曰睿文聖武廣孝皇帝。

【一】然燈，風俗相傳，自天子至于庶人，舉天下同其奢樂，而風俗敝之大者，故録其詔意，則其失可知。

【二】祀天于南郊，書曰「有事」，録當時語。

二月壬戌，講武于西杏園。甲子，延州高萬興叛于岐，來降。【一】

【一】唐末之亂，彊弱相并，或去彼來此，不可爲常，難於遽責。至此乃書曰「叛」，始正其定分也。

三月辛未，渤海國王大諲譔遣使者來。甲戌，如河中。【一】山南東道節度使楊師厚爲潞州四面行營招討使。劉知俊取丹州。

【一】以高萬興降，劉知俊兵攻鄜、延故也。

夏四月丙午，知俊克延、鄜、坊三州。【一】

【一】易得曰取，難得曰克，文理宜然爾。

五月己卯，至自河中，殺佑國軍節度使王重師。

六月庚戌，劉知俊執佑國軍節度使劉捍，叛附于岐。【一】辛亥，如陝州。【二】乙卯，冀王朱友謙爲同州東面行營招討使〔五〕。劉知俊奔于岐。丹州軍亂，逐其刺史宋知誨。

【一】以身歸曰降，以地歸曰附，亦文理宜然爾。知俊爲忠武軍節度使，以同州附岐，今直書知俊叛，而不言地，蓋忠武已見上文。

【二】以劉知俊叛故也。

秋七月，商州軍亂，逐其刺史李稠，稠奔于岐。乙丑，克丹州，執其首惡王行思。【一】乙亥，至自陝州。甲申，襄州軍亂，殺其留後王班。【二】房州刺史楊虔叛附于蜀。

【一】初不知首惡之人，故直曰「軍亂」，既克而推得之也。克丹州無主將姓名，行思無官爵，又不見伏誅日〔六〕，皆舊史失之〔七〕。

【二】智不足以衞身，才不足以治衆而見殺者〔八〕，不書死之，而以被殺爲文，見死得其死者，士之大節，不妄以予人。

八月辛亥，降死罪囚。辛酉，均州刺史張敬方克房州，執楊虔。

閏月癸酉，契丹遣使者來。己卯，閱稼于西苑。

九月壬寅，行營招討使、左衞上將軍陳暉克襄州，執其首惡李洪。【一】丁未，保義軍節度使王檀爲潞州東面行營招討使。辛亥，韓建、楊涉罷。太常卿趙光逢爲中書侍郎，翰林學士承旨、工部侍郎杜曉爲户部侍郎〔九〕：同中書門下平章事。辛酉，李洪、楊虔伏誅。

【一】命暉討亂，舊史失不書，至此始見。既克而推得其首惡，故初亦且書「軍亂」。

冬十一月甲午，日南至，告謝于南郊。【二】己酉，搜訪賢良。鎮國軍節度使康懷英伐岐。

【二】南至不必書，因其以至日告謝而書。告謝主用至日，故書之。不曰有事于南郊，亦從其本語。蓋比南郊禮差簡。

十二月，懷英克寧、慶、衍三州。及劉知俊戰于昇平，敗績。

四年春正月壬辰朔，始用樂。【一】丁未，講武于榆林。

【一】自唐末之亂，禮樂亡，至此始用樂，故書。

二月己丑，閱稼于穀水。

秋八月丙寅，如陝州。【二】河南尹張宗奭留守西都。辛未，護國軍節度使楊師厚爲西路行營招討使以伐岐〔一〇〕。

【二】以岐人、晉人攻夏州故也。

九月己丑，至自陝州〔一〕。辛亥，搜訪賢良。

冬十一月己丑，寧國軍節度使王景仁爲北面行營招討使以伐趙。趙王王鎔、北平王王處直叛附于晉，晉人救趙。

十二月癸酉，頒律令格式。

乾化元年春正月丁亥，王景仁及晉人戰于柏鄉，敗績。庚寅，赦流罪以下囚，求危言正諫。癸巳，天雄軍節度使楊師厚爲北面行營招討使。

夏四月壬申，契丹阿保機遣使者來。

五月甲申朔，大赦，改元。癸巳，幸張宗奭第。

秋八月戊辰，閱稼于榆林。渤海遣使者來。戊寅，大閱于興安鞠場。

九月辛巳朔，御文明殿，入閤。〔二〕庚子，如魏州。〔三〕張宗奭留守西都。

〔二〕御殿而云「入閤」，録其本語。書之以見禮失，事在李琪列傳。此禮其後屢行，皆不書，一書以見其失，足矣。

〔三〕以晉人攻魏故也。

冬十月丙子，大閱于魏東郊。

十一月，高萬興取鹽州。壬辰，至自魏州。乙未，回鶻、吐蕃遣使者來。

二年春二月丁巳，光禄卿盧玭使于蜀。甲子，如魏州，【一】張宗奭留守西都。次白馬，殺左散騎常侍孫騭、右諫議大夫張衍、兵部郎中張儁。戊寅，如貝州。

【一】亦以晉人及鎮、定攻相、魏也。

三月丙戌，屠棗彊。【二】丁未，復如魏州。

【二】書「屠」，著其酷之甚者。

夏四月己巳，至自魏州。【一】戊寅，如西都。

【一】下書「如西都」，則此至東都可知。

五月丁亥，德音降死罪已下囚。【一】罷役徒，禁屠及捕生。渤海遣使者來。是月，薛貽矩薨。

【一】德音，赦之小者。從其本名，以著其實。

六月，疾革，郢王友珪反。【一】戊寅，皇帝崩。【二】

【一】叛者，背此而附彼，猶臣於人也。反，自下謀上，惡逆之大者也。日月之書不書【二三】，雖無義例，而事亦有不得而日者〔一三〕。反非一朝一夕，不能得其日，故反者皆不日。

〔二〕年六十一。不書崩處，以異於得其終者。乾化二年十一月，友珪葬之河南伊闕縣，號宣陵。以不得其死，故不書葬。

嗚呼，天下之惡梁久矣！自後唐以來，皆以爲僞也。至予論次五代，獨不僞梁，而議者或譏予大失春秋之旨，以謂：「梁負大惡，當加誅絶，而反進之，是奬篡也，非春秋之志也。」予應之曰：「是春秋之志爾。魯桓公弒隱公而自立者，宣公弒子赤而自立者，鄭厲公逐世子忽而自立者，衞公孫剽逐其君衎而自立者，聖人於春秋，皆不絶其爲君。此予所以不僞梁者，用春秋之法也。」「然則春秋亦奬篡乎？」曰：「惟不絶四者之爲君，於此見春秋之意也。聖人之於春秋，用意深，故能勸戒切，爲言信，然後善惡明。夫欲著其罪於後世，在乎不没其實。其實嘗爲君矣，書其爲君。其實篡也，書其篡。各傳其實，而使後世信之，則四君之罪，不可得而掩爾。使爲君者不得掩其惡，然後人知惡名不可逃，則爲惡者庶乎其息矣。是謂用意深而勸戒切，爲言信而善惡明也。桀紂，不待貶其王，而萬世所共惡者也。春秋於大惡之君不誅絶之者，不害其褒善貶惡之旨也，惟不没其實以著其罪，而信乎後世，與其爲君而不得掩其惡，以息人之爲惡。能知春秋之此意，然後知予不僞梁之旨也。」

校勘記

〔一〕不責其禮　「責」，宋甲本作「貴」。

〔二〕封兄全昱爲廣王　「封」字原闕，據宋甲本、宗文本補。

〔三〕封鴻臚卿李崧介國公　「李崧」，舊五代史卷四梁太祖紀四、五代會要卷五作「李崧」。據本書卷五七、舊五代史卷一〇八李崧傳，崧後唐時方出仕，未聞有此事。「介國公」，舊五代史卷四梁太祖紀四、五代會要卷五作「萊國公」。按舊五代史卷四梁太祖紀四：「以周宇文氏子孫爲介國公。」五代會要卷五略同。

〔四〕至自澤州　「自」字原闕，據宋甲本補。按本卷上文已云三月丁丑如澤州，又舊五代史卷四梁太祖紀四、通鑑卷二六六敍其事皆云丙午離澤州，壬子至東都。

〔五〕朱友謙　原作「宋友謙」，據宋甲本、宋丙本、宗文本改。

〔六〕又不見伏誅日　「伏誅日」，宋甲本作「伏誅」，宗文本作「伏誅之日」。

〔七〕皆舊史失之　「之」，原作「亡」，據宋甲本、宗文本改。

〔八〕才不足以治衆而見殺者　「者」字原闕，據宋甲本、宗文本補。

〔九〕翰林學士承旨工部侍郎杜曉爲户部侍郎　「承旨」，宋甲本、宋丙本、舊五代史卷五梁太祖紀五作「奉旨」。按舊五代史卷四梁太祖紀四注：「梁代避諱，改『承旨』爲『奉旨』。」

〔一〇〕護國軍節度使楊師厚爲西路行營招討使以伐岐　吴蘭庭纂誤補卷一：「師厚傳無徙鎮河中事，此時鎮河中者爲朱友謙，師厚無由爲護國節度也。通鑑作『鎮國節度使』，此『護國』當是『鎮國』之誤。」

〔一一〕九月己丑至自陝州　通鑑卷二六七敍其事云：「己丑，上發陝；甲午，至洛陽。」

〔一二〕日月之書不書　宋丙本作「日月之者書不書」，宗文本作「日月之旨不書」。

〔一三〕而事亦有不得而日者　「者」字原闕，據宋甲本補。

新五代史卷三

梁本紀第三

末帝，太祖第三子友貞也。【一】爲人美容貌，沈厚寡言，雅好儒士。太祖即位，封均王，爲左天興軍使、東京馬步軍都指揮使。

【一】「末」非謚號，從其本語。

乾化二年六月，太祖遇弒，友珪自立，殺博王友文，以弒帝之罪歸之。以王爲東京留守、開封尹，敬翔爲中書侍郎、同中書門下平章事，户部尚書李振爲崇政院使。

明年，友珪改元曰鳳曆。二月，駙馬都尉趙巖至東都，王私與之謀，遣馬慎交之魏州，見楊師厚計事。師厚遣小校王舜賢至洛陽，告左龍虎統軍袁象先使討賊。是時，懷州龍驤屯兵叛，方捕索之，王乃僞爲友珪詔書，發左右龍驤在東都者皆還洛陽，因激怒之曰：「天子以懷州屯兵叛，追汝等欲盡坑之。」諸將皆泣，莫知所爲。王曰：「先皇帝經營王業三十餘年，今日尚爲友珪所弒【一】，汝等安所逃死乎！」因出太祖畫像示諸將而泣曰：「汝能趨洛陽擒逆賊，則轉禍爲福矣。」軍士皆呼萬歲，請王爲主，王乃遣人趣象先等。庚寅，象先等以禁兵討賊，友珪死，杜曉見殺。象先遣趙巖持傳國寶至東都，請王入洛陽，王報曰：「夷門，太祖所以興王業也，北拒并汾，東至淮海，國家藩鎮，多在東方，命將出師，利於便近。」

是月，皇帝即位於東都，【二】復稱乾化三年，復博王友文官爵。

【二】即位大事，失其日而書「是月」，見亂之甚。「於東都」，終上文也。

三月丁未，更名鍠。

夏五月，楊師厚取滄州。

秋九月甲辰，御史大夫姚洎爲中書侍郎、同中書門下平章事。

冬十二月，晉人取幽州。

四年夏四月丁丑，貶于兢爲萊州司馬。武寧軍節度使蔣殷反，天平軍節度使牛存節討之。

貞明元年春正月，存節克徐州。【一】

【一】蔣殷自燔死，故不書伏誅。

三月丁卯，趙光逢罷。平盧軍節度使賀德倫爲天雄軍節度使，【二】分其相、澶、衛州爲昭德軍，宣徽使張筠爲節度使。己丑，天雄軍亂，賀德倫叛附于晉。【三】邠州李保衡叛于岐，來附。

【二】命官不書，非常而有故則書，此書爲天雄軍亂張本。

【三】軍亂有首惡不書〔二〕，而書「德倫叛」，責貴者深也。德倫不可加以首惡，而可責其不死以叛。張彥實首惡，而略不書，彥，微者，德倫可以誅而不誅，故以德倫獨任其責。

夏六月庚寅朔，晉王李存勗入于魏州，遂取德州。

冬十月辛亥，康王友孜反〔三〕，伏誅。【一】

【一】反者不日，誅反者有日，故書。

十一月乙丑，改元。耀州温昭圖叛于岐，來附。

是歲，更名瑱。【一】

【一】舊史失其月日〔四〕。

二年春二月丙申，楊涉罷。

三月，鎮南軍節度使劉鄩及晉人戰于故元城，敗績，奔于滑州。晉人取衛州、惠州。捉生都將李霸反，伏誅。

夏六月，捉生都將張温叛降于晉。

秋七月，晉人取相州，張筠奔于京師，安國軍節度使閻寶叛附于晉。

八月丁酉，太子太保致仕趙光逢爲司空兼門下侍郎、同中書門下平章事。

九月，晉人取滄州，横海軍節度使戴思遠奔于京師。晉人克貝州，守將張源德死之。〔一〕

冬十月丁酉，中書侍郎鄭珏同中書門下平章事。

三年夏四月辛卯，右千牛衛大將軍劉璩使于契丹。

冬十二月，宣義軍節度使賀瓌爲北面行營招討使。己巳，如西都卜郊。晉人取楊劉。

四年春正月〔五〕，不克郊。己卯，至自西都。

〔一〕書「死」，得其死也。

夏四月己酉，尚書吏部侍郎蕭頃爲中書侍郎、同中書門下平章事。己巳，趙光逢罷。

冬十二月庚子朔，賀瓌殺其將謝彦章、孟審澄、侯温裕。癸亥，瓌及晉人戰于胡柳，敗績。

是歲，泰寧軍節度使張守進叛附于晉，亳州團練使劉鄩爲兗州安撫制置使以討之。【一】

【一】舊史不書，亡其月日，故書于歲末，爲明年克兗州張本。

五年春正月，晉軍于德勝。【二】

【二】用兵無勝敗不書，此梁、晉得失所繫，故書也。

秋八月乙未朔，開封尹王瓚爲北面行營招討使。

冬十月，劉鄩克兗州，張守進伏誅。

十二月，晉人取濮陽。天平軍節度使霍彦威爲北面行營招討使。

六年夏四月己亥，降死罪以下囚。乙巳，尚書左丞李琪爲中書侍郎、同中書門下平章事。

河中節度使朱友謙襲同州，殺其節度使程全暉〔六〕，叛附于晉，泰寧軍節度使劉鄩討之。

秋七月，陳州妖賊母乙自稱天子。

九月庚寅，供奉官郎公遠爲契丹歡好使。

冬十月，母乙伏誅。

龍德元年春，趙將張文禮殺其君鎔來乞師，不許。【一】

【一】文禮初爲鎔養子，號王德明，此書「張文禮」者，從舊史。

三月丁亥朔，禁私度僧尼。陳州刺史惠王友能反。

夏五月丙戌朔，德音改元，降流罪已下囚。

秋，赦友能，降封房陵侯。天平軍節度使戴思遠爲北面行營招討使。

冬十月，思遠及晉人戰于戚城，敗績。

二年春正月，思遠襲魏州，取成安。

秋八月，滑州兵馬留後段凝攻衛州，執其刺史李存儒。戴思遠克淇門、共城、新鄉。

三年春三月，潞州李繼韜叛于晉，來附。

夏閏四月，唐人取鄆州。【一】

【一】晉未即位，已自與梁爲敵國，至其建號，於梁無所利害，故不書。唐建號而書「唐人」者，因事而見爾。

五月庚申，宣義軍節度使王彥章爲北面行營招討使，取德勝南城。

秋八月，段凝爲北面行營招討使。先鋒將康延孝叛降于唐。

冬十月甲戌，宣義軍節度使王彥章及唐人戰于中都，敗績，死之。【一】唐人取曹州。

盜竊傳國寶奔于唐。戊寅，皇帝崩。【二】梁亡。【三】

【一】凡官皆不重書，此書者，嫌彥章已罷招討使而與唐戰，蓋罷使而別將兵以戰也。

【二】年三十六。

【三】書曰「梁亡」，見唐莊宗之立速也。四月，莊宗立，稱唐，十月，梁始亡，見唐不待滅梁而立。

校勘記

〔一〕今日尚爲友珪所弑　「弑」，原作「殺」，據宋甲本、通鑑卷二六八改。

〔二〕軍亂有首惡不書　「有」，原作「書」，據宋甲本、宋丙本、宗文本改。

〔三〕康王友孜反　「友孜」，舊五代史卷八梁末帝紀上同，通鑑卷二六九作「友敬」。按五代會要卷二有康王友敬。

〔四〕舊史失其月日　「月日」，原作「日月」，據宋甲本、宋丙本、宗文本乙正。

〔五〕四年春正月　「春」字原闕，據宋甲本補。

〔六〕殺其節度使程全暉　周壽昌纂誤補續：「薛史云河中朱友謙襲陷同州，節度使程全暉遂單騎奔京師。本史朱友謙傳云友謙遣其子令德襲同州，逐節度使程全暉。通鑑亦云逐。皆未云殺也。此歐隨筆改『逐』字爲『殺』之誤。」

新五代史卷四

唐本紀第四

莊宗光聖神閔孝皇帝，其先本號朱邪，蓋出於西突厥，至其後世，別自號曰沙陀，而以朱邪爲姓。

唐德宗時，有朱邪盡忠者，居於北庭之金滿州。貞元中，吐蕃贊普攻陷北庭，徙盡忠於甘州而役屬之。其後贊普爲回鶻所敗，盡忠與其子執宜東走，贊普怒，追之，及于石門關，盡忠戰死，執宜獨走歸唐，居之鹽州，以隸河西節度使范希朝。希朝徙鎮太原，執宜從之，居之定襄神武川之新城。其部落萬騎，皆驍勇善騎射，號「沙陀軍」。

執宜死，其子曰赤心。懿宗咸通十年，神策大將軍康承訓統十八將討龐勛於徐州，以朱邪赤心爲太原行營招討沙陀三部落軍使。以從破勛功，拜單于大都護、振武軍節度使，賜姓名曰李國昌，以之屬籍。沙陀素彊，而國昌恃功益横恣，懿宗患之。十三年，徙國昌雲州刺史、大同軍防禦使，國昌稱疾拒命。

國昌子克用，尤善騎射，能仰中雙鳧，爲雲州守捉使。國昌已拒命，克用乃殺大同軍防禦使段文楚，據雲州，自稱留後。唐以太僕卿盧簡方爲振武節度使，會幽、并兵討之。簡方行至鳳州〔一〕，軍潰，由是沙陀侵掠代北爲邊患矣。

明年，僖宗即位，以謂前太原節度使李業遇沙陀有恩，而業已死，乃以其子鈞爲靈武節度使、宣慰沙陀六州三部落使，〔二〕以招緝之。拜克用大同軍防禦使。

〔二〕六州三部落，皆不見其名處，據唐書除使有此語爾。

居久之，國昌出擊党項，吐渾赫連鐸襲破振武。克用聞之，自雲州往迎國昌，而雲州人亦閉關拒之。國昌父子無所歸，因掠蔚朔間，得兵三千，國昌入保蔚州，克用還據新城。僖宗乃拜鐸大同軍使，以李鈞爲代北招討使，以討沙陀。

乾符五年，沙陀破遮虜軍，又破岢嵐軍，而唐兵數敗，沙陀由此益熾，北據蔚、朔，南侵忻、代、嵐、石，至于太谷焉。

廣明元年，招討使李琢會幽州李可舉、雲州赫連鐸擊沙陀，克用與可舉相拒雄武軍。其叔父友金以蔚、朔州降于琢，克用聞之，遽還。可舉追至藥兒嶺，大敗之，琢軍夾擊，又敗之于蔚州，沙陀大潰，克用父子亡入達靼。

克用少驍勇，軍中號曰「李鵶兒」，其一目眇，及其貴也，又號「獨眼龍」，其威名蓋於代北。其在達靼，久之，鬱鬱不得志，又常懼其圖己，因時時從其羣豪射獵，或掛針于木，或立馬鞭，百步射之輒中，羣豪皆服以爲神。

黄巢已陷京師，中和元年，代北起軍使陳景思發沙陀先所降者，與吐渾、安慶等萬人赴京師，行至絳州，沙陀軍亂，大掠而還。景思念沙陀非克用不可將，乃以詔書召克用於達靼，承制以爲代州刺史、鴈門以北行營節度使。率蕃漢萬人出石嶺關，過太原，求發軍錢。節度使鄭從讜與之錢千緡、米千石，克用怒，縱兵大掠而還。

二年十一月，景思、克用復以步騎萬七千赴京師。三年正月，出于河中，進屯乾坑。巢黨驚曰：「鵶兒軍至矣！」二月，敗巢將黄鄴於石隄谷。三月，又敗趙璋〔二〕、尚讓於良田坡〔三〕，横尸三十里。是時，諸鎮兵皆會長安，大戰渭橋，賊敗走入城，克用乘勝追之，自光泰門先入，戰望春宮昇陽殿，巢敗南走，出藍田關，京師平，克用功第一。天子拜克用檢校司空、同中書門下平章事、河東節度使，以國昌爲鴈門以北行營節度使。十月，國昌卒。

十一月，遣其弟克脩攻昭義孟方立，取其澤、潞二州。方立走山東，以邢、洺、磁三州自別爲昭義軍。【一】黄巢南走至蔡州，降秦宗權，遂攻陳州。四年，克用以兵五萬救陳州，出天井關，假道河陽，諸葛爽不許，乃自河中渡河。四月，敗尚讓於太康，又敗黄鄴于西華。巢且走且戰，至中牟，臨河未渡，而克用追及之，賊衆驚潰。比至封丘，又敗之，巢脱身走，克用追之，一日夜馳二百里，至于冤朐，不及而還。

【一】昭義軍在唐時跨山東、西，管五州，至是澤、潞入于晉，邢、洺、磁孟氏據之，故當時有兩昭義。

過汴州，休軍封禪寺，朱全忠饗克用於上源驛。夜，酒罷，克用醉臥，伏兵發，火起，侍者郭景銖滅燭，匿克用牀下，以水醒面而告以難。會天大雨滅火，克用得從者薛鐵山、賀回鶻等，隨電光，縋尉氏門出，還軍中。七月，至于太原，訟其事于京師，請加兵於汴，遣弟克脩將兵萬人屯于河中以待。僖宗和解之，用破巢功，封克用隴西郡王。

光啓元年，河中王重榮與宦者田令孜有隙，徙重榮兖州，以定州王處存爲河中節度使，詔克用以兵護處存之鎮。【二】重榮使人紿克用曰：「天子詔重榮，俟克用至，與處存共誅之。」因僞爲詔書示克用曰：「此朱全忠之謀也。」克用信之，八上表請討全忠，僖宗不許，克用大怒。

【二】克用不僭號，故不稱王。

重榮既不肯徙，僖宗遣邠州朱玫、鳳翔李昌符討之。克用反以兵助重榮，敗玫于沙苑，遂犯京師，縱火大掠。天子出居于興元，克用退屯河中。朱玫亦反以兵追天子，不及，得襄王熅，迫之稱帝，屯于鳳翔。僖宗念獨克用可以破玫而不能使也，當破黄巢長安時，天下兵馬都監楊復恭與克用善，乃遣諫議大夫劉崇望以詔書召克用，且道復恭意，使進兵討玫等。克用陽諾而不行。

明年〔四〕，孟方立死，弟遷立。大順元年，克用擊破孟遷，取邢、洺、磁三州，乃遣安金俊攻赫連鐸於雲州。幽州李匡威救鐸，戰於蔚州，金俊大敗。於是匡威、鐸及朱全忠皆請因其敗伐之。昭宗以克用破黄巢功高，不可伐，下其事臺省四品官議，議者多言不可。宰相張濬獨以謂沙陀前逼僖宗幸興元，罪當誅，可伐。軍容使楊復恭，克用所善也，亦極諫以爲不可，昭宗然之，詔諭全忠等。全忠陰賂濬，使持其議益堅，昭宗不得已，以濬爲太原四面行營兵馬都統，韓建爲副〔五〕。

是時，潞州將馮霸叛降于梁，梁遣葛從周入潞州。唐以京兆尹孫揆爲昭義軍節度使，克用遣李存孝執揆于長子，又遣康君立取潞州。十一月，濬及克用戰于陰地，濬軍三戰三敗，濬、建遁歸。克用兵大掠晉、絳，至于河中，赤地千里。克用上表自訴，其辭慢侮，天子爲之引咎，優詔答之。

二年二月，復拜克用河東節度使、隴西郡王，加檢校太師、兼中書令。四月，攻赫連鐸于雲州，圍之百餘日，鐸走吐渾。八月，大蒐于太原，出晉、絳，掠懷、孟，至于邢州，遂攻王鎔于鎮州。克用柵常山西，以十餘騎渡滹沱覘敵，遇大雨，平地水深數尺。鎮人襲之，克用匿林中，禱其馬曰：「吾世有太原者，馬不嘶。」馬偶不嘶以免。前軍李存孝取臨城，進攻元氏。李匡威救鎔，克用還軍邢州。景福元年，王鎔攻邢州，李存信、李嗣勳等敗鎔于堯山。二月，會王處存攻鎔，戰于新市，爲鎔所敗。八月，李匡威攻雲州，以牽克用之兵，克用潛入于雲州，返出擊匡威，匡威敗走。十月，李存孝以邢州叛。二年，存孝求援於王鎔，克用出兵井陘擊鎔，且以書招鎔，而急攻其平山。鎔懼，遂與克用通和，獻帛五十萬匹，出兵助攻邢州。乾寧元年三月，執存孝，殺之。冬，攻幽州，李匡儔棄城走〔六〕，追至景城，見殺，以劉仁恭爲留後。

二年，河中王重盈卒，其諸子珂、珙爭立，克用請立珂，鳳翔李茂貞、邠寧王行瑜、華州韓建請立珙。昭宗初兩難之，乃以宰相崔胤爲河中節度使，既而許克用立珂。茂貞等怒，三鎮兵犯京師，聞克用亦起兵，乃皆罷去。六月，克用攻絳州，斬刺史王瑤。瑤，珙弟，助珙以爭者。七月，至于河中，同州王行約奔于京師，陽言曰：「沙陀十萬至矣！」謀奉天子幸邠州，茂貞假子閻圭亦謀劫幸鳳翔〔七〕，京師大亂，昭宗出居于石門。

克用軍留月餘不進，昭宗遣延王戒丕、丹王允兄事克用，且告急。八月，克用進軍渭橋，以爲邠寧四面行營都統。昭宗還京師。十一月，克用擊破邠州，王行瑜走至慶州，見殺。克用還軍雲陽，請擊茂貞，昭宗慰勞克用，使與茂貞解仇以紓難，拜克用忠正平難功臣，封晉王。是時，晉軍渭北，遇雨六十日，或勸克用入朝，克用未決。都押衙蓋寓曰：「天子還自石門，寢未安席，若晉兵渡渭，人情豈復能安？勤王而已，何必朝哉？」克用笑曰：「蓋寓猶不信我，況天下乎！」乃收軍而還。

三年正月，昭宗復以張濬爲相。克用曰：「此朱全忠之謀也。」乃上表曰：「若陛下朝以濬爲相，則臣將暮至闕廷！」京師大恐，濬命遽止。朱全忠之攻兗、鄆也，克用遣李存信假道魏州以救朱宣等。存信屯于莘縣，軍士侵掠魏境，羅弘信伏兵攻之，存信敗走洺州。克用自將擊魏，戰于洹水，亡其子落落。六月，破魏成安、洹水、臨漳等十餘邑。十月，又敗魏人于白龍潭，進攻觀音門，全忠救至，乃解。

四年，劉仁恭叛晉，克用以兵五萬擊仁恭，戰于安塞，克用大敗。

光化元年，朱全忠遣葛從周攻下邢、洺、磁三州。克用遣周德威出青山口，遇從周于張公橋，德威大敗。冬，潞州守將薛志勤卒，李罕之據潞州，叛附于朱全忠。

二年，全忠遣氏叔琮攻破承天軍，又破遼州，至于榆次，周德威敗之于洞渦。秋，李嗣昭復取澤潞。三年，嗣昭敗汴軍于沙河〔八〕，復取洺州。朱全忠自將圍之，嗣昭走，至青山口，遇汴伏兵，嗣昭大敗。秋，嗣昭取懷州。是歲，汴人攻鎮、定，鎮、定皆絶晉以附于朱全忠。

天復元年，全忠封梁王。梁王攻下晉、絳、河中，執王珂以歸。晉失三與國，乃下意爲書幣聘梁以求和。梁王以爲晉弱可取，乃曰：「晉雖請盟，而書辭慢。」因大舉擊晉。四月，氏叔琮入天井，張文敬入新口，葛從周入土門，王處直入飛狐，侯言入陰地。叔琮取澤潞，其别將白奉國破承天軍，遼州守將張鄂、汾州守將李瑭皆迎梁軍降，晉人大懼。會天大雨霖，梁兵多疾，皆解去。五月，晉復取汾州，誅李瑭。六月，周德威、李嗣昭取慈、隰。

二年，進攻晉、絳，大敗于蒲縣，梁軍乘勝破汾、慈、隰三州，遂圍太原。克用大懼，謀出奔雲州，又欲奔匈奴，未決，梁軍大疫，解去，周德威復取汾、慈、隰三州。

四年，梁遷唐都於洛陽，改元曰天祐。克用以謂劫天子以遷都者梁也，天祐非唐號，不可稱，乃仍稱天復。

五年，會契丹阿保機於雲中，約爲兄弟。

六年，梁攻燕滄州，燕王劉仁恭來乞師。克用恨仁恭反覆，欲不許，其子存勗諫曰：「此吾復振之時也。今天下之勢，歸梁者十七八，彊如趙、魏、中山，莫不聽命。是自河以北，無爲梁患者，其所憚者惟我與仁恭耳，若燕、晉合勢，非梁之福也。夫爲天下者不顧小怨，且彼常困我而我急其難，可因以德而懷之，是謂一舉而兩得，此不可失之機也。」克用以爲然，乃爲燕出兵攻破潞州，梁圍乃解去，以李嗣昭爲潞州留後。

七年〔九〕，梁兵十萬攻潞州，圍以夾城。遣周德威救潞州，軍于亂柳。冬，克用疾。是歲，梁滅唐，克用復稱天祐四年。

五年正月辛卯，克用卒，年五十三。子存勗立，葬克用於鴈門。

嗚呼，世久而失其傳者多矣，豈獨史官之繆哉！李氏之先，蓋出於西突厥，本號朱邪，至其後世，別自號曰沙陀，而以朱邪爲姓，拔野古爲始祖。其自序云：沙陀者，北庭之磧也。當唐太宗時，破西突厥諸部，分同羅、僕骨之人於此磧，置沙陀府，而以其始祖拔野古爲都督，其傳子孫，數世皆爲沙陀都督，故其後世因自號沙陀。

然予考于傳記，其説皆非也。夷狄無姓氏，朱邪，部族之號耳，拔野古與朱邪同時人，非其始祖，而唐太宗時，未嘗有沙陀府也。

唐太宗破西突厥，分其諸部，置十三州，以同羅爲龜林都督府，僕骨爲金微都督府，拔野古爲幽陵都督府，未嘗有沙陀府也。當是時，西突厥有鐵勒，薛延陀〔一〇〕、阿史那之類爲最大；其别部有同羅、僕骨、拔野古等以十數，蓋其小者也；又有處月、處密諸部，又其小者也。朱邪者，處月別部之號耳。太宗二十二年，已降拔野古，其明年，阿史那賀魯叛。至高宗永徽二年〔一〕，處月朱邪孤注從賀魯戰于牢山，爲契苾何力所敗，遂没不見。後百五六十年，當憲宗時〔二〕，有朱邪盡忠及子執宜見於中國，而自號沙陀，以朱邪爲姓矣。

蓋沙陀者，大磧也，在金莎山之陽，蒲類海之東，自處月以來居此磧，號沙陀突厥，而夷狄無文字傳記，朱邪又微不足録，故其後世自失其傳。至盡忠孫始賜姓李氏，李氏後大，而夷狄之人遂以沙陀爲貴種云。

校勘記

〔一〕簡方行至鳳州　「鳳州」，舊唐書卷一九上懿宗紀、通鑑卷二五三敍其事作「嵐州」。按舊唐書卷三八、卷三九地理志，鳳州屬山南西道；大同軍置在代州，與嵐州俱屬河東道；振武軍在鄯州，屬隴右道。自代州赴振武，不應至鳳州。錢大昕考異卷六一：「惟五代史以嵐州爲鳳州，則轉寫之訛耳。」

〔二〕趙璋　舊五代史卷二五唐武皇紀上、新唐書卷二二五黄巢傳同，宗文本、舊唐書卷一九下僖宗紀、卷二〇〇下黄巢傳作「趙章」。

〔三〕良田坡　「良田」，宋甲本、宗文本、舊唐書卷一九下僖宗紀作「良天」，宋丙本、舊五代史卷二一五唐武皇紀上、舊唐書卷二〇〇下黄巢傳、新唐書卷二一八沙陀傳、通鑑卷二五五、册府卷七作「粱田」。

〔四〕明年　舊唐書卷二〇上昭宗紀、舊五代史卷二五唐武皇紀上、通鑑卷二五八皆云孟方立死於龍紀元年，本卷上文敍光啓元年事，此處云明年，疑誤。

〔五〕韓建爲副　「副」，原作「副使」，據宋甲本、宋丙本、宗文本改。按舊五代史卷二五唐武皇紀上、通鑑卷二五八敍其事皆云以韓建爲都虞候。

〔六〕李匡儔　本書及舊五代史各處同，舊唐書、新唐書、通鑑各處皆作「李匡籌」。通鑑卷二五九考異：「唐太祖紀年録作『匡儔』，今從新舊紀、傳、實録。」本書各處同。

〔七〕閻圭　舊唐書卷二〇上昭宗紀、新唐書卷二〇八劉季述傳、御覽卷一一六引唐書同，舊五代史卷二六唐武皇紀下、卷一三二李茂貞傳、通鑑卷二六〇作「閻珪」。

〔八〕嗣昭敗汴軍于沙河　「沙河」，原作「汴河」，據宗文本、舊五代史卷二六武皇紀下、卷五二李嗣昭傳改。

〔九〕七年　原作「後七年」，據宗文本改。按舊五代史卷二六唐武皇紀下繫其事於天祐四年，天祐四年即天復七年。

〔一〇〕薛延陀　「薛」字原闕，據宗文本、通鑑卷二一〇考異引五代史記補。

〔一一〕至高宗永徽二年　「二年」，舊唐書卷四高宗紀、新唐書卷三高宗紀、通鑑卷一九九繫其事於永徽三年。

〔三〕當憲宗時　「當」字原闕，據宋甲本、宗文本、通鑑卷二一〇考異引五代史記補。

新五代史卷五

唐本紀第五

存勗，克用長子也。初，克用破孟方立于邢州，還軍上黨，置酒三垂崗，伶人奏百年歌，至于衰老之際，聲甚悲〔一〕，坐上皆悽愴。時存勗在側，方五歲，克用慨然捋鬚，指而笑曰：「吾行老矣，此奇兒也，後二十年，其能代我戰于此乎！」存勗年十一，從克用破王行瑜，遣獻捷于京師，昭宗異其狀貌，賜以鸂鶒卮、翡翠盤，而撫其背曰：「兒有奇表，後當富貴，無忘予家。」及長，善騎射，膽勇過人，稍習春秋，通大義，尤喜音聲歌舞俳優之戲。

天祐五年正月，即王位于太原。叔父克寧殺都虞候李存質，倖臣史敬鎔告克寧謀叛。二月，執而戕之，且以先王之喪、叔父之難告周德威，德威自亂柳還軍太原。梁夾城兵聞晉有大喪，德威軍且去，因頗懈。王謂諸將曰：「梁人幸我大喪，謂我少而新立，無能爲也，宜乘其怠擊之。」乃出兵趨上黨，行至三垂崗，歎曰：「此先王置酒處也！」會天大霧晝暝，兵行霧中，攻其夾城，破之，梁軍大敗，凱旋告廟。九月，蜀王王建、岐王李茂貞及楊崇本攻梁大安，晉亦遣周德威攻其晉州，敗梁軍于神山。

六年，劉知俊叛梁，來乞師，王自將至陰地關，遣周德威攻晉州，敗梁軍于蒙阬。七年冬，梁遣王景仁攻趙，趙王王鎔來乞師，諸將皆疑鎔詐，未可出兵，王不聽，乃救趙。八年正月，敗梁軍于柏鄉，斬首二萬級，獲其將校三百人、馬三千匹。進攻邢州，不下，留兵圍之，去，攻魏。別遣周德威徇梁夏津、高唐，攻博州，破東武、朝城，遂擊黎陽、臨河、淇門，掠新鄉、共城。

燕王劉守光聞晉攻梁深入，乃大治兵，聲言助晉，王患之，乃旋師。七月，會趙王王鎔于承天軍。劉守光稱帝于燕。九年正月，遣周德威會鎮、定以攻燕，守光求救於梁，梁軍攻趙，屠棗彊，李存審擊走之。八月，朱友謙以河中叛于梁，來降。梁遣康懷英討友謙，友謙復臣于梁，而亦陰附于晉。十年十月，劉守光請降，王如幽州，守光背約不降，攻破之。十一年，殺燕王劉守光于太原，用其父仁恭于鴈門。〔二〕於是趙王王鎔、北平王王處直奉册推王爲尚書令，始建行臺。七月，攻梁邢州，戰于張公橋，晉軍大敗。

〔二〕剖心以祭墓也。

十二年，魏州軍亂，賀德倫以魏、博二州叛于梁，來附。王入魏州，行至永濟，誅其亂首張彥，以其兵五百自衛，號帳前銀槍軍。六月，王兼領魏博節度使。取德州。七月，取澶州。劉鄩軍于洹水，王率百騎覘其營，遇鄩伏兵，圍之數重，決圍而出，亡七八騎〔二〕。八月，梁復取澶州，晉軍與鄩對壘于莘，晉軍數挑戰，鄩閉壁不出。十三年正月，王留李存審于莘，聲言西歸。鄩聞晉王且去，即引兵擊魏，攻城東。王行至貝州，返擊鄩，大敗之，追至于故元城，又敗之，鄩走黎陽。三月，攻梁衛州，降其刺史米昭。克磁州，殺其刺史靳昭。四月，克洺州。八月，圍邢州，降其節度使閻寶。梁張筠棄相州、戴思遠棄滄州而逃，遂取二州，而貝州人殺梁守將張源德，以城降。

契丹寇蔚州，執振武節度使李嗣本〔三〕。十四年，契丹寇新州，遂寇幽州，李嗣源擊走之。

冬，梁謝彥章軍于楊劉。十二月，攻楊劉，王自負芻以堙塹，遂破之。十五年正月，梁、晉相距于楊劉，彥章決河水以隔晉軍。六月，渡水擊彥章，破其四寨。八月，大閱于魏，合盧龍、橫海、昭義、安國及鎮、定之兵十萬、馬萬匹，軍于麻家渡。謝彥章軍于行臺。十二月，進軍臨濮，梁軍追之，戰于胡柳，晉軍大敗，周德威死之。梁軍暮休于土山，晉軍復擊，大敗之，遂軍德勝，爲夾寨。十六年正月，王兼領盧龍軍節度使〔四〕。梁王瓚攻德勝南城，不克。十月，廣德勝北城。十二月，敗梁軍于河南。十七年，朱友謙襲同州，梁遣劉鄩擊友謙，李存審敗梁軍于同州。

十八年正月，魏州僧傳真獻唐受命寶一。趙將張文禮弒其君鎔，文禮來請命。二月，以文禮爲鎮州兵馬留後。三月，河中節度使朱友謙、昭義軍節度使李嗣昭、橫海軍節度使李存審、義武軍節度使王處直、安國軍節度使李嗣源、鎮州兵馬留後張文禮、領天平軍節度使閻寶、大同軍節度使李存璋、振武軍節度使李存進、匡國軍節度使朱令德，請王即皇帝位，王三辭，友謙等三請，王曰：「予當思之。」

八月，遣趙王王鎔故將符習及閻寶、史建瑭等攻張文禮於鎮州。建瑭取趙州。張文禮卒，其子處瑾閉城拒守。九月，建瑭戰死。十月，梁戴思遠攻德勝北城，李嗣源敗之于戚城。王處直叛附于契丹，其子都幽處直以來附。十二月，契丹寇涿州，遂寇定州。

十九年正月，敗契丹于新城、望都，追奔至于幽州。三月，閻寶敗于鎮州，以李嗣昭代之。四月，嗣昭戰死，以李存進代之。八月，梁取衛州。九月，存進敗鎮人于東垣，存進戰死。十月，李存審克鎮州。王兼領成德軍節度使。

同光元年春三月，李繼韜以潞州叛附于梁。

夏四月己巳，皇帝即位，大赦，改元，國號唐。行臺左丞相豆盧革爲門下侍郎、右丞相盧程爲中書侍郎、同中書門下平章事；中門使郭崇韜、昭義監軍張居翰爲樞密使。【一】以魏州爲東京，太原爲西京，鎮州爲北都。

【一】樞密使，唐故以宦者爲之，其職甚微，至此始參用士人，而與宰相權任鈞矣，故與宰相並書。

閏月，追尊祖考爲皇帝，妣爲皇后：曾祖執宜、祖妣崔氏皆謚曰昭烈〔五〕，廟號懿祖；祖國昌、祖妣秦氏皆謚曰文景，廟號獻祖；考謚曰武，廟號太祖。立廟于太原，自唐高祖、太宗、懿宗、昭宗爲七廟。【二】壬寅，李嗣源取鄆州。【三】

【二】追尊祖考，則立廟可知，故皆不書「廟」，此書者，以立高祖已下四廟故也。此大事也，舊史失其日。

【三】後唐太祖置義兒軍如李嗣昭等甚衆，初皆賜姓名，而不全若子，故書「李嗣源」者，書其所賜姓名爾，不以子書也，與友文、從珂異。

五月辛酉，梁人取德勝南城。

六月，及王彥章戰于新壘，敗之。是月，盧程罷。

秋八月，梁人克澤州，【一】守將裴約死之。

【一】唐末，澤、潞皆屬晉，梁初已得澤州，至此又屬晉，而梁克之，中間不見晉得澤州年月，蓋舊史闕不書。五代之亂，戰爭攻取，彼此得失不常，多類此也。

九月戊辰，李嗣源及王彦章戰于遞坊，敗之。

冬十月壬申，如鄆州以襲梁。【一】甲戌，取中都。丁丑，取曹州。己卯，滅梁。敬翔自殺。【二】丙戌，貶鄭珏爲萊州司户參軍、蕭頃登州司户參軍；殺李振、趙巖、張漢傑、朱珪，滅其族。己丑，德音降死罪囚，流已下原之。

【一】掩其不備，疾馳而入之，故曰「襲」，文理宜然，無褒貶也。

【二】翔爲梁臣，梁所以亡唐，翔之謀爲多。梁之亡也，翔雖死之，不書「死」而書「自殺」，死，大節也，見不輕予人也。

十一月乙巳，復北都爲鎮州，太原爲北都。丙辰，復汴州爲宣武軍。丁巳，尚書左丞趙光胤爲中書侍郎、禮部侍郎韋説：同中書門下平章事。戊午，新羅國王金朴英遣使者來。辛酉，復永平軍爲西都。甲子，如洛京。【一】

【一】洛京，從當時語。

十二月庚午朔，至自汴州。辛巳，李繼韜伏誅。繼韜之弟繼達殺其兄繼儔于潞州。【一】壬辰，畋于伊闕。

【一】繼儔以被殺書，非不予其死，蓋繼達殺兄，自當著其罪爾。與書弑君者同。

二年春正月，河南尹張全義及諸鎮進暖殿物。己酉，求唐宦者。【一】庚戌，新羅國王金朴英及其泉州節度使王逢規皆遣使者來。乙卯，渤海國王大諲譔使大禹謨來。庚申，如河陽。【二】辛酉，至自河陽。丁卯，七廟神主至自太原，祔于太廟。朝獻于太微宮。戊辰，享于太廟。

【一】凡書過惡辭無譏貶者，直書其實而自見也。

【二】迎皇太后也。太后曹氏，莊宗母也。莊宗即位，遣盧程奉册爲皇太后。舊史、實録皆無奉册月日，故不書。

二月己巳朔，有事于南郊，大赦。癸酉，羣臣上尊號曰昭文睿武光孝皇帝〔六〕。戊寅，幸李嗣源第。癸未，立劉氏爲皇后。【一】

【一】五代十三君，立后者七，辭有不同：立得其正者，曰「以某妃、某夫人某氏爲皇后〔七〕」；其不正者，直曰「立某氏爲皇后」。嫌與得正同爾，無褒貶也。

三月己酉，党項來。庚戌，賜從平汴州及入洛南郊立仗軍士等功臣。庚申，工部郎中李塗爲檢視諸陵使〔八〕。【一】潞州將楊立反。

【一】唐諸帝陵也。

夏五月壬寅，教坊使陳俊爲景州刺史，內園栽接使儲德源爲憲州刺史〔九〕。【一】丙辰，

渤海國王大諲譔遣使者來。丙寅，李嗣源克潞州。【三】

【二】命官不書，此書其甚也。

【三】不書命將，舊史闕。

六月丙子，楊立伏誅。己丑，封回紇王仁美爲英義可汗。

秋七月己酉，如雷山賽天神。【一】

【一】夷狄之事也。

八月，大雨霖，河溢。

九月壬子，置水于城門，以禳熒惑。【一】甲寅，幸郭崇韜第。丙辰，黑水遣使者來。

【一】本紀書災不書異，熒惑爲置水，非禮書爾，見其有懼禍之意，而不知畏天以修德。水、旱、風、蝗之類害物者，災也，故書；其變逆常理不知所以然者，異也，以其不可知，故不書爾。

冬十月癸未，左熊威軍將趙暉妻一産三男子【一〇】。【一】

【一】此亦變異，而書者，重人事，故謹之。後世以此爲善祥，故於亂世書，以見不然。

十一月癸卯，畋于伊闕。丙午，至自伊闕。【一】丁巳，回鶻使都督安千想來【一一】。

【一】書「至」，見其留四日而荒甚。

十二月庚午，及皇后幸張全義第。

三年春正月庚子，如東京，毀即位壇爲鞠場。

二月己巳，聚鞠于新場。乙亥，射鴈于王莽河。辛巳，突厥渾解樓、渤海國王大諲譔皆遣使者來。射鴈于北郊。乙酉，射鴨于郭泊。庚寅，射鴈于北郊。

三月乙未，寒食，望祭于西郊。【一】庚申，至自東京。辛酉，改東京爲鄴都，以洛京爲東都。

【一】俚俗之祭也，非禮，故書。

夏四月乙亥，及皇后幸郭崇韜、朱漢賓第。旱。庚寅，趙光胤薨。

五月丁酉，皇太妃薨，廢朝五日。【一】己酉，黑水、女真皆遣使者來。

【一】太祖正室，於莊宗爲嫡母，書「太妃」及「輟朝」，見亂世禮壞而恩薄。

六月辛未，宗正卿李紓爲昭宗、少帝改卜園陵使。【一】括馬。

【一】少帝，濟陰王也。梁嘗謚曰「哀皇帝」，唐人謂之「少帝」，從其本語【二】。

秋七月壬寅，皇太后崩。【一】

【一】不書「册皇太后」，已見上注。

八月癸未，殺河南縣令羅貫。

九月庚子，魏王繼岌爲西川四面行營都統、郭崇韜爲招討使以伐蜀。自六月雨至于是月。丁巳，射鴈于尖山。

冬十月壬午，奚、吐渾、突厥皆遣使者來。戊子，葬貞簡太后於坤陵。

十一月丁未，高麗遣使者來。己酉，王衍降〔一三〕。【二】郭崇韜殺王宗弼及其弟宗渥、宗訓，滅其族。

【二】唐兵入蜀，不攻不戰，君臣迎降，故直書其實，以見下書「殺衍」爲殺降。

十二月己卯，畋于白沙。癸未，至自白沙。

閏月辛亥，封弟存美爲邕王、存霸永王、存禮薛王、存渥申王、存乂睦王、存確通王、存紀雅王。

四年春正月壬戌，降死罪以下囚。甲子，魏王繼岌殺郭崇韜及其三子于蜀〔一四〕。【二】戊寅，契丹使梅老鞋里來。庚辰，殺其弟睦王存乂及河中護國軍節度使李繼麟，滅其族。

乙酉，沙州曹義金遣使者來〔一五〕。丙戌，回鶻阿咄欲遣使者來。丁亥，殺李繼麟之將史武、薛敬容、周唐殷、楊師太、王景、來仁〔一六〕、白奉國，皆滅其族。

【一】實皇后劉氏作教與繼岌使殺崇韜，而書「繼岌殺」者，繼岌將兵在外，后教非天子命，可止而不止。

二月己丑，宣徽南院使李紹宏爲樞密使。癸巳，鄴都軍將趙在禮反于貝州。【一】甲午，畋于冷泉。趙在禮陷鄴都，武寧軍節度使李紹榮討之〔一七〕。邢州軍將趙太反，東北面招討使李紹真討之〔一八〕。甲辰，成德軍節度使李嗣源討趙在禮。

【一】反者皆不書日，獨在禮書日，推迹其心可知爾。其事具本傳。蓋在禮初無亂心，以是日見迫而反爾。雖加以大惡之名，猶原其本心而異於他反者。於此見凡書人善惡，不妄加之也如此。

三月，趙太伏誅。李嗣源反。博州守將翟建自稱刺史。甲子，殺王衍，滅其族。【二】乙丑，如汴州。壬申，次滎澤。龍驤指揮使姚彥温以前鋒軍叛降于李嗣源〔一九〕。嗣源入于汴州。甲戌，至自萬勝。【三】從馬直指揮使郭從謙反。

【二】許其不死，降而殺之，又滅其族，於殺非罪，此爲甚，而書無異辭者，前書「衍降」，義自見也。

【三】帝至萬勝鎮，聞嗣源已入汴州，乃還。

夏四月丁亥朔，皇帝崩。【一】

【一】年四十三〔二〇〕。帝尸爲伶人焚之，明宗入洛，得其骨燼。天成元年七月，葬之河南新安縣〔二一〕，號雍陵，至晉避廟諱，更曰伊陵。其不書葬，與梁太祖同。

校勘記

〔一〕聲甚悲　宗文本作「聲辭甚悲」，舊五代史卷二七唐莊宗紀一作「聲調悽苦」。

〔二〕亡七八騎　宗文本作「亡七騎」，通鑑卷二六九敍其事作「亡其七騎」。

〔三〕契丹寇蔚州執振武節度使李嗣本　遼史卷一太祖紀上敍其事云：「八月，拔朔州，擒節度使李嗣本。」按振武軍治朔州，通鑑卷二六九胡注：「契丹攻蔚州，自麟、勝出詭道，以掩晉不備也。按麟、勝至蔚州，中間懸隔雲、朔，『蔚州』恐當作『朔州』。」

〔四〕正月王兼領盧龍軍節度使　舊五代史卷二九唐莊宗紀三、通鑑卷二七〇敍其事皆云正月命昭義軍節度使李嗣昭權知幽州軍府事。三月，帝兼領幽州。

〔五〕祖妣崔氏皆謚曰昭烈　「昭烈」，原作「照烈」，據宋甲本、宗文本、舊五代史卷二九唐莊宗紀三、五代會要卷一改。

〔六〕羣臣上尊號曰昭文睿武光孝皇帝　「昭文睿武光孝皇帝」，李存進神道碑（拓片刊山西碑碣）同，舊五代史卷三一唐莊宗紀五、通鑑卷二七三、五代會要卷一作「昭文睿武至德光孝皇帝」。

〔七〕某夫人　「某」字原闕，據宋甲本、宗文本補。

〔八〕李塗　舊五代史卷三二唐莊宗紀六、册府卷一七四、五代會要卷四、通鑑卷二七三作「李途」。

〔九〕内園栽接使儲德源爲憲州刺史　「栽接使」，原作「裁接使」，據宋甲本、宗文本、本書卷三七伶官傳、御覽卷二五五引五代史後唐書、通鑑卷二七三改。

〔一〇〕左熊威軍將趙暉妻一産三男子　按五代無熊威軍，疑爲「雄威軍」之訛。時禁軍有雄威軍，據舊五代史卷四三唐明宗紀九、五代會要卷一二，至後唐明宗長興三年方改神威、雄威等軍爲左右羽林。「趙暉」，宋丙本作「趙威」。

〔一一〕安千想　本書卷七四四夷附録、五代會要（四庫本）卷二八同，舊五代史卷一三八回鶻傳、五代會要卷二八作「安千」。

〔一二〕從其本語　「本語」，原作「本意語」，據宋甲本、宋丙本、宗文本改。

〔一三〕王衍降　宗文本作「蜀王衍降」。

〔一四〕魏王繼岌殺郭崇韜及其三子于蜀　按舊五代史卷五七郭崇韜傳、通鑑卷二七四，郭崇韜子從死於蜀者，止廷信、廷誨二人。本書卷二四郭崇韜傳亦云「崇韜有五子，其二從死於蜀」。

〔一五〕曹義金　按敦煌文書伯三八〇五背面同光三年六月一日敕河西歸義節度使牒署「使檢校司空兼太保曹議金」，此件鈐「沙州觀察處置使之印」，爲正式官文書，可知其名爲曹議金。本書各處同。

〔一六〕王景來仁　册府卷九二五作「王景來景仁」。

〔一七〕武寧軍節度使李紹榮討之　「武寧軍節度使」，舊五代史卷三四唐莊宗紀八敍其事作「宋州節度使」，按武寧軍治徐州。

〔一八〕東北面招討使李紹真討之　「東北面招討使」，舊五代史卷三四唐莊宗紀八、册府卷一二三作「東北面副招討使」，通鑑卷二七四作「東北面招討副使」。

〔一九〕龍驤指揮使姚彥温以前鋒軍叛降于李嗣源　「龍驤指揮使」，原作「龍驤指揮軍使」，據宋甲本、宋丙本、宗文本、通鑑卷二七四改。

〔二〇〕年四十三　五代會要卷一作「年四十二」。

〔二一〕葬之河南新安縣　「新安縣」，原作「新縣」，據宋甲本、宋丙本、宗文本、五代會要卷一改。

新五代史卷六

唐本紀第六

明宗聖德和武欽孝皇帝，世本夷狄，無姓氏。父霓〔一〕，爲鴈門部將，生子邈佶烈，以騎射事太祖，爲人質厚寡言，執事恭謹，太祖養以爲子，賜名嗣源。

梁攻兗、鄆，朱宣、朱瑾來乞師，太祖遣李存信將兵三萬救之。存信留莘縣不進，使嗣源別以兵三千先擊梁兵，梁兵解去。存信留莘縣久之，爲羅弘信所襲，存信敗走，嗣源獨殿而還，太祖以嗣源所將騎五百號「横衝都」。

光化三年〔二〕，李嗣昭攻梁邢洺，出青山，遇葛從周兵，嗣昭大敗走，梁兵追之。嗣源從間道後至，謂嗣昭曰：「爲公一戰。」乃解鞍礪鏃，憑高爲陣，左右指畫，梁追兵望之莫測。嗣源急呼曰：「吾取葛公，士卒可無動！」乃馳騎犯之，出入奮擊，嗣昭繼進，梁兵解去。嗣源身中四矢，太祖解衣賜藥以勞之，由是「李横衝」名重四方。

梁、晉相拒于柏鄉，梁龍驤軍以赤、白馬爲兩陣，旗幟鎧仗皆如馬色，晉兵望之皆懼。莊宗舉鍾以飲嗣源曰：「卿望梁家赤、白馬懼乎？雖吾亦怯也。」嗣源笑曰：「有其表爾，翌日歸吾廐也。」莊宗大喜曰：「卿當以氣吞之。」因引鍾飲釂，奮檛馳騎，犯其白馬，挾二裨將而還。梁兵敗，以功拜代州刺史。

莊宗攻劉守光，嗣源及李嗣昭將兵三萬別出飛狐，定山後，取武、嬀、儒三州。莊宗已平魏州，因徇下磁、相，拜相州刺史、昭德軍節度使。久之，徙鎮安國。契丹攻幽州，莊宗遣嗣源與閻寶等擊走之。

同光元年，徙鎮橫海。是時，梁、唐相拒于河上，李繼韜以潞州叛降梁，莊宗有憂色，召嗣源帳中，謂曰：「繼韜以上黨降梁，而梁方急攻澤州，吾出不意襲鄆州，以斷梁右臂，可乎？」嗣源對曰：「夾河之兵久矣，苟非出奇，則大計不決，臣請獨當之。」乃以步騎五千涉濟，至鄆州，鄆人無備，遂襲破之，即拜天平軍節度使、蕃漢馬步軍副都總管。

梁軍攻破德勝南柵，莊宗退保楊劉，王彥章急攻鄆州，莊宗悉軍救之，嗣源爲前鋒擊敗梁軍〔三〕，追至中都，擒彥章及梁監軍張漢傑。

彥章雖敗，而段凝悉將梁兵屯河上，莊宗未知所嚮，諸將多言乘勝以取青齊，嗣源曰：「彥章之敗，凝猶未知，使其聞之，遲疑定計，亦須三日。縱使料吾所向，亟發救兵，必渡黎陽，數萬之衆，舟楫非一日具也。此去汴州，不數百里，前無險阻，方陣而行，信宿可至，汴州已破，段凝豈足顧哉！」而郭崇韜亦勸莊宗入汴，莊宗以爲然，遣嗣源以千騎先至汴州，攻封丘門，王瓚開門降。莊宗後至，見嗣源大喜，手攬其衣，以頭觸之曰：「天下與爾共之。」拜中書令。

二年，莊宗祀天南郊，賜以鐵券。五月，破楊立于潞州。六月，徙鎮宣武，兼蕃漢内外馬步軍總管。冬，契丹侵漁陽，嗣源敗之于涿州。

三年，徙鎮成德。莊宗幸鄴，請朝行在，不許。貞簡太后疾，請入省，又不許。太后崩，請赴山陵，許之，而契丹侵邊，乃止。十二月，遂朝于洛陽。

天成元年，〔一〕郭崇韜、朱友謙皆以讒死，嗣源以名位高，亦見疑忌。趙在禮反於魏，大臣皆請遣嗣源討賊，莊宗不許。羣臣屢請，莊宗不得已遣之。

〔一〕實同光四年，而書「天成元年」者，大赦改元文見下可知。莊宗本紀自書「同光四年」，各從其所稱，既曰改元，不嫌二號也。

三月壬子〔四〕，嗣源至魏，屯御河南，在禮登樓謝罪。甲寅，軍變，嗣源入于魏，與在禮合，夕出，止魏縣。丁巳，以其兵南，遣石敬瑭將三百騎爲先鋒。嗣源行過鉅鹿，掠小坊馬二千匹以益軍。壬申，入汴州。

四月丁亥，莊宗崩。己丑，入洛陽。甲午，監國，朝羣臣于興聖宮。乙未，中門使安重誨爲樞密使。殺元行欽及租庸使孔謙。壬寅，左驍衛大將軍孔循爲樞密使。丙午，始奠于西宮，【一】皇帝即位于柩前，【二】易斬縗以衮冕。【三】壬子，魏王繼岌薨。【四】甲寅，大赦，改元。渤海國王大諲譔使大陳林來。是月，張居翰罷。

【一】曰「始奠」，見其緩也。自己丑入洛，至此二十日矣。

【二】柩前即位，嗣君之禮也。反逆之臣自立，而用嗣君之禮，書從其實而不變文者，蓋先已書反，正其罪矣。此書其實者，見其猶有自愧之心，而欲逃大惡之名也。

【三】既用嗣君之禮矣，遽釋縗而服冕，故書以見其情詐。

【四】諸王薨不書，此書者，見明宗舉兵實反，會從謙弑逆，遂託赴難爲名。及即位時，莊宗元子猶在，則其辭屈矣。

五月丙辰朔，太子賓客鄭珏、工部尚書任圜爲中書侍郎、同中書門下平章事。戊辰，趙在禮爲義成軍節度使。【一】

【一】在禮始亂宜誅，而明宗因之以反，命以方鎮，報其功也，故書。

六月丁酉，汴州控鶴軍亂，指揮使張諫殺其權知州事高逖。己亥，諫伏誅。

秋七月庚申，安重誨殺殿直馬延于御史臺門。【一】契丹使梅老述骨來，渤海使大昭佐來。己卯，貶豆盧革爲辰州刺史、韋説敍州刺史。甲申，流革于陵州，説于合州。

【一】御史臺所以糾百官之不法，殺人于臺門，惡其甚。

八月乙酉朔，陝州硤石縣民高存妻一產三男子〔五〕。丁酉，以象笏三十二賜百官之無笏者〔六〕。【二】閲稼于冷泉宮。己亥，契丹犯邊。丁未，平盧軍節度使霍彦威殺其登州刺史王公儼。甲寅，醫官張志忠爲太原少尹。

【二】是時朝廷衰弱之甚，故書。

九月己未，幸至德宮及袁建豐第。

冬十月丁亥，雲南山後兩林百蠻都鬼主、右武衛大將軍李卑晚使大鬼主傅能何華來〔七〕。辛丑，契丹使没骨餒來告阿保機哀，廢朝三日〔八〕。旱，辛亥雨。

二年春正月癸丑朔，更名亶。癸亥，端明殿學士兵部侍郎馮道、太常卿崔協爲中書侍郎、同中書門下平章事。

二月壬午朔，新羅使張芬來。西川節度使孟知祥殺其兵馬都監李嚴。丙申，赦京師

囚。郭從謙爲景州刺史，既而殺之。【一】戊戌，山南東道節度使劉訓爲南面招討使，以伐荆南。【二】

【一】從謙弑君，不討而命以官，故書。與在禮同罪宜誅，而書「殺」者，明宗亦同罪，不得行誅，故以兩相殺書之。

【二】是時，荆南自絶於中國而附吴，不足以有罪，不書討而書「伐」，見非内臣，不責其叛。

三月壬子朔，幸會節園，羣臣置宴。【一】盧臺軍亂〔九〕，殺其將烏震。新羅使林彦來。

【一】遊幸若不過度，則小事也，皆不書。惟莊宗及晉出帝之世則書者〔一〇〕，著其過度耳。明宗於五代爲勤儉之君，遊幸無過度，此書以著置宴，見君臣之失矣。

夏四月庚寅，盧臺軍將龍晊等伏誅。

六月丙戌，任圜罷。庚子，幸白司馬坡，祭突厥神。【一】

【一】夷狄之事也。

秋七月甲子，隨州刺史西方鄴取夔、忠、萬州〔一一〕。癸酉，殺豆盧革、韋説。

八月乙酉，牂牁使宋朝化及昆明使者來。

九月庚午，党項使如連山來。壬申，契丹使梅老來。

冬十月乙酉，如汴州。宣武軍節度使朱守殷反，馬步軍都指揮使馬彦超死之。己丑，

守殷自殺。【一】乙未，殺太子少保致仕任圜。【二】辛丑，德音釋繫囚【一二】。是月，傳箭于霍彥威。【三】

【一】不書克汴州者，天子自以兵討，未嘗攻戰，直入其城也。佗自殺不書，爲書克州；此不書克州，故書「自殺」。

【二】實安重誨矯詔殺之，不書重誨殺者，明宗知而不責，又下詔書誣圜以罪，故以明宗自殺書之。

【三】夷狄之事也。

十一月乙亥，契丹使梅老來。

十二月己丑，回鶻西界吐蕃遣使者來。甲辰，畋于東郊。丙午，追尊祖考爲皇帝，妣爲皇后：高祖聿謚曰孝恭，廟號惠祖，祖妣劉氏謚曰孝恭昭【一三】；曾祖敖謚曰孝質，廟號毅祖，祖妣張氏謚曰孝質順【一四】；祖琰謚曰孝靖，廟號烈祖，祖妣何氏謚曰孝靖穆；考謚曰孝成，廟號德祖，妣劉氏謚曰孝成懿。立廟于應州。

三年春正月丁巳，契丹陷平州。

二月辛巳，吐渾都督李紹虜來【一五】。乙未，孔循罷。戊戌，回鶻使李阿山來。

三月丁未朔，御札求直言。己未，鄭珏罷。癸亥，成德軍節度使王建立爲尚書右僕射、同中書門下平章事。西方鄴克歸州。戊辰，宣徽南院使范延光爲樞密使。

夏四月戊寅，延光罷。乙酉，達靼遣使者來。義武軍節度使王都反。壬寅，歸德軍節度使王晏球爲北面行營招討使。

五月，契丹禿餒入于定州。辛酉，右衛上將軍趙敬怡爲樞密使。封回鶻可汗王仁裕爲順化可汗。

秋七月己未，殺齊州防禦使曹廷隱〔一六〕。

八月，盧龍軍節度使趙德鈞執契丹首領惕隱赫邈。慶州防禦使竇廷琬反。

冬十月，靜難軍節度使李敬周討之。丁巳，突厥使張慕晉來。

十一月壬午，吐渾使念九來。甲午，王建立罷。

十二月，李敬周克慶州，竇廷琬伏誅。辛亥，幸康義誠第。

四年春正月壬辰，回鶻使掣撥都督來。

二月癸卯，王晏球克定州。【一】辛酉，晏球獻馘俘。趙敬怡薨。丁卯，崔協薨。庚午，至自汴州。

【一】王都自焚，故不書伏誅。

三月丙戌，殺姪從璨。

夏四月，契丹寇雲州。癸丑，契丹使撩括梅里來求禿餒〔一七〕，殺之。甲寅，端明殿學士、尚書兵部侍郎趙鳳爲門下侍郎兼工部尚書、同中書門下平章事。

五月己巳，朝羣臣，賀朔。〔二〕乙酉，追謚少帝曰昭宣光烈孝皇帝。契丹寇雲州。

〔二〕不曰視朝，而曰「賀朔」，著非禮。視朝常事，自不書爾。五月賀朔，出於道家之説，自唐以來用之。書之見亂世舉非禮之不急者。此禮其後屢行，皆不復書者，與入閤同。

秋七月壬申，殺左金吾衞上將軍毛璋〔一八〕。

八月乙巳，黑水使骨至來。丁未，吐渾首領念公山來。乙卯，党項折遇明來。己未，高麗王建使張彬來。

九月癸巳，殺供奉官烏昭遇。

冬十二月辛丑，殺西平縣令李商。

長興元年春正月丁卯，閱馬于苑。辛卯，宣徽南院使朱弘昭爲大内留守。

二月戊戌，黑水兀兒遣使者來。乙巳，天雄軍節度使石敬瑭爲御營使。癸丑，朝獻于太微宫。甲寅，享于太廟。乙卯，有事于南郊，大赦，改元。

三月庚寅，立淑妃曹氏爲皇后。

夏四月戊戌，安重誨使河中衙内指揮使楊彦温逐其節度使從珂。壬寅，西京留守索自通、侍衛步軍指揮使藥彦稠討之。辛亥，自通執彦温殺之。〔一〕戊午，羣臣上尊號曰聖明神武文德恭孝皇帝。辛酉，吐蕃首領于撥葛來〔一九〕。

〔一〕彦温雖有罪，有命獲而勿殺，自通擅殺之，故不書「誅」而書「殺」。

五月丁丑，回鶻使孽栗祖來。庚辰，回鶻使安黑連來。

秋七月壬午，訪莊宗子孫瘞所。〔二〕

〔二〕莊宗子孫而不知瘞所，見明宗舉兵不順，禍害所罹者可哀也。於此始求之，見事緩而無恩也。

八月乙未，忠武軍節度使張延朗爲三司使。〔三〕壬寅，殺捧聖都軍使李行德、十將張儉，滅其族。吐渾來附。封子從榮爲秦王。戊申，海州將王傳極殺其刺史陳宣〔二〇〕，叛于吳，來降。乙卯，吐渾康合畢來。丙辰，封子從厚爲宋王。

〔三〕三司使始於此，而今遂因之。

九月壬戌，吐蕃使王滿儒來。東川節度使董璋反。甲申，成德軍節度使范延光爲樞密使。丁亥，石敬瑭爲東川行營都招討使。

冬十月丁酉，始藏冰〔二一〕。甲辰，驍衞上將軍致仕張筠進助軍粟。乙巳，董璋陷閬州，殺節度使李仁矩，指揮使姚洪死之。孟知祥反。

十一月庚申朔，秦王從榮受册，謁于太廟。〔一〕丙戌，契丹東丹王突欲來奔。〔二〕

〔一〕册禮廢於亂世，至此始一行之，故書。

〔二〕夷狄不可以禮義責，故不曰叛于契丹。

十二月丁未，二王後、祕書丞、酅國公楊仁矩卒，廢朝一日。丁巳，回鶻順化可汗王仁裕使翟末斯來〔二二〕。安重誨討董璋。〔一〕沙州曹義金遣使者來。

〔一〕不命將名，直以樞密使往。

二年春正月戊辰，党項使折七移來。庚辰，達靼使列六薛孃居來。

二月丁酉，幸安元信第。戊戌，突厥使杜阿熟、吐渾使康萬琳來。辛丑，安重誨罷。

三月，趙鳳罷〔二三〕。丁亥，太常卿李愚爲中書侍郎、同中書門下平章事。

夏四月甲辰，宣徽北院使趙延壽爲樞密使。甲寅，董璋陷遂州，武信軍節度使夏魯奇死之。乙卯，以旱赦流罪以下囚。

閏五月丁酉，殺太子太師致仕安重誨及其妻張氏、子崇贊崇緒。

秋八月己未，契丹使邪姑兒來。

九月丁亥，放五坊鷹隼。

冬十一月戊申，吐蕃遣使者來。辛丑，旌表棣州民邢釗門閭。【一】

【一】干戈之世，王道息而禮義亡，民猶有自知孝悌，而時君旌表，猶有勸民之意，故兩善而書之。

十二月甲寅朔，除鐵禁，初税農具錢。【二】己未，西涼府遣使者來。己巳，回鶻使安求思來〔二四〕。辛未，渤海使文成角來。党項寇方渠。

【二】至今因之，故書。

三年春正月庚子，契丹使拽骨來。己酉，渤海、回鶻皆遣使者來。

二月己卯，靜難軍節度使藥彦稠及党項戰于牛兒谷〔二五〕，敗之。

三月甲申，契丹遣使者來。

夏四月庚申，新羅遣使者來。

五月己丑，二王後、詹事司直楊延紹襲封酅國公。丙午，孟知祥攻董璋，陷綿州。

六月甲寅，封王建爲高麗國王、大義軍使。孟知祥殺董璋，陷東川。達靼首領頡哥以其族來附。

秋八月己卯，吐蕃遣使者來。

冬十月庚申，幸石敬瑭第。

四年春正月庚寅，端明殿學士、兵部侍郎劉昫爲中書侍郎、同中書門下平章事。

二月戊午，孟知祥使朱滉來。【一】

【一】十國外而不書，此書者，知祥本唐臣而反，至此改過自歸，絶之則嫌不許其自新，録之則尚冀其遷善，然其來也，臣禮不備，故如夷狄書之。

三月甲辰，追册晉國夫人夏氏爲皇后。

夏五月戊寅，封子從珂爲潞王、【一】從益許王、姪從温兗王、從璋洋王、從敏涇王。丙戌，契丹使述骨卿來。

【一】從珂非子，而書「子」，與梁博王友文同。

秋七月乙未，回鶻都督李末來，獻白鶻，命放之。

八月戊申，大赦。

九月戊戌，趙延壽罷。山南東道節度使朱弘昭爲樞密使。

冬十月庚申，范延光罷。三司使馮贇爲樞密使。壬申，幸士和亭，得疾。【一】

【一】書「得疾」，爲從榮事詳之。

十一月壬辰，秦王從榮以兵入興聖宫，不克，伏誅。【二】乙未，侍衛親軍都指揮使康義誠殺三司使孫岳。戊戌，皇帝崩于雍和殿。【三】

【二】君病不侍疾，以兵求立，罪當誅，故書「伏誅」。其意以謂帝崩矣，懼不得立，而舉兵自助，非反，故不書反。

【三】年六十七。清泰元年，葬河南洛陽縣，號徽陵。雖得其死，而爲賊所葬，故亦不書葬。

嗚呼！自古治世少而亂世多，三代之王有天下者，皆數百年，其可道者，數君而已，況於後世邪，況於五代邪！

予聞長老爲予言，明宗雖出夷狄，而爲人純質，寬仁愛人。於五代之君，有足稱也。嘗夜焚香，仰天而祝曰：「臣本蕃人，豈足治天下！世亂久矣，願天早生聖人。」自初即位，減罷宫人、伶官；廢内藏庫，四方所上物，悉歸之有司。廣壽殿火災，有司理之，請加丹雘，喟然歎曰：「天以火戒我，豈宜增以侈邪！」歲嘗旱，已而雪，暴坐庭中，詔武德司，宫中無得掃雪【二六】，曰：「此天所以賜我也。」數問宰相馮道等民間疾苦，聞道等言穀帛賤，民無疾疫，則欣然曰：「吾何以堪之，當與公等作好事，以報上天。」吏有犯贓，輒寘之死，曰：

「此民之蠹也！」以詔書褒廉吏孫岳等，以風示天下。其愛人恤物，蓋亦有意於治矣。

其即位時，春秋已高，不邇聲色，不樂遊畋。在位七年，於五代之君，最爲長世，兵革粗息，年屢豐登，生民實賴以休息。

然夷狄性果，仁而不明，屢以非辜誅殺臣下。至於從榮，父子之間，不能慮患爲防，而變起倉卒，卒陷之以大惡，帝亦由此飲恨而終。

當是時，大理少卿康澄上疏言時事，其言曰：「爲國者有不足懼者五，深可畏者六：三辰失行不足懼，天象變見不足懼，小人訛言不足懼，山崩川竭不足懼，水旱蟲蝗不足懼也；賢士藏匿深可畏，四民遷業深可畏，上下相徇深可畏，廉恥道消深可畏，毁譽亂真深可畏，直言不聞深可畏也。」識者皆多澄言切中時病。若從榮之變，任圜、安重誨等之死，可謂上下相徇，而毁譽亂真之敝矣。然澄之言，豈止一時之病，凡爲國者，可不戒哉！

校勘記

〔一〕父霓　「霓」，原作「電」，據宋甲本、宗文本、舊五代史卷三五唐明宗紀一、五代會要卷一改。吴光耀纂誤續補卷一：「按『霓』誤『電』，天成四年建定晉禪院碑曰『雷訇電曜，水溢溝穿』、鑑誡録李昊爲孟知祥答唐明宗奏狀曰『臣幸以疾雷之勢，破其急電之機』、册府元龜潞王舉兵次陝州，令曰『霆電之速，軍民可知』、清泰元年宰臣李愚等奏請以來年正月降聖日爲千春節曰『仰惟樞電之祥，最是寰區之樂』。果名『電』不應不避。」

〔二〕光化三年　通鑑卷二六一繫其事於光化元年。

〔三〕嗣源爲前鋒擊敗梁軍　「敗」字原闕，據宋甲本、宗文本、吴縝纂誤卷下引五代史補。

〔四〕壬子　舊五代史卷三四唐莊宗紀八同，通鑑卷二七四作「壬戌」。按是月丁巳朔，無壬子，舊五代史卷三五唐明宗紀一、册府卷一一繫其事於初六，即壬戌。壬子較壬戌早十日，本段下文敍甲寅、丁巳、壬申事皆較舊五代史唐明宗紀、通鑑、册府早十日，舊五代史唐莊宗紀敍天成元年三、四月事皆較正確干支早十日，吴縝纂誤卷上：「歐陽史分采兩紀之文，未嘗總核月日，遂致前後參差。」

〔五〕陝州硤石縣民高存妻一産三男子　「州硤」二字原闕，據宗文本補。

〔六〕以象笏三十二賜百官之無笏者　「三十二」，舊五代史卷三七唐明宗紀三作「三十四」。

〔七〕傅能何華　本書卷七四四夷附録同，舊五代史卷三七唐明宗紀三、册府卷九六二、卷九七二作「傅能阿花」，五代會要卷三〇作「傅能阿花」。

〔八〕廢朝三日　舊五代史卷三七唐明宗紀三、册府卷九八〇、五代會要卷二九敍其事皆云輟當月十九日朝參，僅廢朝一日。

〔九〕盧臺軍亂　「軍」字原闕，據宋甲本、宋丙本、宗文本補。

〔一〇〕惟莊宗及晉出帝之世則書者　「出」字原闕，據宋甲本、宗文本補。

〔一一〕隨州刺史西方鄴取夔忠萬州　「隨州」，本書卷二五西方鄴傳、舊五代史卷三八唐明宗紀四、卷六一西方鄴傳、西方鄴墓誌（拓片刊千唐誌齋藏誌）敍其事作「夔州」。

〔一二〕德音釋繫囚　宗文本「釋」下有「輕」字。

〔一三〕祖妣劉氏謚曰孝恭昭　「劉氏」，舊五代史卷三五唐明宗紀一、册府卷三一、五代會要卷一作「崔氏」。

〔一四〕祖妣張氏謚曰孝質順　「質」，原作「毅」，據宋甲本、宋丙本、宗文本、舊五代史卷三五唐明宗紀一、册府卷三一改。

〔一五〕吐渾都督李紹虜來　「李紹虜」，五代會要卷二八、册府卷九七二作「李紹魯」。按本書卷七四四夷附録，吐渾有首領白承福，唐莊宗爲置寧朔、奉化兩府，使爲都督，賜姓名爲李紹魯。舊五代史卷三一唐莊宗紀五載吐渾李紹魯貢駞馬，卷三九唐明宗紀五亦云「以吐渾寧朔、奉化兩府都知兵馬使李紹魯爲吐渾寧朔府都督」，即其人。

〔一六〕秋七月己未殺齊州防禦使曹廷隱　舊五代史卷三九唐明宗紀五：「壬戌，齊州防禦使曹廷隱以奏舉失實，配流永州，續敕賜自盡。」按是月甲辰朔，己未爲十六日，壬戌爲十九日，誅曹廷隱不當在配流前。

〔一七〕契丹使撩括梅里來求禿餒　「撩括」，舊五代史卷四〇唐明宗紀六、卷一三七契丹傳、册府

（宋本）卷九七二作「捺括」。

〔一八〕殺左金吾衛上將軍毛璋　「左」，原作「右」，據舊五代史卷四〇唐明宗紀六改。按舊五代史卷三九唐明宗紀五：「（天成三年六月己卯）以右金吾上將軍毛璋爲左金吾上將軍。」是時毛璋已遷爲「左金吾衛上將軍」。毛璋墓誌（拓片刊北京圖書館藏中國歷代石刻拓本滙編第三十六册）謂其終於左金吾衛上將軍。

〔一九〕于撥葛　宗文本、册府卷九七二作「干撥葛」。

〔二〇〕王傳極　舊五代史卷四一唐明宗紀七、通鑑卷二七七、册府（宋本）卷六七七、卷六八九作「王傳拯」。

〔二一〕冬十月丁酉始藏冰　舊五代史卷四一唐明宗紀七：「己亥……尚書博士田敏請依舊典藏冰、頒冰。」按是月辛卯朔，丁酉爲初七，己亥爲初九，藏冰不當在奏事前。

〔二二〕回鶻順化可汗王仁裕使翟末斯來　「仁」字原闕，據宋甲本、宗文本補。按本卷上文：「（天成三年五月）封回鶻可汗王仁裕爲順化可汗。」「翟末斯」，舊五代史卷一三八回鶻傳作「翟末思」，五代會要卷二八作「翟來思」。

〔二三〕趙鳳罷　「罷」字下吳縝纂誤卷上引五代史注有「忘其日」三字。清人按語曰：「今本五代史無此注，有殘闕。」

〔二四〕安求思　册府卷九七二作「安末思」。

〔二五〕二月己卯靜難軍節度使藥彥稠及党項戰于牛兒谷　舊五代史卷四三唐明宗紀九：「甲戌……藥彥稠奏誅党項阿埋等十族。」按是月癸丑朔，甲戌爲二十二日，己卯爲二十七日，奏捷不當於破敵前。

〔二六〕宫中無得掃雪　「得」字原闕，據宋甲本、宗文本補。

新五代史卷七

唐本紀第七

愍皇帝，明宗第五子從厚也〔一〕。爲人形質豐厚，寡言好禮，明宗以其貌類己，特愛之。天成二年，以檢校司徒拜河南尹、判六軍諸衞事，加檢校太保、同中書門下平章事。從厚妃，孔循女也，安重誨怒循以女妻從厚，三年，罷循樞密使，出從厚爲宣武軍節度使。明年，徙鎮河東。長興元年，封從厚宋王，徙鎮成德。二年，徙鎮天雄，累加兼中書令。

四年十一月，秦王從榮伏誅。明宗病甚，遣宦者孟漢瓊召王于鄴，而明宗崩，祕其喪六日。十二月癸卯朔，發喪于西宮，皇帝即位于柩前，羣臣見於東階，復于喪位。丙午，成服于西宮。〔二〕庚戌，登光政門樓，存問軍民。辛亥，殺司衣王氏。癸丑，始聽政。乙卯，殺司儀康氏。丁巳，馮道爲大行皇帝山陵使，户部尚書韓彦惲爲副，中書舍人王延爲判官，禮部尚書王權爲禮儀使，兵部尚書李鏻爲鹵簿使〔三〕，御史中丞龍敏爲儀仗使，左僕射權判河南府盧質爲橋道頓遞使[三]。丁卯，禫。

【一】三代五君，於此始見嗣君即位服喪之事，先君得其終，嗣君得其始，而免禍亂於臣民，於篡亂之世，稀見之事也，故特詳言之[四]。

應順元年春正月壬申朔，視朝于廣壽殿。【一】乙亥，契丹使都督没辣于來。戊寅，大赦，改元，用樂。回鶻可汗王仁美遣使者來[五]。沙州、瓜州遣使者來。乙未，朱弘昭、馮贇獻錢助作山陵。

【一】著非禮也。

閏月丙午，册皇太后。【一】甲寅，册太妃王氏。北京留守石敬瑭獻銀絹助作山陵。

【一】不書姓氏，不曰册某人爲太后者，母尊不可斥，其事自見於傳也。

二月庚寅，視作山陵。鳳翔節度使潞王從珂反。辛卯，西京留守王思同爲西面行營都部署，靜難軍節度使藥彦稠爲副[六]。

三月丙辰，思同兵潰，嚴衛指揮使尹暉、羽林指揮使楊思權以其軍叛降于從珂。辛酉，殺侍衛親軍馬軍都指揮使朱弘實[七]。癸亥，河陽三城節度使康義誠爲鳳翔行營都招討使，王思同爲副。西京副留守劉遂雍叛降于從珂，思同奔歸于京師，不克，死之。丁卯，

京城巡檢使安從進叛，殺馮贇，朱弘昭自殺，從進傳其二首于從珂。戊辰，如衞州。〔一〕

〔一〕不書帝崩者，當於廢帝紀書弒鄂王也。

廢帝，鎮州平山人也。本姓王氏，其世微賤，母魏氏，少寡，明宗爲騎將，過平山，掠得之。魏氏有子阿三，已十餘歲，明宗養以爲子，名曰從珂。及長，狀貌雄偉，謹信寡言，而驍勇善戰，明宗甚愛之。自晉兵戰梁于河上，從珂常立戰功，莊宗呼其小字曰：「阿三不徒與我同年，其敢戰亦類我。」

同光二年，爲衞州刺史、突騎指揮使，戍于石門。明宗討趙在禮，自魏反兵而南，從珂率戍兵自曲陽、盂縣馳出常山以追明宗〔八〕。明宗之南也，兵少，得從珂兵在後，而軍聲大振。明宗入立，拜從珂河中節度使，封潞王。是時，明宗春秋已高，王於諸子次最長，樞密使安重誨患之，乃矯詔河中裨將楊彥温使圖之。王閱馬于黃龍莊，彥温即閉門拒之，王止于虞鄉以聞，明宗召王還京師，居之清化里第。重誨數請行軍法，明宗不聽，後重誨見殺，乃起王爲左衞大將軍、西京留守。

長興三年，爲鳳翔節度使。王子重吉自明宗時典禁兵，爲控鶴指揮使，愍帝即位，朱弘昭、馮贇用事，乃罷重吉兵職，出爲亳州團練使。又徙王爲北京留守，不降制書而宣授，又以李從璋爲代。初，安重誨得罪，罷河中，以從璋爲代，而重誨見殺，故王益自疑，遂據城反。愍帝遣王思同會諸鎮兵討之，思同戰敗走，諸鎮兵皆潰。

清泰元年三月丁巳，王以兵東。庚申，次長安，西京副留守劉遂雍叛于唐，來降。甲子，次華州，執藥彦稠。丙寅，次靈寶，河中安彦威、陝州康思立叛于唐，來降。己巳，次陝州〔九〕。康義誠叛于唐，來降。殺宣徽使孟漢瓊。愍帝出居于衞州。

夏四月壬申，入京師，馮道率百官迎王于蔣橋，王辭不見。入哭于西宮，遂見羣臣，道拜，王答拜。入居于至德宮。癸酉，以太后令降天子爲鄂王，命王監國。乙亥，皇帝即位。丙子，率河南民財以賞軍。丁丑，借民房課五月以賞軍。戊寅，弑鄂王，〔一一〕磁州刺史宋令詢死之〔一〇〕。乙酉，大赦，改元。戊子，殺康義誠及藥彦稠。〔一二〕

〔一一〕義與「弑濟陰王」同。

〔一二〕義誠叛于愍帝，罪宜曰「誅」，而廢帝同惡相殺，故書曰「殺」。

五月丙午，端明殿學士、左諫議大夫韓昭胤爲樞密使，莊宅使劉延朗爲樞密副使。庚戌，馮道罷。天雄軍節度使范延光爲樞密使。甲寅，賜勸進選人、宗子官。

六月庚辰，幸范延光及索自通第。

秋七月辛亥，太常卿盧文紀爲中書侍郎、同中書門下平章事。丁巳，立沛國夫人劉氏爲皇后。

八月辛未，尚書左丞姚顗爲中書侍郎、同中書門下平章事。許御署官選。【一】

【一】御署官，疑是廢帝初舉兵時所置之官，以其非吏部正授，故須有旨方得選。此於事無勸戒，不必書，以舊史不詳，故存所不知，慎傳疑也。

九月，契丹寇邊。

冬十月戊寅，李愚、劉昫罷。

十二月乙亥，雄武軍節度使張延朗爲中書侍郎、同中書門下平章事。契丹寇雲州。

庚寅，幸龍門。旱。

二年春二月甲戌，范延光罷。己丑，追尊魯國太夫人魏氏爲皇太后。【一】

【一】非嫡母，故詳其爵氏。

三月辛丑，忠武軍節度使趙延壽爲樞密使【二】。

夏五月辛卯【三】，宣徽南院使劉延皓爲樞密使。契丹寇邊。

六月癸未，羣臣獻添都馬。【一】

【一】「都」者，軍伍之名。

秋七月丁酉，回鶻可汗王仁美使其都督陳福海來。劉延皓罷。

九月己酉，刑部尚書房暠爲樞密使。乙卯，渤海遣使者來。

三年春正月乙未，百濟遣使者來。丁未，封子重美爲雍王。

三月丙午，翰林學士、禮部侍郎馬胤孫爲中書侍郎、同中書門下平章事。河東節度使石敬瑭反〔一三〕。

夏五月乙卯，建雄軍節度使張敬達爲太原四面都招討使〔一四〕，義武軍節度使楊光遠爲副〔一五〕。戊申，先鋒指揮使安審信叛降于石敬瑭。己酉，振武戍將安重榮叛降于石敬瑭。壬子，天雄軍屯駐捧聖都虞候張令昭逐其節度使劉延皓。

六月癸亥，以令昭爲右千牛衞將軍，權知天雄軍府事〔一六〕。【一】甲戌，宣武軍節度使范延光爲天雄軍四面招討使。

【一】佗命官不書「以」，此書「以」者，明令昭猶可「以」。

秋七月戊申，克魏州。壬子，張令昭伏誅。癸丑，彰聖指揮使張萬迪叛降于石敬瑭。

八月戊午，契丹使梅里來。

九月甲辰，張敬達及契丹戰于太原，敗績，契丹圍敬達于晉安。戊申，如河陽。

冬十月壬戌，括馬，籍民爲兵。

十一月戊子，盧龍軍節度使趙德鈞爲行營都統。丁酉，契丹立晉。

閏月甲子，楊光遠殺張敬達，以其軍叛降于契丹。【一】甲戌，契丹及晉人至于潞州。

丁丑，至自河陽。辛巳，皇帝崩。【二】

【一】敬達不書「死之」而書「殺」者，敬達大將，宜以義責光遠而誅之，雖不果而見殺，猶爲得死，乃諷光遠殺己以叛，故書之如其志。

【二】年五十一〔一七〕，帝自焚死，晉高祖命葬其燼骨於徽陵域中。

嗚呼，君臣之際，可謂難哉！蓋明者慮於未萌而前知，暗者告以將及而不懼，故先事而言，則雖忠而不信，事至而悔，其可及乎？重誨區區獨見潞王之禍，而謀之不臧，至於殞身赤族，其隙自茲。及愍帝之亡也，穴於徽陵，其土一壠，路人見者，皆爲之悲。使明宗爲有知，其有媿於重誨矣，哀哉！

校勘記

〔一〕明宗第五子從厚也　「第五子」，舊五代史卷四五唐閔帝紀、五代會要卷一作「第三子」。按本書卷一五唐明宗家人傳云明宗凡四子，從厚爲第三子。

〔二〕李鏻　原作「李璘」，據宋丙本、宗文本、舊五代史卷四五唐閔帝紀改。按本書卷五七、舊五代史卷一〇八有李鏻傳。

〔三〕左僕射權判河南府盧質爲橋道頓遞使　「左」，舊五代史卷四五唐閔帝紀作「右」。按舊五代史卷四四唐明宗紀十：「（長興四年十一月丙子）以前滄州節度使盧質爲右僕射。」

〔四〕故特詳言之　「言」，宋甲本、宋丙本、宗文本作「書」。

〔五〕回鶻可汗王仁美遣使者來　舊五代史卷三二唐莊宗紀六、卷一三八回鶻傳、册府卷九六七、五代會要卷二八皆記同光二年仁美卒；天成三年，唐明宗封仁裕爲順化可汗。本書卷七四四夷附録略同。而本卷應順元年、清泰二年、卷八晉高祖紀天福三年、四年，凡四次記仁美遣使，受封事。錢大昕考異卷六一謂「此四條『仁美』字似皆『仁裕』之訛」。

〔六〕藥彦稠　原作「藥彦儔」，據宋甲本、宗文本、舊五代史卷四五唐閔帝紀改。按本書卷二七、舊五代史卷六六有藥彦稠傳。本卷下文清泰元年四月條同。

〔七〕殺侍衛親軍馬軍都指揮使朱弘實　「馬軍」二字原闕，據宗文本補。按舊五代史卷四五唐閔帝紀、卷六六朱洪實傳、通鑑卷二七九皆記其爲「馬軍都指揮使」。

〔八〕從珂率戍兵自曲陽盂縣馳出常山以追明宗　據舊五代史卷四六唐末帝紀上、通鑑卷二七三，末帝同光三年三月謫戍石門鎮，胡注云其地即唐之横水柵，顧祖禹讀史方輿紀要卷四四謂其在雲州北，由横水柵南下，逕盂縣出娘子關往常山，陽曲爲必經之地。吴光耀纂誤續補卷一：「按新舊唐書地理志、太平寰宇記、元豐九域志，并州有陽曲、有盂，此作『曲陽』，仍薛史誤也。」按曲陽在河北定州。

〔九〕次陝州　「州」字原闕，據宗文本、吴縝纂誤卷上引五代史補。

〔一〇〕磁州刺史宋令詢死之　「磁州」，原作「慈州」，據宋甲本、舊五代史卷四六唐末帝紀上、通鑑卷二七九改。按舊五代史卷四五唐閔帝紀：「以元從都押衙宋令詢爲磁州刺史。」

〔一一〕忠武軍節度使趙延壽爲樞密使　通鑑卷二七九敍其事云：「以前宣武節度使兼侍中趙延壽爲忠武節度使兼樞密使。」舊五代史卷四七唐末帝紀中略同。

〔一二〕夏五月辛卯　舊五代史卷四七唐末帝紀中、通鑑卷二七九繫其事於四月辛卯。按五月甲午朔，無辛卯；四月乙丑朔，辛卯爲二十七日。

〔一三〕三月……河東節度使石敬瑭反　本書卷八晉本紀、舊五代史卷四八唐末帝紀下、通鑑卷二八〇皆繫其事於五月。

〔一四〕夏五月乙卯建雄軍節度使張敬達爲太原四面都招討使　舊五代史卷四八唐末帝紀下敍其事云：「乙卯，以晉州節度使張敬達爲太原四面兵馬都部署，尋改爲招討使。」按通鑑卷二八〇記六月甲戌以張敬達充太原四面招討使。

〔二五〕楊光遠　原作「楊光達」，據宋甲本、宗文本、舊五代史卷四八唐末帝紀下改。按本書卷五一、舊五代史卷九七有楊光遠傳。

〔二六〕權知天雄軍府事　「府」字原闕，據宋甲本、宋丙本、宗文本、本書卷一六唐廢帝家人傳、舊五代史卷四八唐末帝紀下、通鑑卷二八〇補。

〔二七〕年五十一　五代會要卷一作「年五十二」。

新五代史卷八

晉本紀第八

高祖聖文章武明德孝皇帝〔一〕，其父臬捩鷄，本出於西夷，自朱邪歸唐，從朱邪入居陰山。其後，晉王李克用起於雲朔之間，臬捩鷄以善騎射，常從晉王征伐有功，官至洺州刺史。臬捩鷄生敬瑭，其姓石氏，不知其得姓之始也〔二〕。

敬瑭爲人沈厚寡言，明宗愛之，妻以女，是爲永寧公主，由是常隸明宗帳下，號左射軍。

莊宗已得魏，梁將劉鄩急攻清平，莊宗馳救之，兵未及陣，爲鄩所掩，敬瑭以十餘騎横槊馳擊，取之以旋。莊宗拊其背而壯之，手啗以蘇，啗蘇，夷狄所重，由是名動軍中。十五年，莊宗戰于胡柳，前鋒周德威戰死，敬瑭以左射軍從明宗復擊敗梁兵。明宗戰胡盧套、楊村，爲梁兵所敗，敬瑭常脱明宗於危。

趙在禮之亂，明宗討之，至魏而兵變，明宗初欲自歸于天子，明己所以不反者。敬瑭獻計曰：「豈有軍變於外，上將獨無事者乎？且猶豫者兵家大忌，不如速行。願得騎兵三百，先攻汴州。夷門，天下之要害也，得之可以成事。」明宗然之，與之驍騎三百，渡黎陽爲前鋒，明宗遂入汴。莊宗自洛後至，不得入，而兵皆潰去。莊宗西還，明宗以敬瑭爲前鋒趣汜水，且收其散卒。莊宗遇弑，明宗入立，拜敬瑭保義軍節度使，賜號竭忠建策興復功臣，兼六軍諸衞副使。

在陜爲政以廉聞。是時，諸侯多不奉法，鄧州陶玘、亳州李鄴皆以贓汙論死，明宗下詔書褒廉吏普州安崇阮〔三〕、洺州張萬進〔四〕、耀州孫岳等以諷天下，而以敬瑭爲首。

天成二年十月，從幸汴州，爲御營使，拜宣武軍節度使、侍衞親軍馬步軍都指揮使，六軍副使如故，改賜耀忠匡定保節功臣。三年四月，徙鎮天雄，拜同中書門下平章事、興唐尹。五月，拜駙馬都尉。董璋反東川，爲行營都招討使，不克而還。復兼六軍諸衞副使。徙鎮河陽三城，未行，而契丹、吐渾、突厥皆入寇，是時，秦王從榮統六軍，敬瑭疑其必及禍，不欲爲其副，乃自請行。及制出，不落副使，輒復辭行。明宗數責大臣，問誰可行者，范延光、趙延壽等卒以敬瑭爲請，乃拜河東節度使、大同彰國振武威塞等軍蕃漢馬步軍總管，落六軍副使，乃行。

明年〔五〕，明宗崩，愍帝即位，加中書令。三月，徙鎮成德。清泰元年五月，復鎮太原，來朝京師。潞王從珂反於鳳翔，愍帝出奔，遇敬瑭于道，敬瑭殺帝從者百餘人，幽帝于衛州而去。廢帝即位，疑敬瑭必反。

天福元年五月，徙鎮天平，敬瑭果不受命，謂其屬曰：「先帝授吾太原使老焉，今無故而遷，是疑吾反也。且太原地險而粟多，吾當内檄諸鎮，外求援於契丹，可乎？」桑維翰、劉知遠等共以爲然。乃上表論廢帝不當立，請立許王從益爲明宗嗣。廢帝下詔削奪敬瑭官爵，命張敬達等討之，敬瑭求援於契丹。

九月，契丹耶律德光入自鴈門，與唐兵戰，敬達大敗。敬瑭夜出北門見耶律德光，約爲父子。

十一月丁酉，皇帝即位，〔一〕國號晉。以幽、涿、薊、檀、順、瀛、莫〔六〕、蔚、朔、雲、應、新、嬀、儒、武、寰州入于契丹。己亥，大赦，改元。掌書記桑維翰爲翰林學士、尚書禮部侍郎，知樞密使事。

〔一〕於廢帝本紀書「契丹立晉」，據所見也，於此書「皇帝即位」，以自立爲文，原其心也。晉高祖之反，無契丹之助，亦必自立，蓋其志在於爲帝，故使自任其惡也。

閏月丙寅，翰林學士承旨、尚書户部侍郎趙瑩爲門下侍郎，桑維翰爲中書侍郎：同中書門下平章事、兼樞密使〔七〕。甲戌，趙德鈞及其子延壽叛于唐，來降，契丹鏁之以歸。己卯，次河陽，節度使萇從簡叛于唐，來降。【一】辛巳，至自太原。盧文紀、姚顗罷。甲申，大赦，殺張延朗、劉延朗，赦房暠。

【一】是日廢帝猶在〔八〕。

十二月乙酉，如河陽。追降王從珂爲庶人。【一】丁亥，司空馮道兼門下侍郎、同中書門下平章事。己丑，曹州指揮使石重立殺其刺史鄭玩〔九〕。辛卯，御札求直言。癸巳，鎮州牙内都虞候祕瓊逐其節度副使李彦琦。同州裨將門鐸殺其將楊漢賓。庚子，天平軍節度使王建立殺其副使李彦贇。旱。

【一】「王從珂」，從晉人本語。

二年春正月癸亥，安遠軍節度使盧文進叛降于吳。丁卯，天雄軍節度使范延光殺齊州防禦使祕瓊。戊寅，兵部侍郎李崧爲中書侍郎、同中書門下平章事、樞密使。封唐宗室子爲公，及隋酅公爲二王後，以周介公備三恪。【一】

【一】唐宗室子，史失其名，書之以見二王後、三恪猶存，不必著其人也。

二月丁酉，契丹使皇太子解里來。

三月庚辰，如汴州。

夏四月丁亥，赦囚，蠲民租賦。趙瑩使于契丹。辛卯，宣武軍節度使楊光遠進助國錢。契丹使宮苑使李可興來。

五月壬戌，御札求直言。丁丑，追尊祖考爲皇帝，妣爲皇后：高祖璟謚曰孝安，廟號靖祖，祖妣秦氏謚曰孝安元〔一〇〕；曾祖郴謚曰孝簡，廟號肅祖，祖妣安氏謚曰孝簡恭；祖昱謚曰孝平，廟號睿祖，祖妣米氏謚曰孝平獻〔一一〕；考紹雍謚曰孝元，廟號憲祖〔一二〕，妣何氏謚曰孝元懿。

六月癸未，契丹使夷離畢來。天雄軍節度使范延光反。丁酉，傳箭于義成軍節度使符彥饒。丁未，楊光遠爲魏府四面行營都部署。東都巡檢張從賓反，留守判官李遐死之，奉國都指揮使侯益、護聖都指揮使杜重威討之。從賓寇河陽，殺皇子重乂；寇河南，殺皇子重信〔一三〕。

秋七月，從賓陷汜水關，殺巡檢使宋廷浩。壬子，右衛大將軍尹暉叛奔于吳，不克，伏誅。右監門衛大將軍婁繼英叛降于張從賓。義成軍亂，殺戍將侍衛馬軍都指揮使白奉進〔一四〕。甲寅，戍將奉國指揮使馬萬執符彥饒歸于京師，命殺之于赤岡。【一】乙卯，楊光遠爲魏府行營都招討使。辛酉，杜重威克汜水關。【二】壬申，楊光遠克博州。丙子，安州屯防指揮使王暉殺其節度使周瓌，右衛上將軍李金全討之【五】。【三】

【一】彥饒雖有縱軍之罪，被誣以反而見殺，故不書誅，曰「命殺」，嫌萬擅殺。

【二】張從賓投河死，故不書伏誅。

【三】金全未至而暉走見殺，故不書暉反，不書克安州，不書伏誅。

八月丙申，靜難軍節度使安叔千進添都馬。乙巳，赦非死罪囚及張從賓、符彥饒、王暉餘黨。

九月，楊光遠進粟。

冬十月辛巳，禁造甲兵。

三年春二月戊戌，諸鎮皆進物以助國。【一】

【一】殘民以獻其上，君臣同欲，賄賂公行，至此而不勝其多矣！故總言「諸鎮」，此後不復書矣。

三月壬戌，回鶻可汗王仁美使翟全福來。丁丑，禁私造銅器。

秋七月辛酉，以皇業錢作受命寶。【一】

【一】作寶不必書，「皇業錢」者，私錢也，天子畜私錢，故書。

八月戊寅，馮道及左僕射劉昫爲契丹册禮使。壬午，澶州刺史馮暉降。丙戌，許御署官選。己丑，蠲水旱民税。辛丑，歸伶官于契丹。【一】

【一】高祖以父事契丹，其有所求不曰「與」而曰「歸」者，若輸之也。

九月己酉，赦范延光。【二】己未，歸静鞭官劉守威、金吾勘契官王殷〔一六〕、司天鷄叫學生殷暉于契丹。于闐使馬繼榮來，回鶻使李萬金來。己巳，赦魏州，蠲民税。是月，宣徽南院使劉處讓爲樞密使〔一七〕。

【二】初，延光請降，高祖不許，延光遂堅壁，攻之，久不克，卒悔而赦之，故不書降。

冬十月戊寅，契丹使中書令韓頲來奉册曰英武明義皇帝〔一八〕。庚辰，升汴州爲東京，以洛陽爲西京，雍州爲晉昌軍。戊子，右金吾衛大將軍馬從斌使于契丹。己未，契丹使梅里來。戊戌，大赦。庚子，封李聖天爲大寶于闐國王。

十一月辛亥，升廣晉府爲鄴都。壬戌，除鑄錢令。

十二月丙子，封子重貴爲鄭王。

四年春正月，盜發唐愍皇帝墓。【一】辛亥，澶州防禦使張從恩爲樞密副使。旌表深州民李自倫門閭。

【一】愍帝附于明宗徽陵域中，無陵名，故曰「墓」，晉高祖即位，追謚爲愍皇帝。五代諸帝謚號不可爲法，皆不足道，惟愍帝宜書者，嫌嘗降爲鄂王也。而國亡禮闕，舊史、實録皆無奏謚上册月日，故雖當書而不得，因事而見於此爾〔一九〕。

三月乙巳，回鶻使其都督拽里敦來。丙辰，頒調元曆〔二〇〕。靈州戍將王彦忠以懷遠城反。己未，彦忠降，供奉官齊延祚殺之。

夏四月辛巳〔二一〕，封回鶻可汗王仁美爲奉化可汗。甲申，廢樞密使。

秋七月丙辰，復禁鑄錢。

閏月壬申，桑維翰罷。

八月己亥朔，河決博平。西戎寇涇州，彰義軍節度使張彦澤敗之，執其首領野離羅蝦獨。

九月丁丑，契丹使粘木孤來。癸未，封李從益爲郇國公以奉唐後。丙戌，高麗王建使其廣評侍郎邢順來。

冬十一月乙亥〔二二〕，立唐高祖、太宗、莊宗、明宗、愍帝廟于西京。戊子，契丹使遥折來，吐蕃罷延族來附。

五年春正月丁卯朔，德音除民公私債。己丑，回鶻使石海金來。

夏四月甲子，契丹興化王來。

五月丙戌，安遠軍節度使李金全叛附于唐。

六月癸卯，李昪遣其將李承裕入于安州，金全奔于唐，安遠軍節度使馬全節及承裕戰，敗之。丁巳，克安州，承裕奔于雲夢，全節執而殺之。

秋八月丁酉，閱稼于西郊。己未，西京留守楊光遠殺太子太師范延光。

九月丁卯，翰林學士承旨、户部侍郎和凝爲中書侍郎、同中書門下平章事。辛巳，閱稼于沙臺。

冬十月丁未，契丹使舍利來。

十一月丙子，冬至，始用二舞。

六年春正月戊寅，封唐叔虞爲興安王，臺駘爲昌寧公。

二月戊申，停買宴錢。三月，除民二年至四年以前稅。【一】

【一】見時斂重而民不堪。

夏四月己未，契丹使述括來。五月，吐渾首領白承福來。

秋七月壬午，突厥使薛同海來。

八月壬辰，如鄴都，開封尹鄭王重貴留守東京，宣徽南院使張從恩東京内外兵馬都監。壬寅，大赦。甲寅，光禄卿張澄使于契丹〔二三〕。

九月乙亥，前安國軍節度使楊彦詢使于契丹。丁丑，吐渾使白可久來。河決中都，入于沓河。

冬十月，河決滑、濮、鄆、澶州。山南東道節度使安從進反。

十一月丁丑，西京留守高行周爲南面軍前都部署以討之。

十二月丙戌朔，鄭王重貴爲廣晉尹，徙封齊王。先鋒都指揮使郭海金及安從進戰于唐州〔二四〕，敗之。成德軍節度使安重榮反。天平節度使杜重威爲鎮州行營招討使。丙申，契丹遣使者來。戊戌，杜重威及安重榮戰于宗城，敗之。

七年春正月丁巳，克鎮州，安重榮伏誅，赦廣晉。庚午，契丹使達剌來。

三月，歸德軍節度使安彦威塞決河于滑州。

閏月，天興蝗食麥。

夏五月乙巳，尊皇太妃劉氏爲皇太后〔二五〕。【一】

【一】高祖所生母也。

六月丙辰，吐渾使念醜漢來。乙丑，皇帝崩于保昌殿。【一】

【一】年五十一。

校勘記

〔一〕高祖聖文章武明德孝皇帝　「章武」，舊五代史卷七五晉高祖紀一、五代會要卷一同，石延煦墓誌（拓片刊文物二〇〇四年第十一期）作「彰武」。本書各處同。

〔二〕不知其得姓之始也　「其得」，原作「得其」，據宋丙本、宗文本乙正。

〔三〕明宗下詔書褒廉吏晉州安崇阮　「晉州」，册府卷六五作「晉州」。按舊五代史卷三六唐明宗紀二：「（天成元年六月）以右龍武統軍安崇阮爲晉州留後。」

〔四〕洺州張萬進　「張萬進」，册府卷六五作「張進」。按册府卷一二八「以前洺州團練使張進爲鄭州防禦使」，即其人。

〔五〕明年　按本卷上文云天成三年，而愍帝即位於應順元年，其間間隔六年。另據舊五代史卷七五晉高祖紀一，所述董璋反之事在長興元年，使石敬瑭副秦王從榮事則在長興二年。

〔六〕莫　原作「漠」，據宗文本、通鑑卷二八〇改。按舊五代史卷一五〇郡縣志，河北道有「莫州」。

〔七〕翰林學士承旨尚書户部侍郎趙瑩爲門下侍郎桑維翰爲中書侍郎同中書門下平章事兼樞密使　據本書卷二九桑維翰傳、卷五六趙瑩傳、舊五代史卷七六晉高祖紀二、卷八九桑維翰傳、卷八九趙瑩傳、通鑑卷二八〇，趙瑩、桑維翰並同平章事，而兼樞密使者僅桑維翰。

〔八〕是日廢帝猶在　「猶」，原作「由」，據宋甲本、宋丙本、宗文本改。

〔九〕鄭玩　舊五代史卷九六鄭阮傳、通鑑卷二八〇、册府卷九五一作「鄭阮」。

〔一〇〕祖妣秦氏謚曰孝安元　「元」字原闕，據宗文本、舊五代史卷七五晉高祖紀一、五代會要卷一補。

〔一一〕祖妣米氏謚曰孝平獻　「米氏」，原作「來氏」，據宋丙本、宗文本、舊五代史卷七五晉高祖紀一、册府卷三一、五代會要卷一改。

〔一二〕廟號憲祖　「憲祖」，原作「獻祖」，據宗文本、舊五代史卷七五晉高祖紀一、五代會要卷一改。

〔一三〕從賓寇河陽殺皇子重乂寇河南殺皇子重信　舊五代史卷七六晉高祖紀二、卷九七張從賓傳、通鑑卷二八一皆云於河陽被殺者爲重信，於河南被殺者爲重乂。

〔一四〕殺戍將侍衛馬軍都指揮使白奉進　「馬軍」，原作「馬步軍」，據宗文本、舊五代史卷七六晉高祖紀二改。按舊五代史卷九五白奉進傳、通鑑卷二八一皆記其爲侍衛馬軍都指揮使。

〔一五〕右衛上將軍李金全討之　「上將軍」，原作「大將軍」，據宋甲本、宋丙本、宗文本、本書卷四八李金全傳、舊五代史卷七六晉高祖紀二、册府卷一二三改。

〔一六〕王殷　舊五代史卷七七晉高祖紀三作「王英」。

〔一七〕是月宣徽南院使劉處讓爲樞密使　舊五代史卷七七晉高祖紀三：「（九月丙寅）遣宣徽南院使劉處讓權知魏府軍府事。」通鑑卷二八一繫劉處讓爲樞密使事於十月。

〔一八〕韓頍　原作「韓頻」，據宋丙本、宗文本、本書卷七二四夷附録改。

〔一九〕因事而見於此爾　「事」，原作「書」，據宋丙本、宗文本改。

〔二〇〕三月……丙辰頒調元曆　舊五代史卷七八晉高祖紀四繫其事於八月丙辰，五代會要卷一〇亦繫其事於八月。

〔二一〕夏四月辛巳　舊五代史卷七八晉高祖紀四、通鑑卷二八二皆繫其事於三月辛酉。

〔二二〕冬十一月乙亥　「十一月」，原作「十二月」，據宋丙本、宗文本、舊五代史卷七八晉高祖紀四、册府卷一七四改。按十二月丁酉朔，無乙亥，十一月戊辰朔，乙亥爲初八。

〔二三〕光禄卿張澄使于契丹　「契丹」，舊五代史卷八〇晉高祖紀六、册府卷九六五、五代會要卷三〇敍其事作「高麗」。

〔二四〕郭海金　本書卷五一安從進傳、舊五代史卷八〇晉高祖紀六、卷九八安從進傳、册府卷一二三、通鑑卷二八二作「郭金海」。按舊五代史卷九四有郭金海傳。

〔二五〕尊皇太妃劉氏爲皇太后　「皇太后」，原作「太后」，據宗文本改。

新五代史卷九

晉本紀第九

出帝父敬儒，高祖兄也，爲唐莊宗騎將，早卒，高祖以其子重貴爲子。高祖六子，五皆早死，而重睿幼，故重貴得立。

重貴少而謹厚，善騎射，高祖使博士王震教以禮記，久之，不能通大義，謂震曰：「此非我家事也。」高祖爲契丹所立，謀以一子留守太原，契丹使盡出諸子自擇之，指重貴曰：「此眼大者可也。」遂拜金紫光禄大夫、行太原尹、北京留守，知河東節度事。

天福二年九月，召拜左金吾衛上將軍〔一〕。三年冬，爲開封尹，封鄭王，加太尉、同中書門下平章事。六年，高祖幸鄴，留守東京，已而爲廣晉尹，徙封齊王。

七年六月乙丑，高祖崩，皇帝即位于柩前。庚午，使右驍衛將軍石德超以御馬二，撲祭于相州之西山。【一】如京使李仁廓使于契丹，契丹使梅里來【二】。丙子，馮道爲大行皇帝山陵使，門下侍郎竇貞固爲副，太常卿崔棁爲禮儀使，户部侍郎吕琦爲鹵簿使，御史中丞王易簡爲儀仗使。【三】己卯，四方館使朱崇節、右金吾衛大將軍梁言使于契丹。

【一】夷狄之禮也。

【二】舊史、實録無橋道頓遞使，疑不置，或闕書。漢高祖亦然。

【三】前已備見，故文省。

秋七月壬辰，皇祖母劉氏崩，輟視朝三日。【一】丁酉，使石德超撲馬于相州之西山。【二】庚子，大赦。甲辰，契丹使通事來。

【一】高祖所生母也，高祖時尊爲皇太后矣，其崩也，喪葬不用后禮，見恩禮之薄。不書曰皇太后者，於帝爲祖母也，曰「崩」，正其名也。

【二】

八月戊午，高行周克襄州。【一】庚申，天平軍節度使景延廣、義成軍節度使李守貞、彰德軍節度使郭謹進錢粟助作山陵。甲子，契丹使郎五來。庚午，葬皇祖母於魏縣。癸酉，契丹使其客省使張九思來。

【一】安從進自焚死，故不書伏誅。

九月辛丑，李守貞爲大行皇帝山陵都部署。

冬十月己未，契丹使舍利來。庚午，回鶻遣使者來。

十一月，契丹使大卿來。庚寅，葬聖文章武孝皇帝于顯陵〔三〕。【一】己亥，牛羊使董殷使于契丹。庚子，祔高祖神主于太廟。辛丑，蠲高祖靈車所過民租之半。

【一】陵在河南壽安縣。五代之亂，至此七君，而不得其死者五，明宗雖善終，而愍帝不克葬，至廢帝時始克葬，故皆不書。至此始見子得葬其父，故并祔廟詳書之。

十二月庚午，北京留守劉知遠進百頭穹廬。【一】契丹于越使令骨支來。辛未，又使野里巳來。丙子，于闐使都督劉再昇來〔四〕，沙州曹元深、瓜州曹元忠皆遣使附再昇以來。旱蝗。

【一】穹廬，夷狄之用也。

八年春正月，契丹于越使烏多奥來。

二月壬子，景延廣爲御營使。己未，如東京，赦廣晉府囚。庚申，次澶州，赦囚。乙丑，至自鄴都。庚午，寒食，望祭顯陵于南莊，焚御衣、紙錢。【一】

【一】焚衣野祭之類，皆閭巷人之事也，用之天子，見禮樂壞甚。

三月己卯朔，趙瑩罷。晉昌軍節度使桑維翰爲侍中。辛丑，引進使、太府卿孟承誨使于契丹。蝗。

夏四月庚午，董殷使于契丹。供奉官張福率威順軍捕蝗于陳州。五月，泰寧軍節度使安審信捕蝗于中都。丁亥，追封皇伯敬儒爲宋王。癸卯，馮道罷。甲辰，以旱蝗大赦。六月庚戌，祭蝗于皋門。癸亥，供奉官七人帥奉國軍捕蝗于京畿。辛未，括借民粟，殺藏粟者。

秋七月甲午，册皇太后。丁酉，射于南莊。契丹使梅里等來。甲辰，供奉官李漢超帥奉國軍捕蝗于京畿。

八月丁未朔，募民捕蝗，易以粟。辛亥，檢民青苗。

九月戊寅，尊秦國夫人安氏爲皇太妃。丙申，幸大年莊及景延廣第。

冬十月戊申，立馮氏爲皇后。〔一〕壬子，畋于近郊，幸沙臺。丙寅，契丹使通事劉胤來。庚午，括借民粟。

〔一〕馮氏於帝爲叔母。

十一月己卯，董殷使于契丹。甲申，幸八角，閱馬牧。乙未，契丹使梅里來。戊戌，齊州刺史楊承祚奔于青州〔五〕。辛丑，高麗使其廣評侍郎金仁逢來。

十二月癸丑，給事中邊光範、登州刺史郭彦威使于契丹。甲寅，高麗使太相來〔六〕。平盧軍節度使楊光遠反，淄州刺史翟進宗死之。

開運元年春正月甲戌朔，契丹寇滄州。己卯，陷貝州。庚辰，歸德軍節度使高行周爲北面行營都部署。契丹入鴈門，寇代州。辛巳，殿直王班使于契丹，至于鄴都，不得進而復。【一】大饑。壬午，前靜難軍節度使李周留守東京〔七〕，景延廣爲御營使。乙酉，北征。丙戌，契丹寇黎陽。辛卯，講武于澶州。契丹屯于元城，趙延壽寇南樂。甲午，劉知遠爲幽州道行營招討使。括馬。丙申，契丹寇黎陽。辛丑，劉知遠及契丹偉王戰于秀容，敗之。博州刺史周儒叛降于契丹。

【一】晉自高祖以父事契丹甚謹，而歲時遣使，舊史、實録皆不書。至出帝立，使者旁午不絶，不可勝數，故其官卑者皆略而不書，班以不得進，故書。

二月戊申，前軍都虞候李守貞及契丹戰于馬家渡，敗之。癸丑，北面行營都虞候馬全節及契丹戰于北平，敗之。

三月癸酉，及契丹戰于戚城，契丹去。【二】己丑，冀州刺史白從暉及契丹戰于衡水，敗之。癸巳，籍民爲武定軍。

【一】戰而兩各傷失，收兵徐去，晉不能追，故以自去爲文。

夏四月，契丹陷德州，沿河巡檢使梁進敗之，取德州。甲寅，至自澶州，赦京師。己未，馬全節及契丹戰于定豐，敗之。辛酉，率借民財。

五月戊寅，李守貞討楊光遠。丁亥，鄴都留守張從恩爲貝州行營都部署。辛卯，李守貞爲青州行營都部署。

六月，克淄州。丙午，復置樞密使。丁未，侍中桑維翰爲中書令、充樞密使。丙辰，河決滑州，環梁山，入于汶、濟。

秋七月辛未朔，大赦，改元。己丑，太子太傅劉昫守司空兼門下侍郎、同中書門下平章事。

八月辛丑朔，劉知遠爲北面行營都統，順德軍節度使杜威爲都招討使〔八〕。戊辰，旌表陳州項城民史仁詡門閭。

九月丙子，契丹寇遂城、樂壽，代州刺史白文珂及契丹戰于七里烽，敗之。

冬十月庚戌，武寧軍節度使趙在禮爲北面行營副都統，鄴都留守馬全節爲副招討使〔九〕。

十二月己亥朔，射兔于皋門。丁巳，楊承勳囚其父光遠以降，殺之。【一】

【一】出帝已許其不死，既而命李守貞自殺之，故不書伏誅。

閏月乙酉，德音赦青州囚。契丹寇恒州。

二年春正月，契丹陷泰州【一〇】。壬子，馬全節及契丹戰于榆林，兩軍皆潰。戊午，幸南莊，張從恩留守東都。辛酉，高行周爲御營使。乙丑，北征，契丹去。

二月己巳，幸黎陽。橫海軍節度使田武爲東北面行營都部署，以備契丹。【二】丙子，大閱于戚城。丙戌，閱馬於鐵丘。丙申，端明殿學士、尚書户部侍郎馮玉爲户部尚書、樞密使。

【二】曰「以備契丹」，嫌契丹去而命將。

三月戊戌，契丹陷祁州，刺史沈斌死之。丁未，畋于戚城。庚戌，馬全節克泰州【一一】。辛亥，易州戍將孫方諫及契丹諧里戰于狼山，敗之。甲寅，杜威克滿城。乙卯，克遂城。庚申，杜威及契丹戰于陽城，敗之，追奔至于衞村，又敗之。

夏四月戊寅，勞旋于戚城。己卯，勞旋于王莽河。甲申，至自澶州，赦左右軍囚。庚寅，大賞軍功。

五月丙申朔，大赦。丙午，幸南莊。

六月丁卯，射于繁臺〔二〕，幸杜威第。旱。

秋八月甲子朔，廢二舞。丙寅，和凝罷。馮玉爲中書侍郎、同中書門下平章事。辛未，閱馬于茂澤陂。丁丑，括馬。

九月己亥，閱馬于萬龍岡，幸李守貞第。

冬十月丁丑，高麗使其廣評侍郎韓玄珪、禮賓卿金廉等來。戊寅，射兔于硯臺。戊子，高麗使其兵部侍郎劉崇珪〔三〕、内軍卿朴藝言來。

十一月戊戌，封王武爲高麗國王。己巳〔四〕，射兔于皋門，幸沙臺。

十二月丁丑，臘，畋于郊。丁亥，桑維翰罷。開封尹趙瑩爲中書令，李崧守侍中、樞密使。

三年春二月丙子，回鶻使突厥陸來。壬午，射鴨于板橋，幸南莊。

夏六月，孫方諫以狼山叛附于契丹。丙寅，契丹寇邊。己丑，李守貞爲行營都部署，義成軍節度使皇甫遇爲副。河決魚池〔五〕。大饑，羣盜起。

秋七月，大雨，水，河決楊劉、朝城、武德。

八月辛酉，河溢歷亭。

九月，河決澶、滑、懷州。辛丑，行營馬軍排陣使張彥澤及契丹戰于新興，敗之。癸卯，劉知遠及契丹戰于朔州，敗之。大雨霖，河決臨黃。

冬十月，河決衞州，丙寅，河決原武。辛未，杜威爲北面行營都招討使，李守貞爲兵馬都監。

十一月，永靜軍節度使梁漢璋及契丹戰于瀛州〔一六〕，敗績。契丹寇鎮、定。

十二月己未，杜威軍于中渡。壬戌，奉國都指揮使王清及契丹戰于滹沱，敗績，死之。【一】杜威、李守貞、張彥澤以其軍叛降于契丹。庚午，射兔于沙臺。壬申，張彥澤犯京師，殺開封尹桑維翰。契丹滅晉。【二】

【一】戰將歿於陣、守將歿於城而不書死者，以其志未可知也。或欲走而不得，或欲降而未暇，遽以被殺爾。若不走、不降而死節明者，自書「死」，如清是已。

【二】出帝雖存，而晉則亡矣〔一七〕，故書「滅」。

嗚呼，余書「封子重貴爲鄭王」，又書「追封皇伯敬儒爲宋王」者，豈無意哉！禮：「兄弟之子猶子也。」重貴書「子」可矣，敬儒，出帝父也，書曰「皇伯」者，何哉？出帝立不以正，而絶其所生也。蓋出帝於高祖得爲子而不得爲後者，高祖自有子也。方高祖疾病，抱其子重睿寘於馮道懷中而託之，出帝豈得立邪？晉之大臣，既違禮廢命而立之，以謂出帝爲高祖子則得立，爲敬儒子則不得立，於是深諱其所生而絶之，以欺天下爲真高祖子也。禮曰：「爲人後者，爲其父母，報〔一八〕。」使高祖無子，出帝得爲後而立以正，則不待絶其所生以爲欺也。故余書曰「追封皇伯敬儒爲宋王」者，以見其立不以正，而滅絶天性，臣其父而爵之，以欺天下也。

校勘記

〔一〕召拜左金吾衞上將軍　「左」，舊五代史卷七七晉高祖紀二、卷八一晉少帝紀一、通鑑卷二八一作「右」。

〔二〕契丹使梅里來　「梅里」，原作「梅李」，據宋甲本、宋丙本、宗文本改。

〔三〕葬聖文章武孝皇帝于顯陵　「聖文章武孝皇帝」，本書卷八晉本紀、舊五代史卷七五晉高祖紀一、五代會要卷一、通鑑卷二八〇作「聖文章武明德孝皇帝」。

〔四〕于闐使都督劉再昇來　舊五代史卷八一晉少帝紀一：「（天福八年正月）乙巳，于闐、迴鶻入朝使劉再成等並授懷化大將軍、將軍、郎將。」疑劉再昇即劉再成。

〔五〕齊州刺史楊承祚奔于青州　「齊州」，本書卷五一楊光遠傳、舊五代史卷八二晉少帝紀二、卷九七楊光遠傳、通鑑卷二八三敍其事皆作「單州」。

〔六〕高麗使太相來　「太相」，五代會要卷三〇作「大相」。高慈墓誌（拓片刊隋唐五代墓誌匯編洛陽卷第七册）：「祖量……兼大相。」本書各處同。

〔七〕前靜難軍節度使李周留守東京　「李周」，原作「李同」，據宋甲本、宋丙本、宗文本、舊五代史卷八二晉少帝紀二改。

〔八〕順德軍節度使杜威爲都招討使　「順德」，通鑑卷二八四作「順國」。按舊五代史卷八〇晉高祖紀六、通鑑卷二八三：「（天福七年正月癸亥）改鎮州爲恒州，成德軍爲順國軍。」五代會要卷二四亦云：「鎮州，天福七年正月改爲順國軍節度。」

〔九〕鄴都留守馬全節爲副招討使　「副」字原闕，據宋丙本、宗文本、本書卷四七馬全節傳、舊五代史卷八三晉少帝紀三、卷九〇馬全節傳補。

〔一〇〕契丹陷泰州　「泰州」，原作「秦州」，據宗文本改。

〔一一〕馬全節克泰州　「泰州」，原作「秦州」，據宗文本、舊五代史卷八三晉少帝紀三、通鑑卷二八四改。

〔一二〕射于繁臺　「射」，吴縝纂誤卷上引五代史作「射雁」。

〔一三〕劉崇珪　宗文本作「劉崇規」。

〔一四〕己巳　册府卷一一五繫其事於十月己巳。按十一月甲午朔，無己巳，十月甲子朔，己巳爲初六。

〔一五〕河決魚池　「魚池」，原作「漁池」，據宗文本改。本書卷一〇漢本紀、舊五代史卷一〇一漢隱帝紀上、通鑑卷二八八皆記漢乾祐元年河決滑州魚池。

〔一六〕永靜軍節度使梁漢璋及契丹戰于瀛州　「永靜軍」，舊五代史卷九五梁漢璋傳、通鑑卷二八五、册府卷四二五敍其事皆作「永清軍」。舊五代史卷八五晉少帝紀五：「貝州節度使梁漢璋戰死。」按貝州置永清軍。

〔一七〕而晉則亡矣　「矣」，原作「已」，據宋甲本、宋丙本、宗文本改。

〔一八〕報　原作「服」，據宗文本、儀禮喪服改。

新五代史卷十

漢本紀第十

高祖睿文聖武昭肅孝皇帝，姓劉氏，初名知遠，其先沙陀部人也，其後世居于太原。知遠弱不好弄，嚴重寡言，面紫色，目多白睛，凜如也。與晉高祖俱事明宗爲偏將，明宗及梁人戰德勝，晉高祖馬甲斷，梁兵幾及，知遠以所乘馬授之，復取高祖馬殿而還，高祖德之。高祖留守北京，以知遠爲押衙〔一〕。潞王從珂反，愍帝出奔，高祖自鎮州朝京師，遇愍帝于衞州，止傳舍，知遠遣勇士石敢袖鐵槌侍高祖以虞變。高祖與愍帝議事未決，左右欲兵之，知遠擁高祖入室，敢與左右格鬭而死，知遠即率兵盡殺愍帝左右，留帝傳舍而去。廢帝入立，高祖復鎮河東，已而有隙，高祖將舉兵，知遠與桑維翰密爲高祖謀畫，贊成之。高祖即位於太原，以知遠爲侍衞親軍都虞候〔二〕，領保義軍節度使。契丹耶律德光送高祖至潞州，臨決，指知遠曰：「此都軍甚操剌，【二】無大故勿棄之。」

【二】世俗謂勇猛爲「操剌」，録其本語。

天福二年，遷侍衞馬步軍都指揮使，領忠武軍節度使。已而以杜重威代知遠領忠武，徙知遠領歸德，知遠恥與重威同制，杜門不出。高祖怒，欲罷其兵職，宰相趙瑩以爲不可，高祖乃遣端明殿學士和凝就第宣諭，知遠乃受命。五年，徙鄴都留守。九月，朝京師，高祖幸其第。六年，拜河東節度使、北京留守。七年，高祖崩。

知遠從高祖起太原，有佐命功，自出帝立，與契丹絶盟，用兵北方，常疑知遠勳位已高，幸晉多故而有異志，每優尊之。拜中書令，封太原王、幽州道行營招討使，又拜北面行營都統。開運二年四月，封北平王。三年五月，加守太尉，然王未嘗出兵。契丹寇澶州，別遣偉王攻鴈門，王敗之于秀容〔三〕。八月，殺吐渾白承福等族，取其貲鉅萬，良馬數千。

四年，契丹犯京師，出帝北遷，王遣牙將王峻奉表契丹，耶律德光呼之爲兒，賜以木柺一〔四〕。木柺〔五〕，虜法貴之，如中國几杖，非優大臣不可得。峻持柺歸，虜人望之皆避道。峻還，爲王言契丹必不能有中國，乃議建國。

二月戊辰，河東行軍司馬張彦威等上牋勸進。辛未，皇帝即位，稱天福十二年。【一】

磁州賊首梁暉取相州來歸。【二】武節都指揮使史弘肇取代州，殺其刺史王暉。晉州將藥可儔殺其守將駱從朗及括錢使、諫議大夫趙熙來歸。辛巳，陝州留後趙暉、潞州留後王守恩來歸。

【一】天福，晉高祖年號也。天福止八年，改元開運，至此四年矣。漢雖建國，而未有國號，又稱晉年號，捨開運而追續天福爲十二年，初無義理，但書其實爾。

【二】變來降曰「來歸」，哀斯人也。是時天下無主，得其主則往歸之，與乎叛于彼而來於此者異矣。漢高祖非有德之君，惶惶斯人之無所歸者，猶得而歸也，故曰「歸」。

三月丙戌朔，蠲河東雜稅。辛卯，延州軍亂，逐其節度使周密。壬辰，丹州指揮使高彥詢以其州來歸〔六〕。壬寅，契丹遯，【一】以其將蕭翰爲宣武軍節度使守汴州。

【一】聞漢起太原，畏而去，故與自去異其文，「遯」者，退避之稱。

夏四月己未，右都押衙楊邠爲樞密使〔七〕，蕃漢兵馬都孔目官郭威權樞密副使。契丹陷相州，殺梁暉。癸亥，立魏國夫人李氏爲皇后。甲子，河東節度判官蘇逢吉、觀察推官蘇禹珪爲中書侍郎〔八〕、同中書門下平章事。乙丑，侍衛親軍步軍都指揮使史弘肇取潞州。戊辰，奉國指揮使武行德以河陽來歸。史弘肇取澤州。丙子，契丹耶律德光卒于欒城，契丹入于鎮州。

五月甲午，太原尹劉崇爲北京留守。丙申，如東京。蕭翰遯歸于契丹，以郇國公李從益知南朝軍國事。戊申，次絳州，刺史李從朗來歸。

六月丙辰，次河陽〔九〕，殺李從益及其母于京師。甲子，至自太原。戊辰，改國號漢，〔一〕赦罪人，蠲民稅。于闐遣使者來。

【一】高祖初建國無國號，蓋其制詔皆無明文，故闕不書。然稱天福十二年，則國仍號晉可知，但無明據，故慎於所疑爾。此書「改國號漢」，則未改之前宜有所稱，此可以推知也。

是夏，劉昫薨。

秋閏七月乙丑，禁造契丹服器。天雄軍節度使杜重威反，〔一〕天平軍節度使高行周爲鄴都行營都部署以討之〔一〇〕。庚辰，追尊祖考爲皇帝，妣爲皇后：高祖湍謚曰明元，廟號文祖，祖妣李氏謚曰明貞；曾祖昂謚曰恭僖，廟號德祖，祖妣楊氏謚曰恭惠；祖僎謚曰昭憲〔一一〕，廟號翼祖，祖妣李氏謚曰昭穆；考琠謚曰章聖，廟號顯祖，妣安氏謚曰章懿。以漢高皇帝爲高祖、光武皇帝爲世祖，皆不祧。

【一】杜重威於晉出帝時避出帝名去「重」，至漢而復之。

八月，護聖指揮使白再榮逐契丹，以鎮州來歸。丙申，安國軍節度使薛懷讓殺契丹之將劉鐸，入于邢州。

九月甲戌，吏部尚書竇貞固守司空兼門下侍郎，翰林學士、中書舍人李濤爲中書侍郎：同中書門下平章事。庚辰，北征。

冬十月甲申，次韋城，赦河北。

十一月壬申，杜重威降。

十二月癸巳，至自鄴都。

乾祐元年春正月乙卯，大赦，改元。己未，更名暠。丁丑，皇帝崩于萬歲殿。【一】年五十四。

隱帝，高祖第二子承祐也。高祖即位，拜右衛上將軍【二】、大內都點檢。魏王承訓長而賢，高祖愛之，方屬以爲嗣，承訓薨，高祖不豫，悲哀疾劇，乃以承祐屬諸將相。宰相蘇逢吉曰：「皇子承祐未封王，請亟封之。」未及封而高祖崩，祕不發喪，殺杜重威。

乾祐元年二月辛巳，封承祐周王。是日，皇帝即位于柩前。壬辰，右衛大將軍、鳳翔巡檢使王景崇及蜀人戰于大散關，敗之。癸巳，大赦。

三月壬戌，竇貞固爲大行皇帝山陵使，吏部侍郎段希堯爲副，太常卿張昭爲禮儀使，兵部侍郎盧價爲鹵簿使，御史中丞邊蔚爲儀仗使。丁丑，李濤罷。護國軍節度使李守貞反，陷潼關。

夏四月辛巳，陝州兵馬都監王玉克潼關。壬午，永興軍將趙思綰叛附于李守貞，客省使王峻帥師屯于關西。【一】楊邠爲中書侍郎兼吏部尚書、同中書門下平章事，郭威爲樞密使，鎮寧軍節度使郭從義爲永興軍兵馬都部署。戊子，保義軍節度使白文珂爲河中兵馬都部署。河決原武。

【一】峻不命爲將，又不令討賊，但令以兵實關西，下文乃見命將。

五月己未，回鶻遣使者來。乙亥，魏州内黄民武進妻一產三男子。河決滑州魚池。旱蝗。

秋七月戊申朔，彰德軍節度使王繼弘殺其判官張易。鸜鵒食蝗，丙辰，禁捕鸜鵒。庚申，郭威同中書門下平章事。癸亥，契丹鄭州刺史王彥徽來奔。庚午，殺成德軍副使張鵬。乙亥，王景崇叛附于李守貞。

八月壬午，郭威討李守貞。

九月，西面行營都虞候尚洪遷及趙思綰戰【二】，敗績。

冬十月甲申，吐蕃使斯漫篤藺氈藥斯來。

十一月甲寅，殺太子太傅李崧，滅其族。壬申，葬睿文聖武昭肅孝皇帝于睿陵。【一】

【一】在河南告成縣。

十二月己卯，彰武軍節度使高允權殺太子太師致仕劉景巖。

二年【一】春正月乙巳朔，赦囚。

【一】隱帝即位至此，宜改元而不改元，具周顯德二年注。而帝名承祐，年名乾祐，舉國臣民共稱而不改避，當時莫大之失，本紀無譏者，但書其實，後世自見也。

二月丙子，蠲民紐配租。

夏五月，李守貞之將周光遜降。乙丑，趙思綰降。

六月辛卯，回鶻首領楊彥珣來。西涼府遣使者來。蝗。

秋七月丁巳，郭威殺華州留後趙思綰于京兆。甲子，克河中。【一】

【一】守貞自焚死，故不書伏誅。

八月，郭從義殺前永興巡檢喬守溫。丙戌，郭威使來獻俘。

冬十月，契丹寇趙、魏，羣臣進添都馬。契丹陷内丘。己丑，郭威及宣徽南院使王峻伐契丹。

十一月，契丹遯。

三年春正月，西面行營都部署趙暉克鳳翔〔一四〕。【二】丙午，郭威進添都馬。壬子，趙暉獻馘俘。

【二】景崇自焚死，故不書伏誅。

二月甲戌，旌表潁州汝陰民麴温門閭。

三月己酉，寒食，望祭于南御園。

夏四月壬午，郭威以樞密使爲天雄軍節度使〔一五〕。

六月癸卯，河決原武。

秋八月，達靼來附。

冬十一月丙子，殺楊邠及侍衛親軍都指揮使史弘肇、三司使王章，皆滅其族。郭威反。庚辰，義成軍節度使宋延渥叛附于威。壬午，威犯封丘，泰寧軍節度使慕容彦超軍于七里店。癸未，勞軍于北郊。甲申，勞軍于劉子陂。慕容彦超及郭威戰，敗績，開封尹侯

益叛降于威。郭允明反。乙酉，皇帝崩，【一】蘇逢吉自殺。漢亡。【二】

【一】年二十。周廣順元年葬之許州陽翟縣，號潁陵，爲賊所葬，故不書。

【二】自隱帝崩後四十二日，周太祖始即位，而斷自帝崩書「漢亡」者，見帝崩而漢亡矣。其太后臨朝，湘陰公嗣立，皆周所假託，非誠實，所以破其姦，故書曰「漢亡」，見周之立遲也，遲而難於自立，則猶有自媿之心焉。

嗚呼！人君即位稱元年，常事爾，古不以爲重也。孔子未修春秋其前固已如此，雖暴君昏主，妄庸之史，其記事先後遠近，莫不以歲月一二數之，乃理之自然也。其謂一爲元，亦未嘗有法，蓋古人之語爾。【一】及後世曲學之士，始謂孔子書「元年」爲春秋大法，遂以改元爲重事。

【一】古謂歲之一月，亦不云一，而曰正月。國語言六吕曰元間大吕〔一六〕，周易列六爻曰「初九」。大抵古人言數，多不云一，不獨謂年爲元也。

自漢以後，又名年以建元，而正僞紛雜，稱號遂多，不勝其紀也。五代，亂世也，其事無法而不合於理者多矣，皆不足道也。至其年號乖錯以惑後世，則不可以不明。初〔一七〕，梁太祖以乾化二年遇弒，明年，末帝已誅友珪，黜其鳳曆之號，復稱乾化三年，尚爲有說。

至漢高祖建國，黜晉出帝開運四年，復稱天福十二年者，何哉？蓋以其愛憎之私爾。方出帝時，漢高祖居太原，常憤憤下視晉，而晉亦陽優禮之，幸而未見其隙。及契丹滅晉，漢未嘗有赴難之意。出帝已北遷，方陽以兵聲言追之，至土門而還。及其即位改元，而黜開運之號，則其用心可知矣。蓋其於出帝無復君臣之義，而幸禍以爲利者，其素志也，可勝歎哉！夫所謂有諸中必形於外者，其見於是乎！

校勘記

〔一〕以知遠爲押衙　「以」字原闕，據宋甲本、宗文本補。

〔二〕以知遠爲侍衛親軍都虞候　「都虞候」，原作「都軍虞候」，據宋甲本、宗文本改。

〔三〕三年五月……王敗之于秀容　「王」字原闕，據宋甲本、宋丙本、宗文本補。本書卷九晉本紀、舊五代史卷九九漢高祖紀上、册府卷八、通鑑卷二八三皆繫其事於開運元年正月。

〔四〕賜以木拐一　「一」字原闕，據宋甲本、宋丙本、宗文本、舊五代史卷九九漢高祖紀上補。

〔五〕木拐　以上二字原闕，據宋甲本、宋丙本、宗文本補。

〔六〕高彦詢　舊五代史卷九九漢高祖紀上、通鑑（兩浙東路茶鹽司公使庫刻本）卷二八六、册府卷八作「高彦珣」。

〔七〕夏四月己未右都押衙楊邠爲樞密使　舊五代史卷九九漢高祖紀上敍其事云，天福十二年四月己未以右都押衙楊邠爲權樞密使，至是年閏七月辛未，方以權樞密使楊邠爲樞密使。通鑑卷二八六敍其事亦云「右都押牙楊邠權樞密使」。

〔八〕觀察推官蘇禹珪爲中書侍郎　「推官」，舊五代史卷九九漢高祖紀上、通鑑卷二八六、册府卷七四作「判官」。

〔九〕次河陽　「河陽」，舊五代史卷一〇〇漢高祖紀下、通鑑卷二八七作「洛陽」。

〔一〇〕天平軍節度使高行周爲鄴都行營都部署以討之　錢大昕考異卷六一：「薛史高祖紀是年七月，以鄴都留守、天雄軍節度使杜重威爲宋州節度使，以宋州節度使高行周爲鄴都留守。其時天平節度李守貞與河中節度白文珂亦互相更代，初無行周移鎮天平之事，蓋歐史誤也。」

〔一一〕祖僎謚曰昭憲　「昭憲」，舊五代史卷九九漢高祖紀上、五代會要卷一、册府卷三一作「昭獻」。

〔一二〕拜右衞上將軍　「右」，舊五代史卷九九漢高祖紀上、卷一〇一漢隱帝紀上作「左」。

〔一三〕尚洪遷　原作「尚弘遷」，據舊五代史卷一〇一漢隱帝紀上、通鑑卷二八八、尚洪遷墓誌（拓片刊晉陽古刻選隋唐五代墓誌卷）改。

〔一四〕西面行營都部署趙暉克鳳翔　「西」，舊五代史卷一〇三漢隱帝紀下、卷一二五趙暉傳、册府卷三六〇作「西南」。

〔一五〕天雄軍節度使　「使」字原闕，據宋甲本、宗文本補。

〔一六〕國語言六呂曰元間大呂　「六呂」，原作「六品」，據宋甲本、宋丙本、宗文本、通鑑卷二八六胡注引歐史改。

〔一七〕初　此字原闕，據宋甲本、宗文本、詳節卷一補。

新五代史卷十一

周本紀第十一

太祖聖神恭肅文武孝皇帝〔一〕，姓郭氏，邢州堯山人也。父簡，事晉爲順州刺史。劉仁恭攻破順州，簡見殺，子威少孤，依潞州人常氏。潞州留後李繼韜募勇敢士爲軍卒，威年十八，以勇力應募。爲人負氣，好使酒，繼韜特奇之。威嘗游于市，市有屠者，常以勇服其市人。威酒醉，呼屠者，使進几割肉，割不如法，叱之，屠者披其腹示之曰：「爾勇者，能殺我乎？」威即前取刀刺殺之，一市皆驚，威頗自如。爲吏所執，繼韜惜其勇，陰縱之使亡，已而復召置麾下。繼韜叛晉附于梁，後莊宗滅梁，繼韜誅死，其麾下兵悉隸從馬直，威以通書算補爲軍吏。好讀閫外春秋，略知兵法，後爲侍衛軍吏。漢高祖爲侍衛親軍都虞候，尤親愛之，後高祖所臨鎮，嘗以威從。契丹滅晉，漢高祖起兵太原，即皇帝位，拜威樞密副使。

乾祐元年正月，高祖疾大漸，以隱帝託威及史弘肇等。隱帝即位，拜威樞密使。是歲三月，河中李守貞、永興趙思綰、鳳翔王景崇相次反，隱帝遣白文珂、郭從義、常思等分討之，久皆無功。隱帝謂威曰：「吾欲煩公，可乎？」威對曰：「臣不敢請，亦不敢辭，惟陛下命。」乃加拜威同中書門下平章事，使西督諸將。

威居軍中，延見賓客，褒衣博帶，及臨陣行營，幅巾短後，與士卒無異，上所賜予，與諸將會射，恣其所取，其餘悉以分賜士卒，將士皆懽樂。

威至河中，自柵其城東，思柵其南，文珂柵其西，調五縣丁二萬人築連壘以護三柵。諸將皆謂守貞窮寇，破在旦夕，不宜勞人如此，威不聽。已而守貞數出兵擊壞連壘，威輒補之，守貞輒復出擊，每出必有亡失。久之，城中兵食俱盡，威曰：「可矣！」乃治攻具，爲期日，四面攻之，破其羅城，守貞與妻子自焚死，思綰、景崇相次降。

隱帝勞威以玉帶，加檢校太師、兼侍中，威辭曰：「臣事先帝，見功臣多矣，未嘗以玉帶賜之。」因言：「臣幸得率行伍，假漢威靈以破賊者，豈特臣之功，皆將相之賢，有以安朝廷，撫內外，而饋餉以時，故臣得以專事征伐。」隱帝以威爲賢，於是悉召楊邠、史弘肇、蘇逢吉、禹珪、竇貞固、王章等皆賜以玉帶，威乃受。威又推功大臣，請加爵賞，於是加貞固司空，逢吉司徒，禹珪、邠左右僕射。已而又曰：「此特漢廷親近之臣耳。漢諸宗室、天下方鎮，外暨荆、浙、湖南，皆未及也。」由是濫賞遍于天下。

是冬，契丹寇邊，威以樞密使北伐，至魏州，契丹遯。三年二月，師還。四月，拜威鄴都留守、天雄軍節度使，仍以樞密使之鎮。宰相蘇逢吉以謂樞密使不可以藩鎮兼領，與史弘肇等固爭。久之，卒以樞密使行，詔河北諸州皆聽威節度。

隱帝與李業等謀，已殺史弘肇等，詔鎮寧軍節度使李弘義殺侍衛步軍指揮使王殷于澶州，又詔侍衛馬軍指揮使郭崇殺威及宣徽使王峻于魏。詔書先至澶州，弘義恐事不果，反以詔書示殷，殷與弘義遣人告威。已而詔殺威、峻使者亦馳騎至，威匿詔書，召樞密使院吏魏仁浦謀於臥内〔二〕。仁浦勸威反，教威倒用留守印，更爲詔書，詔威誅諸將校以激怒之，將校皆憤然效用。

十一月丁丑，威遂舉兵渡河，隱帝遣開封尹侯益、保大軍節度使張彦超、客省使閻晉卿等率兵拒威，又遣内養𪅴脱覘威所嚮〔三〕。𪅴脱爲威所得，威乃附脱奏請縛李業等送軍中。隱帝得威奏，以示業等，業等皆言威反狀已白，乃悉誅威家屬于京師。庚辰，威至滑州，義成軍節度使宋延渥叛于漢，來降。壬午，犯封丘。甲申〔四〕，及泰寧軍節度使慕容彦超戰于劉子陂，彦超敗，奔于兗州。郭允明反，弑隱帝于趙村。丙戌，威入京師，縱火大掠。戊子，率百官朝太后于明德門，請立嗣君。太后下令：文武百寮、六軍將校，議擇賢明，以承大統〔五〕。庚寅，威率百官詣明德門，請立武寧軍節度使贇爲嗣。遣太師馮道迎贇于徐州。辛卯，請太后臨朝聽政，以王峻爲樞密使，翰林學士、尚書兵部侍郎范質爲副使。

十二月甲午朔，威北伐契丹，軍于滑州。癸丑，至澶州而旋。王峻遣郭崇以騎七百逆劉贇于宋州，殺之，其將鞏廷美、楊溫爲贇守徐州。戊午，次皋門，漢宰相竇貞固、蘇禹珪來勸進。庚申，太后制以威監國。

廣順元年春正月丁卯，皇帝即位，大赦，改元，國號周。己巳，上漢太后尊號曰昭聖皇太后。戊寅，漢劉崇自立于太原。【一】己卯，馮道爲中書令。

【一】吳、蜀諸國自立，皆絶而不書，此書，與其不屈于周，語在十國年譜論。

二月辛丑，西州回鶻使都督來。丁未，契丹兀欲遣使裊骨支來。癸丑，寒食，望祭于蒲池。【一】丁巳，尚書左丞田敏使于契丹。回鶻使摩尼來。

【一】蒲池，佛寺名也。

三月甲戌，武寧軍節度使王彦超克徐州。【一】

【一】鞏廷美〔六〕、楊溫不書死之，語在贇傳。

夏四月甲午，立夫人董氏爲德妃。

五月辛未，追尊祖考爲皇帝，妣爲皇后：高祖璟謚曰睿和，廟號信祖，祖妣張氏謚曰睿恭〔七〕；曾祖諶謚曰明憲，廟號僖祖，祖妣申氏謚曰明孝；祖蘊謚曰翼順，廟號義祖，祖妣韓氏謚曰翼敬；考謚曰章肅，廟號慶祖，妣王氏謚曰章德。

六月辛亥，范質及户部侍郎判三司李穀爲中書侍郎、同中書門下平章事。竇貞固、蘇禹珪罷。癸丑，范質參知樞密院事。丁巳，宣徽北院使翟光鄴爲樞密副使。

秋七月戊寅，幸王峻第。

八月壬寅，契丹來歸趙瑩之喪。

冬十月丙午，漢人來討，【一】攻自晉州。【二】

【一】討加有罪，漢之於周，義所得討〔八〕。

【二】云「自晉州」者，見漢兵當誅罪人于京師，自晉州而入耳。攻城無得失不書，此書者，許漢來討。

十一月，王峻及建雄軍節度使王彦超拒之。

十二月，慕容彦超反。

二年春正月甲子，侍衛步軍都指揮使曹英爲兗州行營都部署。庚午，高麗王昭使其廣評侍郎徐逢來。

二月庚寅，府州防禦使折德扆克岢嵐軍。

三月丁巳朔〔九〕，寒食，望祭于郊。戊辰，内客省使鄭仁誨爲樞密副使，翟光鄴罷。

夏五月庚申，東征，李穀留守東都，鄭仁誨爲大内都點檢。癸亥，次曹州，赦流罪以下囚。乙亥，克兗州。【一】壬午，赦兗州。

【一】彦超投井死，故不書伏誅。

六月乙酉朔，幸曲阜，祠孔子。庚子，至自兗州。

秋九月乙丑，太僕少卿王演使于高麗。契丹寇邊。

三年春正月乙卯〔一〇〕，麟州刺史楊重訓叛于漢，來附。

閏月丙戌，回鶻使獨呈相温來。

二月甲子，貶王峻爲商州司馬。

三月甲申，封榮爲晉王。【二】丙戌，鄭仁誨罷。己丑，棣州團練使王仁鎬爲右衛大將軍、樞密副使。

【一】不書子者，榮於禮不得爲子，不書子則當書其本姓【二】，又不書者，周人所共諱。

夏六月，大雨，水。

秋七月，契丹盧臺軍使張藏英來奔。

九月，吐渾党富達等來。

冬十月庚申，馮道爲奉迎神主使。

十一月癸未，党項使吴怗磨五等來。

十二月戊申，四廟神主至自西京，迎之于西郊，祔于太廟。壬申，殺天雄軍節度使王殷。乙亥，享于太廟。

顯德元年春正月丙子朔，有事于南郊，大赦，改元，羣臣上尊號曰聖明文武仁德皇帝。戊寅，罷鄴都。丙戌，鎮寧軍節度使鄭仁誨爲樞密使。壬辰，端明殿學士、户部侍郎王溥爲中書侍郎、同中書門下平章事，王仁鎬罷。是日，皇帝崩于滋德殿。【一】

【一】年五十一。書「是日」，連上文，嫌無崩日。

校勘記

〔一〕聖神恭肅文武孝皇帝　「孝」字原闕，據宗文本、吴縝纂誤卷上引五代史補。按舊五代史卷一一〇周太祖紀一、卷一一三周太祖紀四、五代會要卷一、通鑑卷二九一、册府卷三一、任公屏盜碑（拓片刊北京圖書館藏中國歷代石刻拓本匯編第三十六册）記周太祖謚號皆作聖神恭肅文武孝皇帝。

〔二〕召樞密使院吏魏仁浦謀於臥内　「樞密使院吏」，宋甲本作「樞密院院吏」，通鑑卷二八九胡注引歐史作「樞密院吏」。

〔三〕鷩脱　宋甲本、宗文本、通鑑卷二八九、册府卷八作「鷩脱」。

〔四〕甲申　原作「甲辰」，據宗文本、本書卷一〇漢本紀、舊五代史卷一〇三漢隱帝紀下、通鑑卷二八九改。按是月甲子朔，無甲辰，甲申爲二十一日。

〔五〕以承大統　「大統」，舊五代史卷一〇三漢隱帝紀下、册府卷八、通鑑卷二八九同，宋甲本、本書卷一八漢家人傳作「天統」。

〔六〕鞏廷美　原作「鞏延美」，據宋甲本、宋丙本、舊五代史卷一一〇周太祖紀一及本卷正文改。

〔七〕祖妣張氏謚曰睿恭　「祖」字原闕，據宋甲本、宗文本及本卷上下文補。

〔八〕義所得討　「討」，原作「誅」，據宋甲本、宋丙本、宗文本改。

〔九〕三月丁巳朔　「三月」，原作「二月」，據宋甲本、宋丙本、宗文本改。按三月丁巳朔，二月丁亥朔，無丁巳。

〔一〇〕三年春正月乙卯　舊五代史卷一一七周世宗紀四、通鑑卷二九三繫其事於顯德四年十月。

〔一一〕不書子則當書其本姓　「子」字原闕，據宋甲本、宋丙本、宗文本補。

新五代史卷十二

周本紀第十二

世宗睿武孝文皇帝，本姓柴氏，邢州龍岡人也。柴氏女適太祖，是爲聖穆皇后。后兄守禮子榮，幼從姑長太祖家，以謹厚見愛，太祖遂以爲子。太祖後稍貴，榮亦壯，而器貌英奇，善騎射，略通書史黄老，性沈重寡言。太祖爲漢樞密使〔一〕，榮爲左監門衛將軍〔二〕，太祖鎮天雄，榮領貴州刺史、天雄軍牙内都指揮使。

乾祐三年冬，周兵起魏，犯京師，留榮守魏。太祖入立，拜澶州刺史、鎮寧軍節度使、檢校太傅、同中書門下平章事。榮素爲樞密使王峻所忌，廣順三年正月來朝，不得留。既而峻有罪誅，三月，拜榮開封尹，封晉王。是冬，卜以來年正月朔旦有事于南郊，而太祖遇疾，不能視朝者久之。

顯德元年正月丙子，郊，僅而成禮，即以王判内外兵馬事。壬辰，太祖崩，祕不發喪。丙申，發喪，皇帝即位于柩前。【一】右監門衛大將軍魏仁浦爲樞密副使。

【一】於書「封晉王」，正其非子矣。其餘假竊嗣君之禮，不待譏貶而可知，故皆無異辭。

二月庚戌，回鶻遣使者來。丁卯，馮道爲大行皇帝山陵使，太常卿田敏爲禮儀使，兵部尚書張昭爲鹵簿使，御史中丞張煦爲儀仗使，開封少尹權判府事王敏爲橋道頓遞使。漢人來討，攻自潞州。

三月辛巳，大赦。癸未，鄭仁誨留守東京。乙酉，如潞州以攻漢。【一】壬辰，次澤州，閱兵于北郊〔三〕。癸巳，及劉旻戰于高原，敗之，【二】追及于高平，又敗之。丁酉，幸潞州。己亥，侍衛馬軍都指揮使樊愛能、步軍都指揮使何徽伏誅。壬寅，天雄軍節度使符彥卿爲河東行營都部署。

【一】不曰伐，曲在周，不可以大小爲言，故用兩相攻爲文。

【二】與其不屈于周，不與其稱帝，故書姓名。

夏四月乙卯，葬聖神文武恭肅孝皇帝于嵩陵〔四〕。【一】汾州防禦使董希顏叛于漢，來附。丙辰，遼州刺史張漢超叛于漢，來附。辛酉，取嵐、憲州。壬戌，立衛國夫人符氏爲皇后。取石、沁州。乙丑，馮道薨。庚午，赦潞州流罪以下囚。如太原。忻州監軍李勍殺其刺史趙皋，叛于漢，來附。

【一】在鄭州新鄭縣。

五月丙子，代州守將鄭處謙叛于漢，來附。契丹救漢。丁酉，回鶻使因難敵略來。符彦卿及契丹戰于忻口，敗績，先鋒都指揮使史彦超死之。六月乙巳，班師。乙丑，次新鄭，遂拜嵩陵。庚午，至自太原。

秋七月庚辰，閱稼于南御莊。癸巳，樞密院直學士、工部侍郎景範爲中書侍郎、同中書門下平章事，魏仁浦爲樞密使。

冬十月甲辰，殺左羽林大將軍孟漢卿。

二年【一】春二月，御札求直言。

【一】五代亂世，以嗣君即位者五，而改元不依古者四，梁末帝、晉出帝即位踰年，宜改元而不改，又明年然後改，漢隱帝、周世宗皆仍稱先帝年號，終其世不改，而本紀無譏者，但書其實，自見其失也。

夏五月辛未，宣徽南院使向訓、鳳翔節度使王景伐蜀。甲戌，大毀佛寺，禁民親無侍養而爲僧尼及私自度者。

秋九月丙寅朔，頒銅禁。

閏月癸丑，向訓克秦州。

冬十月辛未，取成州。戊寅，高麗使王子太相融來。取階州。

十一月乙未朔，李穀爲淮南道行營都部署以伐唐。戊申，王景克鳳州。

十二月丙戌，鄭仁誨薨。

三年春正月，增築京城。庚子，向訓留守東京。壬寅，南征。辛亥，侍衞親軍都指揮使李重進及唐人戰于正陽，敗之。甲寅，重進爲淮南道行營都招討使。

二月丙寅，幸下蔡浮橋。壬申，克滁州。甲戌，李景來求成，不答。壬午，景使其臣鍾謨來奉表。丙戌，取揚州。辛卯，取泰州。

三月庚子，內外馬步軍都軍頭袁彥爲竹龍都部署〔五〕。是月，取光、舒、常州。【一】

【一】書「是月」，見取三州不同日。

夏四月，常、泰州復入于唐。

五月乙卯，至自淮南，赦京師囚。

六月壬申，德音赦淮南囚。

秋七月，皇后崩。揚、光、舒、滁州復入于唐。

八月乙丑，課民種木及韭。

九月丙午，端明殿學士、左散騎常侍王朴爲尚書户部侍郎、樞密副使。

冬十月辛酉，葬宣懿皇后于懿陵。

十一月庚寅，廢諸祠不在祀典者。乙巳，殺李景之臣孫晟。【一】

【一】書「殺景臣」而不書晟死，蓋已深罪周殺忠臣，則晟之死節自著。

四年春正月己丑朔，赦非死罪囚。

二月甲戌，王朴留守東京。乙亥，南征。

三月丁未，克壽州。【一】

【一】不書劉仁贍降，事見死節傳。蓋仁贍實不降，故書周自克之爾。「克」者，難取之名也，壽難取，則見仁贍之節著，不書死之者，仁贍自以病死，以其至死守節，故列之死節傳。

夏四月己巳，至自壽州。己卯，放降卒八百歸于蜀。癸未，追册彭城郡夫人劉氏爲皇后。

五月丙申，殺密州防禦使侯希進〔六〕。

秋八月乙亥，李穀罷，王朴爲樞密使。癸未，蜀人來歸我濮州刺史胡立。

冬十月己巳，王朴留守東京，三司使張美爲大内都點檢。壬申，南征。

十二月乙卯，泗州守將范再遇叛于唐，以其州來降。庚申，濠州團練使郭廷謂以其州來降。【一】丁丑，取泰州。

【一】身居其地而來降者書「附」，再遇、廷謂雖以地降，既降而不居其地，故不書「附」而書「降」。廷謂不書叛，事見南唐世家。

五年春正月丁亥，取海州。壬辰，取靜海軍。丁未，克楚州，守將張彥卿、鄭昭業死之。【一】

【一】自四年十二月辛酉攻之，彥卿等堅守四十餘日乃克之，其不走不降可知，故予其死。本紀書「死」者十餘人，宋令詢及李遐、彥卿、昭業皆以事迹不完不能立傳。然所貴者死爾，本紀著其大節可矣。

二月甲寅，取雄州。丁卯，如揚州。癸酉，如瓜洲。

三月壬午朔，如泰州。丁亥，復如揚州。辛卯，幸迎鑾。己亥，克淮南十有四州，以江爲界。【一】辛亥〔七〕，李景來買宴。

【一】并前所得通十四州耳，書之，見其本志所止。

夏四月庚申〔八〕，祔五室神主于新廟。壬申，至自淮南。回鶻、達靼遣使來。

六月辛未，放降卒四千六百于唐〔九〕。

秋七月乙酉，水部員外郎韓彦卿市銅于高麗。丁亥，頒均田圖。

九月，占城國王釋利因德縵使莆訶散來。

冬十月丁酉，括民租。

十一月庚戌，作通禮、正樂。

十二月丙戌，罷州縣課户、俸户。

六年春正月，高麗王昭遣使者來。辛酉，女真使阿辨來。

三月己酉，甘州回鶻來獻玉，却之。庚申，王朴薨。丙寅，宣徽南院使吴廷祚留守東京〔一〇〕。癸酉，停給銅魚。甲戌，北征。是月〔一一〕，吴廷祚爲左驍衛上將軍、樞密使。

夏四月壬辰，取乾寧軍。辛丑，取益津關，以爲霸州。癸卯，取瓦橋關，以爲雄州。【一】

【一】州縣廢置不書，此書，重復中國故地。世宗下三關，瓦橋、益津以建州及見，淤口關止置寨，故舊史、實録皆闕不書，遂不見其取得時日，今信安軍是也。

五月乙巳朔，取瀛州。【二】甲戌，至自雄州。

【一】復中國故地，故不書契丹。

六月癸未，立皇后符氏，【一】封子宗訓爲梁王、宗誼燕國公【二】。戊子，占城使莆訶散來。己丑，范質、王溥參知樞密院事，魏仁浦同中書門下平章事。癸巳，皇帝崩于滋德殿【三】。【二】

【一】符氏無國爵，不曰立符氏爲皇后，嫌同於不正也。蓋其位先定而後娶，故書曰「立皇后符氏」，文理宜然，無褒貶也。

【二】年三十九。

恭皇帝，世宗第四子宗訓也。世宗即位，大臣請封皇子爲王，世宗謙抑久之。及北取三關，遇疾還京師，始封宗訓梁王，時年七歲。

顯德六年六月癸巳，世宗崩。甲午，皇帝即位于柩前。癸卯，范質爲大行皇帝山陵使，翰林學士竇儼爲禮儀使，兵部尚書張昭爲鹵簿使，御史中丞邊歸讜爲儀仗使，宣徽南院使、判開封府事昝居潤爲橋道頓遞使。

秋七月丁未，户部尚書李濤爲山陵副使，度支郎中盧億爲判官。

八月庚寅，封弟熙讓爲曹王、熙謹紀王、熙誨蘄王。壬寅，高麗遣使者來。

九月丙寅，左驍衛大將軍戴交使于高麗。

冬十一月壬寅，葬睿武孝文皇帝于慶陵。【一】高麗遣使者來。

【一】在鄭州管城縣。

七年春正月甲辰，遜于位。宋興。【一】

【一】五代之亡，所書不同，隨事爲文爾。「梁亡」見唐之速，「漢亡」見周之遲也。唐欺天下以討賊，周欺天下以立賓。故書「梁亡」，見唐之立速，則知其志不在討賊也；「漢亡」見周之立遲，則知立贇者僞也。唐亡無辭，莊宗之弑，唐已亡矣，而明宗又稱唐，愍帝之奔，唐又亡矣，而廢帝又稱唐，其亡也不可以屢書，故不書也。晉亡曰「契丹滅晉」，明言以深戒。周曰「遜于位」，遜，順也，能順乎天命也。

嗚呼，五代本紀備矣！【一】君臣之際，可勝道哉。梁之友珪反，唐戕克寧而殺存乂、從璨，則父子骨肉之恩幾何其不絶矣。太妃薨而輟朝，立劉氏、馮氏爲皇后，則夫婦之義幾何其不乖而不至於禽獸矣。寒食野祭而焚紙錢，居喪改元而用樂，殺馬延及任圜，則禮樂刑政幾何其不壞矣。至於賽雷山、傳箭而撲馬，則中國幾何其不夷狄矣。可謂亂世也歟！而世宗區區五六年間，取秦隴，平淮右，復三關，威武之聲震懾夷夏，而方内延儒學文章之士，考制度、脩通禮、定正樂、議刑統，其制作之法皆可施於後世。其爲人明達英果，論議偉然。即位之明年，廢天下佛寺三千三百三十六。是時，中國乏錢，乃詔悉毀天下銅佛像以鑄錢，嘗曰：「吾聞佛説以身世爲妄，而以利人爲急，使其真身尚在，苟利於世，猶欲割截，況此銅像，豈其所惜哉？」由是羣臣皆不敢言。嘗夜讀書，見唐元稹均田圖，慨然歎曰：「此致治之本也，王者之政自此始！」乃詔頒其圖法，使吏民先習知之，期以一歲大均天下之田，其規爲志意豈小哉！其伐南唐，問宰相李穀以計策；後克淮南，出穀疏，使學士陶穀爲贊，而盛以錦囊，嘗置之坐側。其英武之材可謂雄傑，及其虚心聽納，用人不疑，豈非所謂賢主哉！其北取三關，兵不血刃，而史家猶譏其輕社稷之重，而僥倖一勝於倉卒，殊不知其料彊弱、較彼我而乘述律之殆，得不可失之機，此非明於決勝者，孰能至哉？誠非史氏之所及也！

【一】備，謂喪亂之事，無所不有。

校勘記

〔一〕太祖爲漢樞密使　「樞密使」，舊五代史卷一一四周世宗紀一作「樞密副使」。

〔二〕左監門衛將軍　原作「左監門衛大將軍」，據宗文本、本書卷二〇周世宗家人傳、舊五代史卷一一四周世宗紀一改。

〔三〕閱兵于北郊　「北郊」，舊五代史卷一一四周世宗紀一作「東北郊」，通鑑卷二九一敍其事作「宿于州東北」。

〔四〕聖神文武恭肅孝皇帝　「聖神」，原作「神聖」，據吴縝纂誤卷上引五代史乙正。按舊五代史卷一一〇周太祖紀一、卷一一三周太祖紀四、五代會要卷一、通鑑卷二九一、册府卷三一、任公屏盜碑（拓片刊北京圖書館藏中國歷代石刻拓本匯編第三十六册）記周太祖謚號皆作聖神恭肅文武孝皇帝。

〔五〕内外馬步軍都軍頭袁彦爲竹龍都部署　「都軍頭」，原作「都頭」，據宋甲本、宗文本、舊五代史卷一一六周世宗紀三、宋史卷二六一袁彦傳改。

〔六〕殺密州防禦使侯希進　「防禦使」，舊五代史卷一一七周世宗紀四作「防禦副使」。

〔七〕辛亥　句上原有「三月」二字，據宋甲本删。按本卷上文已有「三月」，此處不當重出。

〔八〕夏四月庚申　「夏」字原闕，據宋甲本、宗文本補。

〔九〕放降卒四千六百于唐　「四千六百」，舊五代史卷一一八周世宗紀五作「四千七百」。

〔一〇〕吴廷祚　原作「吴延祚」，據隆平集卷九、東都事略卷二三、宋史卷二五七吴廷祚傳、吴廷祚墓誌（拓片刊北京圖書館藏中國歷代石刻拓本匯編第三十七册）、其子吴元載墓誌（拓片刊千唐誌齋藏誌）改。本卷下一處同。

〔一一〕是月　舊五代史卷一一九周世宗紀六、通鑑卷二九四皆繫其事於六月。

〔一二〕宗誼燕國公　「宗誼」，舊五代史卷一一九周世宗紀六、通鑑卷二九四作「宗讓」。按本書卷二〇周世宗家人傳，宗誼爲漢所誅，顯德四年追封越王，六年封宗讓爲燕國公。錢大昕考異卷六一：「案宗誼世宗長子，漢末爲劉銖所殺，顯德四年追封越王。凡追封之王，本紀例不書，此必誤也。以家人傳證之，當爲『宗讓』之譌。宗讓即熙讓，恭帝之弟。薛史本作『宗讓』」。

〔一三〕滋德殿　舊五代史卷一一九周世宗紀六、五代會要卷一敍其事作「萬歲殿」。

新五代史卷十三

梁家人傳第一

嗚呼，梁之惡極矣！自其起盜賊，至於亡唐，其遺毒流于天下。天下豪傑，四面並起，孰不欲戡刃於其胸〔一〕，然卒不能少挫其鋒以得志。梁之無敵於天下，可謂虎狼之强矣。及其敗也，因於一二女子之娛，至於洞胸流腸，刲若羊豕，禍生父子之間，乃知女色之能敗人矣。自古女禍，大者亡天下，其次亡家，其次亡身，身苟免矣，猶及其子孫，雖遲速不同，未有無禍者也。然原其本末，未始不起於忽微。易坤之初六曰：「履霜，堅冰至。」家人之初九曰：「閑有家，悔亡。」其言至矣，可不戒哉！梁之家事，詩所謂「不可道」者。至於唐、晉以後，親疎嫡庶亂矣！作家人傳。

文惠皇后王氏

梁太祖母曰文惠皇后王氏，單州單父人也。其生三子：長曰廣王全昱，次曰朗王存，其次太祖。

后少寡，攜其三子傭食蕭縣人劉崇家。太祖壯而無賴，縣中皆厭苦之。崇患太祖慵墮不作業，數加笞責，獨崇母憐之，時時自爲櫛沐，戒家人曰：「朱三非常人也，宜善遇之！」黄巢起，太祖與存俱亡爲盜，從黄巢攻廣州，存戰死。居數歲，太祖背巢降唐，反以破巢，遂鎮宣武。乃遣人以車馬之蕭縣，迎后於崇家。使者至門，后惶恐走避，謂劉氏曰：「朱三落魄無行，作賊死矣，何以至此邪！」使者具道太祖所以然，后乃驚喜泣下，與崇母俱載以歸，封晉國太夫人。

太祖置酒太夫人前，舉觴爲壽，歡甚。太祖啓曰：「朱五經平生讀書，不登一第，有子爲節度使，無忝於先人也。」后惻然良久曰：「汝能至此，可謂英特，然行義未必得如先人也！」太祖莫知其故，后曰：「朱二與汝俱從黄巢，獨死蠻嶺，其孤皆在午溝，汝今富貴，獨不念之乎？」太祖泣涕謝罪，乃悉召存諸子以歸。太祖剛暴多殺戮，后每誡之，多賴以全活。

大順二年秋，后疾，卜者曰：「宜還故鄉。」乃歸。卒於午溝。太祖即位，立四廟，追尊皇考爲文穆皇帝〔二〕，后曰文惠皇后。

元貞皇后張氏

太祖元貞皇后張氏，單州碭山縣渠亭里富家子也。太祖少以婦聘之，生末帝。太祖貴，封魏國夫人。

后賢明精悍，動有禮法，雖太祖剛暴，亦嘗畏之。太祖每以外事訪之，后言多中。太祖時時暴怒殺戮，后嘗救護，人賴以獲全。太祖嘗出兵，行至中途，后意以爲不然，馳一介召之，如期而至。

郴王友裕攻徐州，破朱瑾於石佛山，瑾走，友裕不追，太祖大怒，奪其兵。友裕惶恐，與數騎亡山中，久之，自匿於廣王。后陰使人教友裕脱身自歸，友裕晨馳入見太祖，拜伏庭中，泣涕請死，太祖怒甚，使左右捽出，將斬之。后聞之，不及履，走庭中持友裕泣曰：「汝束身歸罪，豈不欲明非反乎？」太祖意解，乃免。

太祖已破朱瑾，納其妻以歸，后迎太祖於封丘，太祖告之。后遽見瑾妻，瑾妻再拜，后亦拜，悽然泣下曰：「兗、鄆與司空同姓之國，昆仲之間，以小故興干戈，而使吾姒至此，若不幸汴州失守，妾亦如此矣！」言已又泣。太祖爲之感動，乃送瑾妻爲尼，后嘗給其衣食。司空，太祖時檢校官也。

天祐元年〔三〕，后以疾卒。太祖即位，追册爲賢妃。初葬開封縣潤色鄉，末帝立，追謚曰元貞皇太后〔四〕，祔于宣陵。后已死，太祖始爲荒淫，卒以及禍云。

昭儀陳氏

昭儀陳氏，宋州人也，少以色進。太祖已貴，嬪妾數百，而昭儀專寵。太祖嘗疾，昭儀與尼數十人晝夜爲佛法，未嘗少懈，太祖以爲愛己，尤寵之。開平三年，度爲尼，居宋州佛寺。

昭容李氏

昭容李氏，亦以色進，尤謹愿，未嘗去左右。太祖病，晝寢方寐，棟折，獨李氏侍側，遽牽太祖衣，太祖驚走，棟折寢上，太祖德之，拜昭容。皆不知其所終。

德妃張氏

末帝德妃張氏，其父歸霸，事太祖爲梁功臣。帝爲王時，以婦聘之。帝即位，將册妃爲后，妃請待帝郊天，而帝卒不得郊。貞明五年〔五〕，妃病甚，帝遽册爲德妃，其夕薨，年二十四。

次妃郭氏

次妃郭氏，父歸厚，事梁爲登州刺史。妃少以色進。梁亡，唐莊宗入汴〔六〕，梁故妃妾，皆號泣迎拜。賀王友雍妃石氏有色，莊宗召之，石氏慢駡，莊宗殺之。次以召妃，妃懼而聽命。已而度爲尼，賜名誓正〔七〕，居于洛陽。

初，莊宗之入汴也，末帝登建國樓，謂控鶴指揮使皇甫麟曰：「晉，吾世讎也〔八〕，不可俟彼刀鋸，卿可盡我命，無使我落讎人之手！」麟與帝相持慟哭。是夕，進刃於帝，麟亦自刭。莊宗入汴，命河南張全義葬其尸，藏其首於太社。晉天福三年〔九〕，詔太社先藏罪人首級，許親屬收葬，乃出末帝首，遣右衞將軍安崇阮與妃同葬之。妃卒洛陽。

太祖二兄：曰全昱，曰存。八子：長曰友裕，次曰友珪、友璋、友貞、友雍、友徽、友孜，其一養子曰友文。

開平元年五月乙酉，封友文爲博王、友珪郢王、友璋福王、友貞均王、友雍賀王、友徽建王。友裕前即位卒，追封郴王，而康王友孜，末帝即位封。

友璋初爲壽州團練使、押左右番殿直、監豐德庫，友珪時，爲鄆州留後，末帝時，爲忠武軍節度使，徙鎮武寧，及友雍、友徽皆不知其所終。

廣王全昱

廣王全昱，太祖即位封。太祖與仲兄存俱亡爲盜，全昱獨與其母猶寄食劉崇家。太祖已貴，乃與其母俱歸宣武，領山南西道節度使〔一〇〕。以太師致仕。

太祖將受禪，有司備禮前殿，全昱視之，顧太祖曰：「朱三，爾作得否？」太祖宴居宮中，與諸王飲博〔一〕，全昱酒酣，取骰子擊盆而迸之，呼太祖曰：「朱三，爾碭山一百姓，遭逢天子用汝爲四鎮節度使，於汝何負？而滅他唐家三百年社稷，吾將見汝赤其族矣，安用博爲！」太祖不悦，罷會。全昱亦不樂在京師，常居碭山故里。三子皆封王：友諒衡王，友能惠王，友誨邵王。

乾化元年，升宋州爲宣武軍，以友諒爲節度使。友諒進瑞麥一莖三穗，太祖怒曰：「今年宋州大水，何用此爲！」乃罷友諒，居京師。太祖卧病，全昱來視疾，與太祖相持慟哭，太祖爲釋友諒，使與東歸。貞明二年，全昱以疾薨。徙衡王友諒嗣封廣王。

友能爲宋、滑二州留後、陳州刺史，所至爲不法，姦人多依倚之。而陳俗好淫祠左道，其學佛者，自立一法，號曰「上乘」，晝伏夜聚〔二〕，男女雜亂。妖人母乙、董乙聚衆稱天子，建置官屬，友能初縱之，乙等攻劫州縣，末帝發兵擊滅之。自康王友孜謀反伏誅，末帝始疎斥宗室，宗室皆反仄。貞明四年〔三〕，友能以陳州兵反，犯京師，至陳留，兵敗，還走陳州，後數月降，末帝赦之，降爲房陵侯。

友誨爲陝州節度使，欲以州兵爲亂，末帝召還京師，與友諒、友能皆被幽囚。梁亡，莊宗入汴，皆見殺。

朗王存 子友寧 友倫

朗王存，初與太祖俱從黄巢攻廣州，存戰死。存子友寧、友倫。

友寧，字安仁。幼聰敏，喜愠不形於色。太祖以爲軍校，善用弓劍。遷衙内制勝都指揮使、龔州刺史。太祖圍鳳翔，遣友寧東備宣武。王師範襲梁，圍齊州，友寧引兵擊之，奪馬千匹，斬首數千級。太祖奉昭宗還京師，拜友寧建武軍節度使，賜號迎鑾毅勇功臣。太祖復遣攻師範，圍博昌，屠之，清河爲之不流。戰於石樓，兵敗，友寧墮馬見殺。

友倫，幼亦明敏，通論語、小學，曉音律。存已死，太祖以友倫爲元從馬軍指揮使，表右威武將軍〔四〕。燕人攻魏内黄，友倫以前鋒夜渡河，奪馬千匹。李罕之以潞州降梁，晉人攻潞，友倫以兵入潞州，取罕之以歸。累遷檢校司空，領藤州刺史。太祖圍鳳翔，晉人襲梁，友倫以兵三萬至礬山，晉人乃却。友倫西會太祖於鳳翔。昭宗還長安，拜友倫寧遠軍節度使。太祖東歸，留友倫宿衛，伺察昭宗所爲。友倫擊鞠墜馬死，太祖大怒，以兵七萬至河中。昭宗涕泣，不知所爲，將奔太原，不果。宰相崔胤遣人止太祖，太祖以爲友倫胤等殺之，奏請誅胤等，昭宗未從，乃遣友諒至京師，以兵圍開化坊，殺胤及京兆尹鄭元規、皇城使王建勳、飛龍使陳班、閤門使王建襲、客省使王建乂、前左僕射張濬。

太祖即位，已封宗室，中書上議，故皇兄存，皇姪建武軍節度使友寧、寧遠軍節度使友倫，皆當封。於是追封存朗王、友寧安王、友倫密王。

郴王友裕

郴王友裕，字端夫。幼善騎射，從太祖征伐，能以寬厚得士卒心。

太祖與晉圍黄鄴於西華，鄴卒荷稍登城罵敵，晉王使胡騎連射不能中。太祖顧友裕，一發中之，軍中皆大讙呼，晉王喜，遺友裕良弓百矢。太祖鎮宣武，以爲衙内都指揮使。景福元年，太祖攻鄆，友裕以先鋒次斗門，鄆兵夜擊之，友裕敗走。太祖從後來，不知友裕之敗也，前軍遇敵多死。太祖至村落間，始與友裕相得。是時，朱宣在濮州，太祖乃遣友裕先以二百騎前，太祖後至，與友裕相失。太祖卒與敵遇，敗而走。敵兵追之甚急，前至大溝，幾不免，賴溝中有積薪，馬乃得過，梁將李璠等死者十餘人。

冬，友裕取濮州，遂圍時溥於徐州。朱瑾以兵二萬救溥，友裕敗瑾于石佛山，瑾走。都虞候朱友恭譖之太祖，以爲瑾可追而友裕不追。太祖大怒，奪其兵屬龐師古，以友裕屬吏，使者誤致書於友裕，友裕惶恐，不知所爲，賴張皇后教之得免。權知許州。許州近蔡，苦於大寇，居民殘破，友裕招撫流散，增户三萬餘。

遷諸軍都指揮使，與平兗、鄆，還領許州。崔洪奔淮南，友裕引兵定蔡州，市不易肆。太祖兼鎮護國軍，以友裕爲留後。遷忠武軍節度使〔一五〕。太祖攻鳳翔，未下，去攻邠州，友裕破靈臺、良原，下隴州，楊崇本以邠州降。後崇本復叛，太祖遣友裕攻之，屯于永壽。友裕以疾卒。

博王友文

博王友文，字德明，本姓康，名勤。幼美風姿，好學，善談論，頗能爲詩，太祖養以爲子。

太祖領四鎮，以友文爲度支鹽鐵制置使。太祖用兵四方，友文征賦聚斂以供軍實。

太祖即位，以故所領宣武、宣義、天平、護國四鎮征賦，置建昌宫總之，以友文爲使，封博王。太祖幸西都，友文留守東京。

庶人友珪者，太祖初鎮宣武，略地宋亳間，與逆旅婦人野合而生也。長而辯黠多智。博王友文多材藝，太祖愛之，而年又長，太祖即位，嫡嗣未立，心嘗獨屬友文。太祖自張皇后崩，無繼室，諸子在鎮，皆邀其婦入侍。友文妻王氏有色，尤寵之。太祖病久，王氏與友珪妻張氏，常專房侍疾。太祖病少間，謂王氏曰：「吾知終不起，汝之東都，召友文來，吾與之決。」蓋心欲以後事屬之。乃謂敬翔曰：「友珪可與一郡，趣使之任。」乃以友珪爲萊州刺史。

太祖素剛暴，既病而喜怒難測，是時，左降者必有後命，友珪大懼。其妻張氏曰：「大家以傳國寶與王氏，使如東都召友文，君今受禍矣！」夫婦相對而泣。左右勸友珪曰：「事急計生，何不早自爲圖？」友珪乃易衣服，微行入左龍虎軍，見統軍韓勍計事，勍夜以牙兵五百隨友珪，雜控鶴衛士而入。夜三鼓，斬關入萬春門，至寢中，侍疾者皆走。太祖惶駭起呼曰：「我疑此賊久矣，恨不早殺之，逆賊忍殺父乎！」友珪親吏馮廷諤以劍犯太祖，太祖旋柱而走，劍擊柱者三，太祖憊，仆于牀，廷諤以劍中之，洞其腹，腸胃皆流。友珪以裀褥裹之，瘞之寢中〔一六〕，祕喪四日。乃出府庫，大賚羣臣及諸軍。遣受旨丁昭浦矯詔馳至東都〔七〕，殺友文。又下詔曰：「朕艱難創業，踰三十年。託于人上，忽焉六載，中外叶力，期于小康。豈意友文陰畜異圖，將行大逆。昨二日夜，甲士突入大內，賴郢王友珪忠孝〔八〕，領兵勦戮，保全朕躬。然而疾恙震驚，彌所危殆。友珪克平兇逆，厥功靡倫，宜委權主軍國。」然後發喪。乾化二年六月既望，友珪於柩前即皇帝位，拜韓勍忠武軍節度使，以末帝爲汴州留後，河中朱友謙爲中書令。友謙不受命。而懷州龍驤軍三千，劫其將劉重霸，據懷州，自言討賊。三年正月，友珪祀天於洛陽南郊，改元曰鳳曆。

太祖外孫袁象先與駙馬都尉趙巖等〔九〕，謀與末帝討賊。二月，象先以禁兵入宫，友珪與妻張氏趨北垣樓下，將踰城以走，不果，使馮廷諤進刃其妻及己，廷諤亦自殺。末帝即位，復友文官爵，廢友珪爲庶人。

康王友孜

康王友孜，目重瞳子，嘗竊自負，以爲當爲天子。貞明元年，末帝德妃薨，將葬，友孜使刺客夜入寢中。末帝方寐，夢人害己，既寤，聞榻上寶劍鎗然有聲，躍起，抽劍曰：「將有變邪！」乃索寢中，得刺客，手殺之，遂誅友孜。明日，謂趙巖、張漢傑曰：「幾與卿輩不相見。」由此遂疎弱宗室，而信任趙、張，以至於敗亡。

嗚呼，春秋之法，是非與奪之際，難矣哉！或問：「梁太祖以臣弒君，友珪以子弒父，一也。與弒即位，踰年改元，春秋之法，皆以君書，而友珪不得列于本紀，何也？且父子之惡均，而奪其子，是與其父也，豈春秋之旨哉？」予應之曰：「梁事著矣！其父之惡，不待與奪其子而後彰，然末帝之志，不可以不伸也。春秋之法，君弒而賊不討者，國之臣子任其責。予於友珪之事，所以伸討賊者之志也。」

校勘記

〔一〕孰不欲戡刃於其胸　「其」字原闕，據宋甲本、宗文本補。

〔二〕追尊皇考爲文穆皇帝　「文」字原闕，據宋甲本、宗文本、五代會要卷一、册府卷一八九、通鑑卷二六六補。

〔三〕天祐元年　宗文本作「天復元年」。通鑑卷二六二：「（天復元年）全忠聞張夫人疾亟，遽自河中東歸。」吴蘭庭纂誤補卷二以爲張氏當卒於此時。

〔四〕追謚曰元貞皇太后　「皇太后」，五代會要卷一作「皇后」。錢大昕考異卷六二謂「太」字衍。

〔五〕貞明五年　本卷下文康王友孜傳、舊五代史卷八梁末帝紀一、通鑑卷二六九皆繫其事於貞明元年。五代會要卷一：「少帝妃張氏，乾化五年九月二十四日册爲德妃，其夕薨。」按乾化五年即貞明元年。

〔六〕唐莊宗入汴　「汴」，宗文本作「宫」。

〔七〕賜名晳正　錢大昕考異卷六二：「『晳』當作『誓』，即『辯』字，六朝俗體，所謂巧言爲辯也。」

〔八〕晉吾世讎也　原作「吾晉世讎也」，據宋甲本、宗文本改。

〔九〕晉天福三年　舊五代史卷一〇梁末帝紀下、卷七六晉高祖紀二、通鑑卷二八一、册府卷四二皆繫其事於天福二年。

〔一〇〕領山南西道節度使　「山南西道」，宋丙本、宗文本作「嶺南西道」。按通鑑卷二六五：「以安南節度使、同平章事朱全昱爲太師致仕。」

〔一一〕與諸王飲博　「諸」字原闕，據宋甲本、宗文本補。通鑑卷二六六敍其事云：「帝復與宗戚飲博於宫中。」

〔一二〕晝伏夜聚　原作「晝夜伏聚」，據宋甲本、宗文本改。舊五代史卷一〇梁末帝紀下敍其事作「宵聚晝散」。

〔一三〕貞明四年　本書卷三梁本紀、舊五代史卷一〇梁末帝紀下、通鑑卷二七一皆繫其事於龍德元年。

〔一四〕右威武將軍　舊五代史卷一二朱友倫傳、册府卷三六七作「右武衛將軍」。

〔一五〕忠武軍節度使　舊五代史卷一二朱友裕傳敍其事作「華州節度使」，通鑑卷二六五作「鎮國節度使」。按鎮國軍治華州，忠武軍治許州。

〔一六〕瘞之寢中　「瘞之」二字原闕，據宗文本補。通鑑卷二六八敍其事作「瘞於寢殿」。

〔一七〕丁昭浦　通鑑卷二六八、通曆卷一二作「丁昭溥」。

〔一八〕賴郢王友珪忠孝　「郢王」二字原闕，據宋甲本、宗文本、通鑑卷二六八補。

〔一九〕太祖外孫袁象先與駙馬都尉趙巖等　本書卷四五袁象先傳、舊五代史卷五九袁象先傳皆記象先爲梁太祖外甥。

新五代史卷十四

唐太祖家人傳第二

正室劉氏　次妃曹氏

太祖正室劉氏，代北人也；其次妃曹氏，太原人也。

太祖封晉王，劉氏封秦國夫人。自太祖起兵代北，劉氏常從征伐。爲人明敏多智略，頗習兵機，常教其侍妾騎射，以佐太祖。太祖東追黄巢，還軍過梁，館于封禪寺。梁王邀太祖入城，置酒上源驛，夜半以兵攻之。太祖左右有先脱歸者，以難告夫人，夫人神色不動，立斬告者，陰召大將謀保軍以還。遲明，太祖還軍〔一〕，與夫人相嚮慟哭，因欲舉兵擊梁。夫人曰：「公本爲國討賊，今梁事未暴，而遽反兵相攻，天下聞之，莫分曲直。不若斂軍還鎮，自訴于朝。」太祖從之。

其後，太祖擊劉仁恭，敗歸。梁遣氏叔琮、康懷英等連歲攻晉，圍太原，晉兵屢敗，太祖憂窘，不知所爲。大將李存信等勸太祖亡入北邊，收兵以圖再舉，太祖然之。入以語夫人，夫人問誰爲此謀者，曰：「存信也。」夫人駡曰：「存信，代北牧羊兒耳，安足與計成敗邪！且公嘗笑王行瑜棄邠州走，卒爲人擒，今乃自爲此乎？昔公亡在達靼，幾不能自脱，賴天下多故，乃得南歸。今屢敗之兵，散亡無幾，一失其守，誰肯從公？北邊其可至乎？」太祖大悟而止。已而亡兵稍稍復集。

夫人無子，性賢，不妬忌，常爲太祖言：「曹氏相當生貴子，宜善待之。」而曹氏亦自謙退，因相得甚歡。

曹氏封晉國夫人，後生子，是謂莊宗，太祖奇之，曹氏由是專寵。太祖性暴，怒多殺人，左右無敢言者，惟曹氏從容諫譬，往往見聽。及莊宗立，事曹氏尤謹，其救趙破燕取魏博，與梁戰河上十餘歲，歲嘗馳歸省其母至三四〔二〕，人皆稱其孝。莊宗即位，册尊曹氏爲皇太后，而以嫡母劉氏爲皇太妃〔三〕。往謝太后，太后有慚色。太妃曰：「願吾兒享國無窮，使吾獲没于地以從先君，幸矣，復何言哉！」

莊宗滅梁入汴，使人迎太后歸洛，居長壽宫，而太妃獨留晉陽。同光三年五月，太妃薨。七月，太后崩〔四〕，謚曰貞簡，葬于坤陵。而太妃無謚，葬魏縣。太妃與太后甚相愛，其送太后于洛也，涕泣而別，歸而相思慕，遂至不起。太后聞之，欲馳至晉陽視疾，及其卒也，又欲自往葬之，莊宗泣諫，羣臣交章請留，乃止。而太后自太妃卒，悲哀不飲食，逾月亦崩。

皇后劉氏

莊宗神閔敬皇后劉氏，魏州成安人也。莊宗正室曰衛國夫人韓氏，其次燕國夫人伊氏，其次后也，初封魏國夫人。

后父劉叟，黄鬚，善醫卜，自號劉山人。后生五六歲，晉王攻魏，掠成安，裨將袁建豐得后，納之晉宮，貞簡太后教以吹笙歌舞。既笄，甚有色，莊宗見而悦之。莊宗已爲晉王，太后幸其宮，置酒爲壽，自起歌舞，太后歡甚，命劉氏吹笙佐酒，酒罷去，留劉氏以賜莊宗。先時，莊宗攻梁軍於夾城，得符道昭妻侯氏，寵專諸宮，宮中謂之「夾寨夫人」。莊宗出兵四方，常以侯氏從軍。其後，劉氏生子繼岌，莊宗以爲類己，愛之，由是劉氏寵益專，自下魏博，戰河上十餘年，獨以劉氏從。劉氏多智，善迎意承旨，其佗嬪御莫得進見。

其父聞劉氏已貴，詣魏宮上謁。莊宗召袁建豐問之，建豐曰：「臣始得劉氏於成安北塢，時有黄鬚丈人護之。」及出劉叟示建豐〔五〕，建豐曰：「是也。」然劉氏方與諸夫人爭寵，以門望相高，因大怒曰：「妾去鄉時，略可記憶，妾父不幸死於亂兵，妾時環尸慟哭而去。此田舍翁安得至此！」因命笞劉叟于宫門。

莊宗已即皇帝位，欲立劉氏爲皇后，而韓夫人正室也，伊夫人位次在劉氏上，以故難其事而未發。宰相豆盧革、樞密使郭崇韜希旨，上章言劉氏當立，莊宗大悦。同光二年四月己卯〔六〕，皇帝御文明殿，遣使册劉氏爲皇后。皇后受册，乘重翟車〔七〕，鹵簿、鼓吹，見於太廟。韓夫人等皆不平之，乃封韓氏爲淑妃，伊氏爲德妃。

莊宗自滅梁，志意驕怠，宦官、伶人亂政，后特用事於中。自以出於賤微，踰次得立，以爲佛力。又好聚斂，分遣人爲商賈，至於市肆之間，薪芻果茹，皆稱中宫所賣。四方貢獻，必分爲二，一以上天子，一以入中宫，宫中貨賄山積。惟寫佛書，饋賂僧尼，而莊宗由此亦佞佛。

有胡僧自于闐來，莊宗率皇后及諸子迎拜之。僧遊五臺山，遣中使供頓，所至傾動城邑。又有僧誠惠，自言能降龍。嘗過鎮州，王鎔不爲之禮，誠惠怒曰：「吾有毒龍五百，當遣一龍揭片石，常山之人，皆魚鱉也。」會明年滹沱河大水，壞鎮州關城，人皆以爲神。莊宗及后率諸子、諸妃拜之，誠惠端坐不起，由是士無貴賤皆拜之，獨郭崇韜不拜也。

是時，皇太后及皇后交通藩鎮，太后稱「誥令」，皇后稱「教命」，兩宮使者旁午於道。許州節度使温韜以后佞佛，因請以私第爲佛寺，爲后薦福。莊宗數幸郭崇韜、元行欽等私第，常與后俱。其後，幸張全義第，酒酣，命后拜全義爲養父。全義日遣姬妾出入中宮，問遺不絕。

莊宗有愛姬，甚有色而生子，后心患之。莊宗燕居宮中，元行欽侍側，莊宗問曰：「爾新喪婦，其復娶乎？吾助爾聘。」后指愛姬請曰：「帝憐行欽，何不賜之？」莊宗不得已，陽諾之。后趣行欽拜謝，行欽再拜，起顧愛姬，肩輿已出宮矣。莊宗不樂，稱疾不食者累日。

同光三年秋大水，兩河之民，流徙道路，京師賦調不充，六軍之士，往往殍踣，乃預借明年夏秋租稅，百姓愁苦，號泣于路，莊宗方與后荒于畋遊。十二月己卯臘，畋于白沙，后率皇子、後宮畢從，歷伊闕，宿龕澗，癸未乃還。是時大雪，軍士寒凍，金鎗衞兵萬騎〔八〕，所至責民供給，壞什器，徹廬舍而焚之，縣吏畏懼，亡竄山谷。

明年三月，客星犯天庫，有星流于天棓。占星者言：「御前當有急兵，宜散積聚以禳之。」宰相請出庫物以給軍，莊宗許之，后不肯，曰：「吾夫婦得天下，雖因武功，蓋亦有天命。命既在天，人如我何！」宰相論于延英，后於屏間耳屬之，因取粧奩及皇幼子滿喜置帝前曰：「諸侯所貢，給賜已盡，宮中所有惟此耳，請鬻以給軍！」宰相惶恐而退。及趙在禮作亂，出兵討魏，始出物以賚軍，軍士負而詬曰：「吾妻子已餓死，得此何爲！」

莊宗東幸汴州，從駕兵二萬五千，及至萬勝，不得進而還，軍士離散，所亡太半。至罌子谷，道路隘狹，莊宗見從官執兵仗者，皆以好言勞之曰：「適報魏王平蜀，得蜀金銀五十萬，當悉給爾等。」對曰：「陛下與之太晚，得者亦不感恩。」莊宗泣下，因顧內庫使張容哥索袍帶以賜之，容哥對曰：「盡矣。」軍士叱容哥曰：「致吾君至此，皆由爾輩！」因抽刀逐之，左右救之而免。容哥曰：「皇后惜物，不以給軍，而歸罪於我。事若不測，吾身萬段矣！」乃投水而死。

郭從謙反〔九〕，莊宗中流矢，傷甚，臥絳霄殿廊下，渴欲得飲，后令宦官進飱酪，不自省視。莊宗崩，后與李存渥等焚嘉慶殿，擁百騎出師子門。后於馬上以囊盛金器寶帶，欲於太原造寺爲尼。在道與存渥姦，及至太原，乃削髮爲尼。明宗入立，遣人賜后死。晉天福五年，追謚曰神閔敬皇后。

自唐末喪亂，后妃之制不備，至莊宗時，後宮之數尤多，有昭儀、昭容〔一〇〕、昭媛、出使、御正、侍真、懿才、咸一、瑤芳、懿德、宣一等，其餘名號，不可勝紀。莊宗遇弒，後宮散走，朱守殷入宮，選得三十餘人。虢國夫人夏氏以嘗幸於莊宗，守殷不敢留。明宗立，悉放莊宗時宮人還其家，獨夏氏無所歸，乃以河陽節度使夏魯奇同姓也，因以歸之，後嫁契丹突欲李贊華。贊華性酷毒，喜殺人，婢妾微過，常加刲灼。夏氏懼，求離婚，乃削髮爲尼以卒。而韓淑妃、伊德妃皆居太原，晉高祖反時，爲契丹所虜。

唐自朱邪得姓而爲李氏，得國而爲晉，得天下而爲唐。其始出於夷狄，而終以亂亡，故其世次不可詳見。其可見者，曰太祖四弟、八子、五孫，三世而絕。太祖四弟：曰克讓、克脩、克恭、克寧，皆不知其父母名號。

克讓

克讓，少善騎射，爲振武軍校。從討王仙芝，以功拜金吾衛將軍，留京師。李氏自憲宗時以部族歸唐，唐處之河西，嘗遣一子宿衛京師，賜第於親仁坊。其後太祖起兵雲中，殺唐守將段文楚。唐發兵討太祖，遣王處存以兵圍親仁坊，捕宿衛子克讓。克讓與其僕何相温、石的歷等十餘騎，彎弧躍馬，突圍而出。處存以千餘人追至渭橋，克讓等射殺百餘人，追兵乃止，克讓奔于鴈門。明年，太祖復歸唐，克讓還宿衛京師。黄巢犯長安，克讓守潼關，爲賊所敗，奔于南山，匿佛寺，爲寺僧所殺。

克脩

克脩，字崇遠。從討龐勛，以功拜朔州刺史。太祖鎮鴈門，以爲奉誠軍使。從入關，討黄巢，爲先鋒，遷左營軍使。潞州孟方立遷于邢州，晉取潞州，表克脩昭義軍節度使。數出山東擊方立，又與李罕之攻寇懷孟之間。其後，太祖自將擊方立，還軍過潞，克脩性儉嗇，供饋甚薄，太祖大怒，詬而擊笞之。克脩慚憤，發疾卒。二子：嗣弼、嗣肱。

嗣弼爲涿州刺史，天祐十九年，契丹攻破涿州，嗣弼殁于虜。

嗣肱，少有膽略，從周德威數立戰功，爲馬步軍都虞候。李存審敗梁軍于胡壁，嗣肱獲梁將一人。梁太祖圍蓨縣，嗣肱從存審救蓨，梁軍解去，嗣肱功爲多，超拜蔚州刺史、鴈門以北都知兵馬使。累遷澤、代二州刺史。新州王郁叛晉，亡入契丹，山後諸州皆叛，嗣肱取嬀、儒、武三州，拜新州刺史、山北都團練使。同光元年春，卒于官。

克恭

克恭，初爲決勝軍使。克脩卒，以克恭代爲昭義軍節度使。克脩爲人簡儉，潞人素安其政，且哀其見笞以死。而克恭横暴多不法〔一〕，又不習軍事，由是潞人皆怨。克恭選後院勁兵五百人，獻于太祖，行至銅鞮，其將馮霸以其徒叛。太祖遣李元審討之，戰于沁水〔二〕，元審大敗被傷，奔入潞州。牙將安居受亦叛，殺克恭及元審，使人召霸，霸不受命，居受懼而出奔，行至長子，爲野人所殺，傳首于霸。霸乃入潞州，自稱留後，以附于梁。

克寧

克寧，爲人仁孝，居諸兄弟中最賢，事太祖小心不懈。太祖與赫連鐸、李可舉戰雲蔚間，後奔達靼，入破黄巢，克寧未嘗不從行。太祖鎮太原，以爲内外都制置蕃漢都知兵馬使〔三〕、檢校太保、振武軍節度使，軍中之事，無大小皆決克寧。

太祖病，召莊宗侍側，屬張承業與克寧曰：「以亞子屬公等〔四〕。」太祖崩，莊宗告於克寧曰：「兒年孤稚，未通庶政，雖有先王之命，恐不足以當大事。叔父勳德俱高，先王嘗任以政矣，敢以軍府煩季父，以待兒之有立。」克寧曰：「吾兄之命，以兒屬我，誰敢易之！」因下而北面再拜稱賀，莊宗乃即晉王位。

初，太祖起於雲朔之間，所得驍勇之士，多養以爲子，而與英豪戰爭，卒就霸業，諸養子之功爲多，故尤寵愛之，衣服禮秩如嫡。諸養子麾下皆有精兵，恃功自恣，自先王時常見優假。及新王立，年少，或託疾不朝，或見而不拜。養子存顥、存實干克寧曰：「兄亡弟及，古之道也。以叔拜姪，理豈安乎？人生富貴，當自取之〔一五〕。」克寧曰：「吾家三世，父慈子孝，先王土宇，苟有所歸，吾復何求也！」

克寧妻孟氏素剛悍，存顥等各遣其妻入說孟氏，孟氏數以迫克寧。克寧仁而無斷，惑於羣言，遂至於禍。都虞候李存質得罪於克寧，克寧殺之，而與張承業、李存璋有隙，又求兼領大同軍節度使。於是幸臣史敬鎔見太后，告克寧與存顥謀執王及太后以降梁。莊宗召承業、存璋告之曰：「季父所爲如此，奈何？然骨肉不可自相魚肉，吾當避賢路以紓禍於吾家。」承業等請誅克寧。乃伏兵於府，置酒大會，克寧既至，執而殺之。

太祖子 存美 存霸 存禮 存渥 存乂 存確 存紀

太祖子八人：莊宗長子也，次曰存美、存霸、存禮、存渥、存乂、存確、存紀。同光三年十二月辛亥〔一六〕，詔封存美等七人爲王。蓋存霸、存渥、存紀與莊宗同母也，存美、存乂、存確、存禮不知其母名氏號位。存美封邕王，存霸永王，存禮薛王，存渥申王，存乂睦王，存確通王，存紀雅王。

存乂歷建雄、保大二軍節度使。娶郭崇韜女。是時，魏州妖人楊千郎用事，自言有墨子術，能役使鬼神，化丹砂、水銀。莊宗頗神之，拜千郎檢校尚書郎，賜紫，其妻出入宮禁，承恩寵，而士或因之以求官爵，存乂及存渥等往往朋淫于其家。及崇韜被族，莊宗遣宦官陰察外議以爲如何，而宦官因欲盡誅崇韜親黨以絕後患，乃誣言：「存乂過千郎家〔一七〕，酒酣，攘臂號泣，爲婦翁稱冤，言甚怨望。」莊宗大怒，以兵圍其第而誅之〔一八〕，并誅千郎。

存霸歷昭義、天平、河中三軍節度使，存渥義成、天平二軍節度使，皆居京師，食其俸禄而已。趙在禮作亂，乃遣存霸於河中。李嗣源兵反，嚮京師，莊宗再幸汜水，徙存霸北京留守，存渥河中節度使，宣麻未訖，郭從謙反，攻興教門，存渥從莊宗拒賊。莊宗中流矢崩，存渥與劉皇后同奔于太原，行至風谷，爲部下所殺。存霸聞京師亂，亦自河中奔太原，比至，麾下皆散走，惟使下康從弁不去。存霸乃剪髮、衣僧衣，謁符彦超曰：「願爲山僧，冀公庇護。」彦超欲留之，爲軍衆所殺。

存紀、存確聞郭從謙反，奔于南山，匿民家。明宗詔河南府及諸道：「諸王出奔，所至送赴闕；如不幸物故者，收瘞以聞。」存紀等所匿民家以告安重誨，重誨謂霍彦威曰：「二王逃難，主上尋求，恐其失所。今上既監國典喪，此禮如何？」彦威曰：「上性仁慈，不可聞奏。宜密爲之所，以安人情。」乃即民家殺之。

存美素病風，居太原，與存禮皆不知其所終。

莊宗五子 繼岌 繼潼 繼嵩 繼蟾 繼嶢

莊宗五子：長曰繼岌，其次繼潼、繼嵩、繼蟾、繼嶢。繼岌母曰劉皇后，其四皆不著其母名號。

莊宗即位，繼岌爲北都留守、判六軍諸衞事。遷檢校太尉、同中書門下平章事。豆盧革爲相，建言：唐故事，皇子皆爲宫使。因以鄴宫爲興聖宫，以繼岌爲使。

同光三年，封魏王。是歲伐蜀，以繼岌爲西南面行營都統〔一九〕，郭崇韜爲都招討使，工部尚書任圜、翰林學士李愚皆參軍事。九月戊申，將兵六萬自鳳翔入大散關，軍無十日之糧，而所至州鎮皆迎降，遂食其粟。至興州，蜀將程奉璉以五百騎降，因以其兵修閣道，以過唐軍。王衍將兵萬人屯利州〔二〇〕，分其半逆戰于三泉，爲先鋒康延孝所敗，衍懼，斷吉柏江浮橋，奔歸成都。唐軍自文州間道以入。十月己酉〔二一〕，繼岌至綿州，衍上牋請降。丙辰，入成都。王衍乘竹輿至昇仙橋，素衣牽羊，草索繫首，肉袒銜璧，輿櫬，羣臣衰絰，徒跣以降。繼岌下而取璧，崇韜解縛，焚櫬。自出師至降衍，凡七十五日，兵不血刃，自古用兵之易，未有如此。然繼岌雖爲都統，而軍政號令一出崇韜。

初，莊宗遣宦者供奉官李從襲監中軍，高品李廷安、吕知柔爲典謁。從襲等素惡崇韜，又見崇韜專任軍事，益不平之。及破蜀，蜀之貴臣大將，自王宗弼已下，皆爭以蜀寶貨、妓樂奉崇韜父子，而魏王所得，匹馬、束帛、唾壺、麈柄而已；崇韜日決軍事，將吏賓客趨走盈庭，而都統府惟大將晨謁，牙門闃然。由是從襲等不勝其憤。已而宗弼率蜀人見繼岌，請留崇韜鎮蜀，從襲等因言崇韜有異志，勸繼岌爲備。繼岌謂崇韜曰：「陛下倚侍中如衡華，尊之廟堂之上，期以一天下而制四方〔一二〕，必不棄元老於蠻夷之地。此事非予敢知也。」

莊宗聞崇韜欲留蜀，亦不悦，遣宦者向延嗣趣繼岌班師。延嗣至成都，崇韜不出迎，及見，禮益慢，延嗣怒，從襲等因告延嗣崇韜有異志，恐危魏王。延嗣還，具言之。劉皇后涕泣請保全繼岌，莊宗遣宦官馬彦珪往視崇韜去就。是時，兩川新定，孟知祥未至，所在盜賊亡聚山林〔一三〕，崇韜方遣任圜等分出招集，恐後生變，故師未即還。而彦珪將行，見劉皇后曰：「臣見延嗣言蜀中事勢已不可，禍機之作，間不容髮，安能三千里往覆禀命乎！」劉皇后以彦珪語告莊宗，莊宗曰：「傳言未審，豈可便令果決？」皇后以不得請，因自爲教與繼岌，使殺崇韜。明年正月，崇韜留任圜守蜀，以待知祥之至，崇韜期班師有日。彦珪至蜀，出皇后教示繼岌，繼岌曰：「今大軍將發，未有釁端，豈可作此負心事！」從襲等泣曰：「今有密敕，王苟不行，使崇韜知之，則吾屬無類矣！」繼岌曰：「上無詔書，但皇后手教〔一四〕，安能殺招討使？」從襲等力爭，繼岌不得已而從之。詰旦，從襲以都統命召崇韜，繼岌登樓以避之。崇韜入，昇階，繼岌從者李環撾碎其首。

繼岌遂班師。二月，軍至泥溪，先鋒康延孝叛，據漢州，繼岌遣任圜討平之。四月辛卯，至興平，聞明宗反，兵入京師，繼岌欲退保鳳翔。至武功，李從襲勸繼岌馳趣京師，以救内難。行至渭河，西都留守張籛斷浮橋，繼岌不得渡，乃循河而東，至渭南，左右皆潰。從襲謂繼岌曰：「大事已去，福不可再，王宜自圖。」繼岌徘徊泣下，謂李環曰：「吾道盡途窮，子當殺我。」環遲疑久之，謂繼岌乳母曰：「吾不忍見王，王若無路求生，當踣面以俟。」繼岌面榻而臥，環縊殺之。任圜從後至，葬繼岌華州之西南。繼岌少病閹，無子。明宗已即位，圜率征蜀之師二萬至京師，明宗撫慰久之，問圜繼岌何在，圜具言繼岌死狀。

同光三年，詔以皇子繼嵩、繼潼、繼蟾、繼嶢皆爲光禄大夫、檢校司徒。蓋其皆幼，故不封。當莊宗遇弒時，太祖子孫在者十有一人，明宗入立，其四人見殺，其餘皆不知所終，太祖之後遂絶。【二】

【二】梁、唐家人傳，皆先兄弟而後諸子，兄弟之子，各從其父，此理之常也。至莊宗七弟所書事迹，不以長幼爲次者，各因其死之先後而書之，便於述事爾，無定法也。

校勘記

〔一〕太祖還軍 「軍」字原闕，據宋甲本、宋丙本、宗文本、詳節卷二補。按本書卷四唐本紀敍其事作「還軍中」。

〔二〕歲嘗馳歸省其母至三四　「歸」字原闕，據宋甲本、宗文本補。按舊五代史卷四九貞簡曹太后傳：「每一歲之内，馳駕歸寧者數四。」

〔三〕而以嫡母劉氏爲皇太妃　「皇」字原闕，據宋甲本、宋丙本、宗文本補。

〔四〕太后崩　「崩」，原作「薨」，據宋甲本、宗文本、本書卷五唐本紀、舊五代史卷三三唐莊宗紀七、卷四九貞簡曹太后傳改。

〔五〕及出劉叟示建豐　「及」，宋甲本、宗文本作「乃」。

〔六〕同光二年四月己卯　「四月己卯」，原作「癸未」，據宗文本、吴縝纂誤卷上引五代史改。按舊五代史卷三一唐莊宗紀五：「（同光二年二月癸未）制以魏國夫人劉氏爲皇后，仍令所司擇日備禮册命。」至四月己卯，「册魏國夫人劉氏爲皇后」。宋甲本作「同光二年二月癸未」，宋丙本作「同光四年己卯」。

〔七〕乘重翟車　「重」字原闕，據宋丙本、宗文本、五代會要卷一、册府卷五九三補。周禮春官巾車：「王后之五輅：重翟，錫面朱總。」鄭玄注：「重翟，重翟雉之羽也……后從王祭祀所乘。」

〔八〕金鎗衞兵萬騎　「金鎗」，原作「倉鎗」，據宋甲本、宋丙本、宗文本改。按舊五代史卷三二唐莊宗紀六記同光二年十一月癸卯莊宗「畋于伊闕，侍衞金槍馬萬餘騎從」。

〔九〕郭從謙　原作「郭從諫」，據宋甲本、宋丙本、宗文本、詳節卷二、本書卷五唐本紀改。按本書卷三七有郭從謙傳。

〔一〇〕昭儀昭容　原作「昭容昭儀」，據宗文本乙正。按五代會要卷一列莊宗后妃依次爲淑妃韓氏、德妃伊氏、昭儀侯氏、昭容夏氏、昭媛白氏、出使美宣鄧氏、御正楚真張氏、司簿德美周氏、侍真吳氏、懿才王氏、咸一韓氏、瑤芳張氏、懿德王氏、宣一馬氏。

〔一一〕而克恭橫暴多不法　「而」、「多」二字原闕，據宗文本補。

〔一二〕沁水　原作「泌水」，據宋甲本、宋丙本、宗文本、舊五代史卷二五唐武皇紀上、卷五〇李克恭傳、通鑑卷二五八改。

〔一三〕以爲内外都制置蕃漢都知兵馬使　上「都」字原闕，據宋甲本、宗文本、舊五代史卷五〇李克寧傳補。

〔一四〕以亞子屬公等　「屬」，宋甲本、宗文本、舊五代史卷五〇李克寧傳作「累」。通鑑卷二六六敍其事作「又謂克寧等曰：『以亞子累汝。』」

〔一五〕當自取之　「當自」，原作「自當」，據宋甲本、宗文本乙正。按舊五代史卷五〇李克寧傳敍其事作「當宜自取」。

〔一六〕同光三年十二月辛亥　本書卷五唐本紀、舊五代史卷三三唐莊宗紀七、通鑑卷二七五、五代會要卷二皆繫其事於閏十二月。按十二月庚申朔，無辛亥，閏十二月己丑朔，辛亥爲二十三日。

〔一七〕存乂過千郎家　「家」字原闕，據宗文本、詳節卷二、北夢瑣言卷一八補。按册府卷六七〇敍其事作「所居」。

〔一八〕以兵圍其第而誅之　「誅」，宋甲本、宗文本作「族」。

〔一九〕以繼岌爲西南面行營都統　「面」字原闕，據宋甲本、宋丙本、宗文本補。

〔二〇〕王衍將兵萬人屯利州　「萬」，舊五代史卷五一魏王繼岌傳作「五萬」。按通鑑卷二七三敍其事作「數萬」。

〔二一〕十月己酉　本書卷五唐本紀、舊五代史卷三三唐莊宗紀七、通鑑卷二七四皆繫其事於十一月。按十月庚申朔，無己酉，十一月庚寅朔，己酉爲二十日。

〔二二〕期以一天下而制四方　「四方」，宋甲本、宗文本、册府卷六七〇作「四夷」。

〔二三〕所在盜賊亡聚山林　「亡」字原闕，據宋甲本、宗文本補。

〔二四〕但皇后手教　「但」，宗文本、舊五代史卷五七郭崇韜傳、册府卷六七〇作「徒以」。

新五代史卷十五

唐明宗家人傳第三

皇后曹氏　皇后夏氏

明宗三后一妃：和武憲皇后曹氏生晉國公主〔一〕；昭懿皇后夏氏生秦王從榮、愍帝；宣憲皇后魏氏，潞王從珂母也；淑妃王氏，許王從益之慈母也。

曹氏、夏氏皆不見其世家。夏氏無封爵，明宗未即位前卒。明宗天成元年〔二〕，封楚國夫人曹氏爲淑妃，追封夏氏晉國夫人。長興元年，立淑妃爲皇后，而夏氏所生二子皆已王，乃追册爲皇后，謚曰昭懿。

皇后魏氏

魏氏，鎮州平山人也。初適平山民王氏，生子十歲矣。明宗爲騎將，掠平山，得其子母以歸。居數年，魏氏卒，葬太原。其子是爲潞王從珂。明宗時，從珂已王，乃追封魏氏爲魯國夫人。廢帝即位，追尊魏氏爲皇太后，議建陵寢，而太原石敬瑭反，乃於京師河南府東立寢宫。清泰三年六月丙寅，遣工部尚書崔儉奉上皇太后寶册〔三〕，謚曰宣憲。

淑妃王氏

淑妃王氏，邠州餅家子也，有美色，號「花見羞」。少賣梁故將劉鄩爲侍兒，鄩卒，王氏無所歸。是時，明宗夏夫人已卒〔四〕，方求别室，有言王氏於安重誨者，重誨以告明宗而納之。王氏素得鄩金甚多，悉以遺明宗左右及諸子婦，人人皆爲王氏稱譽，明宗益愛之。而夫人曹氏爲人簡質，常避事，由是王氏專寵。

明宗即位，議立皇后，而曹氏當立，曹氏謂王氏曰：「我素多病，而性不耐煩，妹當代我。」王氏曰：「后，帝匹也，至尊之位，誰敢干之！」乃立曹氏爲皇后、王氏爲淑妃。妃事皇后亦甚謹，每帝晨起，盥櫛服御，皆妃執事左右，及罷朝，帝與皇后食，妃侍，食徹乃退，未嘗少懈，皇后心亦益愛之，然宮中之事，皆主於妃。明宗病，妃與宦者孟漢瓊出納左右，遂專用事，殺安重誨、秦王從榮，皆與焉。劉鄩諸子皆以妃故封拜官爵。愍帝即位，册尊皇后爲皇太后、妃爲皇太妃。初，明宗後宮有生子者，命妃母之，是爲許王從益。從益乳母司衣王氏，見明宗已老而秦王握兵，心欲自託爲後計，乃曰：「兒思秦王。」是時，從益已四歲，又數教從益自言求見秦王。明宗遣乳嫗將兒往來秦府，遂與從榮私通，從榮因使王氏伺察宮中動靜。從榮已死，司衣王氏以謂秦王實以兵入宮衞天子，而以反見誅，出怨言。愍帝聞之，大怒，賜司衣王氏死，而事連太妃，由是心不悦，欲遷之至德宮，以太后素善妃，懼傷其意而止，然待之甚薄。

廢帝入立，嘗置酒妃院，妃舉酒曰：「願辭皇帝爲比丘尼。」帝驚問其故，曰：「小兒處偶得命，若大兒不容，則死之日，何面見先帝！」因泣下。廢帝亦爲之悽然，待之頗厚。石敬瑭兵犯京師，廢帝聚族將自焚。妃謂太后曰：「事急矣，宜少回避，以俟姑夫。」太后曰：「我家至此，何忍獨生，妹自勉之！」太后乃與帝俱燔死，而妃與許王從益及其妹匿於鞠院以免。

晉高祖立，妃自請爲尼，不可，乃遷于至德宫。晉遷都汴，以妃子母俱東，置於宫中，高祖皇后事妃如母。天福四年九月癸未，詔以郇國三千户封唐許王從益爲郇國公，以奉唐祀，服色、旌旗一依舊制。太常議立莊宗、明宗、愍帝三室，以至德宫爲廟。詔立高祖、太宗，爲五廟，使從益歲時主祠。

出帝即位，妃母子俱還洛陽。契丹犯京師，趙延壽所尚明宗公主已死，耶律德光乃爲延壽娶從益妹，是爲永安公主。公主不知其母爲誰，素亦養於妃，妃至京師主婚禮。德光見明宗畫像，焚香再拜，顧妃曰：「明宗與我約爲弟兄，爾吾嫂也。」已而靳之曰：「今日乃吾婦也。」乃拜從益爲彰信軍節度使，從益辭，不之官，與妃俱還洛陽。

德光北歸，留蕭翰守汴州。漢高祖起太原，翰欲北去，乃使人召從益，委以中國。從益子母逃於徽陵域中，以避使者，使者迫之以東，遂以從益權知南朝軍國事。從益御崇元殿，翰率契丹諸將拜殿上，晉羣臣拜殿下。羣臣入謁太妃，妃曰：「吾家子母孤弱，爲翰所迫，此豈福邪？禍行至矣！」乃以王松、趙上交爲左右丞相，李式、翟光鄴爲樞密使，燕將劉祚爲侍衛親軍都指揮使。翰留契丹兵千人屬祚而去。

漢高祖擁兵而南，從益遣人召高行周、武行德等爲拒，行周等皆不至，乃與王松謀以燕兵閉城自守。妃曰：「吾家亡國之餘，安敢與人爭天下！」乃遣人上書迎漢高祖。高祖聞其嘗召行周而不至，遣郭從義先入京師殺妃母子。妃臨死呼曰：「吾家母子何罪？何不留吾兒，使每歲寒食持一盂飯洒明宗墳上。」聞者悲之。從益死時年十七。

皇后孔氏

愍帝哀皇后孔氏，父循，横海軍節度使。后有賢行，生四子。愍帝即位，立爲皇后，未及册命而難作。愍帝出奔，后病子幼，皆不能從。廢帝入立，后及四子皆見殺。晉高祖立，追謚曰哀。

明宗子

從環

明宗四子：曰從環、從榮、從厚、從益。

從環初名從審，爲人驍勇善戰，而謙退謹敕。從莊宗戰，數有功，爲金槍指揮使。明宗軍變于魏，莊宗謂從環曰：「爾父於國有大功，忠孝之心，朕自明信。今爲亂軍所逼，爾宜自往宣朕意，毋使自疑。」從璟馳至衞州，爲元行欽所執，將殺之，從璟呼曰：「我父爲亂軍所逼，公等不亮其心，我亦不能至魏，願歸衞天子。」行欽釋之。莊宗憐其言，賜名繼璟，以爲己子。

從莊宗如汴州，將士多亡於道，獨從璟不去，左右或勸其逃禍，從璟不聽。莊宗聞明宗已渡黎陽，復欲遣從璟通問。行欽以爲不可，遂殺之。明宗即位，贈太保。

嗚呼！無父烏生，無君烏以爲生，而世之言曰：「爲忠孝者不兩全。」夫豈然哉？君父，人倫之大本；忠孝，臣子之大節。豈其不相爲用，而又相害者乎？抑私與義而已耳。蓋以其私則兩害，以其義則兩得。其父以兵攻其君，爲其子者，從父乎？從君乎？曰：「身從其居，志從其義，可也。」身居君所則從君，居父所則從父。其從於君者，必辭其君曰：「子不可以射父，願無與兵焉！」則又號泣而呼其父曰：「盍捨兵而歸我君乎！」君敗則死之，父敗則終喪而事君。其從於父者，必告之曰：「君不可以射也，盍捨兵而歸吾君乎！」君敗則死之，父敗則待罪於君，君赦己則終喪而事之〔五〕。古之知孝者莫如舜，知義者莫如孔孟，其於君臣父子之際詳矣，使其不幸而遭焉，其亦如是而已矣！從璟之於莊宗，知所從而得其死矣。哀哉！

秦王從榮

秦王從榮，天成元年，以檢校司徒兼御史大夫，拜天雄軍節度使、同中書門下平章事。三年，徙鎮河東。長興元年，拜河南尹、兼判六軍諸衛事。

從璟死，從榮於諸皇子次最長，又握兵柄。然其爲人輕儁而鷹視，頗喜儒學，爲歌詩，多招文學之士，賦詩飲酒，故後生浮薄之徒，日進諛佞以驕其心。自將相大臣皆患之，明宗頗知其非而不能裁制。從榮嘗侍側，明宗問曰：「爾軍政之餘，習何事業？」對曰：「有暇讀書，與諸儒講論經義爾。」明宗曰：「經有君臣父子之道，然須碩儒端士，乃可親之。吾見先帝好作歌詩，甚無謂也。汝將家子，文章非素習，必不能工，傳於人口，徒取笑也。吾老矣，於經義雖不能曉，然尚喜屢聞之，其餘不足學也。」

是歲秋，封從榮秦王。故事，諸王受封不朝廟，而有司希旨，欲重其禮，乃建議曰：「古者因禘、嘗而發爵禄，所以示不敢專。今受大封而不告廟，非敬順之道也。」於是從榮朝服，乘輅車，具鹵簿，至朝堂受册，出，載册以車，朝于太廟，京師之人皆以爲榮。三年，加兼中書令。有司又言：「故事，親王班宰相下，今秦王位高而班下，不稱。」於是與宰相分班而居右。

四年，加尚書令，食邑萬户。太僕少卿何澤上書，請立從榮爲皇太子。是時，明宗已病，得澤書不悦，顧左右曰：「羣臣欲立太子，吾當養老於河東。」乃召大臣議立太子事，大臣皆莫敢可否。從榮入白曰：「臣聞姦人言，欲立臣爲太子，臣實不願也。」明宗曰：「此羣臣之欲爾。」從榮出，見范延光、趙延壽等曰：「諸公議欲立吾爲太子，是欲奪吾兵柄而幽之東宫耳。」延光等患之，乃加從榮天下兵馬大元帥。有司又言：「元帥或統諸道，或專一面，自前世無天下大元帥之名，其禮無所考按。請自節度使以下，凡領兵職者，皆具櫜鞬，以軍禮庭參；其兼同中書門下平章事者，初見亦如之，其後許如客禮。凡元帥府文符行天下，皆用帖。又升班在宰相上。」從榮大宴元帥府，諸將皆有頒給：控鶴、奉聖、嚴衛指揮使，人馬一匹、絹十匹；其諸軍指揮使，人絹十匹；都頭已下，七匹至三匹。又請嚴衛、捧聖千人爲牙兵，每入朝，以數百騎先後，張弓挾矢，馳走道上，見者皆震懾。從榮又命其寮屬及四方游士試作征淮檄，陳己所以平一天下之意。

言事者請爲諸王擇師傅，以加訓導。宰相難其事，因請從榮自擇。從榮乃請翰林學士崔棁、刑部侍郎任贊爲元帥判官。明宗曰：「學士代予言，不可也。」從榮出而恚曰：「任以元帥而不得請屬寮，非吾所諭也。」將相大臣見從榮權位益隆，而輕脱如此，皆知其禍而莫敢言者。惟延光、延壽陰有避禍意，數見明宗，涕泣求解樞密，二人皆引去，而從榮之難作。

十一月戊子，雪，明宗幸宮西士和亭，得傷寒疾。己丑，從榮與樞密使朱弘昭、馮贇入問起居於廣壽殿，帝不能知人。王淑妃告曰：「從榮在此。」又曰：「弘昭等在此。」皆不應。從榮等去，乃遷於雍和殿，宮中皆慟哭。至夜半後，帝蹶然自興於榻，而侍疾者皆去，顧殿上守漏宮女曰：「夜漏幾何？」對曰：「四更矣！」帝即唾肉如肺者數片，溺涎液斗餘〔六〕。守漏者曰：「大家省事乎？」曰：「吾不知也。」有頃，六宮皆至，曰：「大家還魂矣！」因進粥一器。至旦，疾少愈，而從榮稱疾不朝。

初，從榮常忌宋王從厚賢於己，而懼不得爲嗣〔七〕。其平居驕矜自得，及聞人道宋王之善，則愀然有不足之色。其入問疾也，見帝已不知人，既去，而聞宮中哭聲，以謂帝已崩矣，乃謀以兵入宮。使其押衙馬處鈞告弘昭等，欲以牙兵入宿衛，問何所可以居者。弘昭等對曰：「宮中皆王所可居，王自擇之。」因私謂處鈞曰：「聖上萬福，王宜竭力忠孝，不可草草。」處鈞具以告從榮，從榮還遣處鈞語弘昭等曰：「爾輩不念家族乎？」弘昭、贇及宣徽使孟漢瓊等入告王淑妃以謀之，曰：「此事須得侍衛兵爲助。」乃召侍衛指揮使康義誠，謀於竹林之下。義誠有子在秦王府，不敢決其謀，謂弘昭曰：「僕爲將校，惟公所使爾！」弘昭大懼。

明日，從榮遣馬處鈞告馮贇曰：「吾今日入居興聖宮。」又告義誠，義誠許諾。贇即馳入內，見義誠及弘昭、漢瓊等坐中興殿閤議事，贇責義誠曰：「主上所以畜養吾徒者，爲今日爾！今安危之機，間不容髮，奈何以子故懷顧望〔八〕，使秦王得至此門，主上安所歸乎？吾輩復有種乎？」漢瓊曰：「賤命不足惜，吾自率兵拒之。」即入見曰：「從榮反，兵已攻端門。」宮中相顧號泣。明宗問弘昭等曰：「實有之乎？」對曰：「有之。」明宗以手指天泣下，良久曰：「義誠自處置，毋令震動京師。」潞王子重吉在側，明宗曰：「吾與爾父起微賤，至取天下，數救我於危窘〔九〕。從榮得何氣力，而作此惡事！爾亟以兵守諸門。」重吉即以控鶴兵守宮門。

是日，從榮自河南府擁兵千人以出。從榮寮屬甚衆，而正直之士多見惡，其尤所惡者劉贊、王居敏，而所昵者劉陟、高輦。從榮兵出，與陟、輦並轡耳語〔一○〕，行至天津橋南，指日景謂輦曰：「明日而今，誅王居敏矣！」因陣兵橋北，下據胡牀而坐，使人召康義誠。而端門已閉，叩左掖門，亦閉，而於門隙中見捧聖指揮使朱弘實率騎兵從北來，即馳告從榮。從榮驚懼，索鐵厭心，自調弓矢。皇城使安從益率騎兵三百衝之，從榮兵射之，從益稍却。弘實騎兵五百自左掖門出，方渡河，而後軍來者甚衆，從榮乃走歸河南府，其判官任贊已下皆走出定鼎門，牙兵劫嘉善坊而潰。從榮夫妻匿牀下，從益殺之。

明宗聞從榮已死，悲咽幾墮于榻，絶而蘇者再。馮道率百寮入見，明宗曰：「吾家事若此，慚見羣臣！」君臣相顧，泣下沾襟。從榮二子尚幼，皆從死。後六日而明宗崩。

明宗姪

從璨

明宗兄弟皆不見于世家，而有姪四人：曰從璨、從璋、從温、從敏。

從璨初爲右衛大將軍，安重誨用事，自諸王將相皆下之，從璨爲人剛猛，不能少屈，而性倜儻，輕財好士〔一〕，重誨忌之。明宗幸汴州，以從璨爲大内皇城使。嘗於會節園飲，酒酣，戲登御榻，重誨奏其事，貶房州司户參軍，賜死。重誨見誅，詔復其官，贈太保。

從璋

從璋，字子良。少善騎射。莊宗時，將兵戍常山，聞明宗兵變于魏，乃亦起兵據邢州。明宗即位，以爲捧聖左廂都指揮使，改皇城使，領饒州刺史，拜彰國軍節度使，徙鎮義成。

明宗幸汴州，從璋欲率民爲貢獻，其從事諫以爲不可，從璋怒，引弓欲射之，坐罷爲右驍衞上將軍。居久之，出鎮保義，徙河中。長興四年夏，封洋王。晉高祖立，徙鎮威勝，降封隴西郡公。從璋爲人貪鄙，自鎮保義，始折節自脩，在南陽頗有遺愛。天福二年卒，年五十一。

從温

從温，字德基。初爲北京副留守，歷安國、忠武、義武、成德、武寧五節度使，封兗王。晉高祖立，復爲忠武軍節度使。從温爲人貪鄙，多作天子器服以自僭，宗族、賓客諫之，不聽。其妻關氏大呼于牙門曰：「從温欲反，而造天子服器。」從温大恐，乃悉毁之。明宗諸子八人，至晉出帝時六已亡歿，惟從温、從敏在，太后常曰：「吾惟有一兒，豈可繩之以法！」從温由此益驕。嘗誣親吏薛仁嗣等爲盜〔一〕，悉籍没其家貲數千萬。仁嗣等詣闕自訴，事下有司，從温具伏。出帝懼傷太后意，釋之而不問。開運二年，徙河陽三城，卒于官。

是時，從璋子重俊爲虢州刺史，坐贓，亦以太后故，罪其判官高獻而已。重俊復爲商州刺史。坐與其妹姦及殺其僕孫漢榮掠其妻，賜死。

從敏

從敏，字叔達。爲人沉厚寡言，善騎射。初從莊宗爲馬步軍都指揮使兼行軍司馬，明宗入立，遷皇城使、保義軍節度使，與討王都。歷鎮横海、義武、成德、歸德、保義、昭義、河陽，封涇王。漢高祖時，爲西京留守，封秦國公。周廣順元年卒，贈中書令，謚曰恭惠。

校勘記

〔一〕和武憲皇后　「憲」，舊五代史卷七九晉高祖紀五同，舊五代史卷四九和武曹皇后傳、五代會要卷一作「顯」。

〔二〕明宗天成元年　「元年」，舊五代史卷三九唐明宗紀五、五代會要卷一作「三年」。

〔三〕崔儉　舊五代史卷四八唐末帝紀下、册府卷三一作「崔居儉」。本書卷五五有崔居儉傳。

〔四〕明宗夏夫人已卒　「夏夫人」，通鑑卷二七七胡注引歐史作「正室夏夫人」。

〔五〕君赦已則終喪而事之　「君」字原闕，據宗文本補。

〔六〕溺涎液斗餘　「涎液」，通鑑卷二七八胡注引歐史作「便液」。「斗餘」，舊五代史卷四四唐明宗紀十作「升餘」。

〔七〕而懼不得爲嗣　「得」字原闕，據宗文本、通鑑卷二七八補。

〔八〕奈何以子故懷顧望　「顧」字原闕，據宋丙本、宗文本、通鑑卷二七八補。

〔九〕數救我於危窘　「於」字原闕，據宗文本、通鑑卷二七八補。

〔一〇〕與陟輦並轡耳語　「與」字原闕，據宗文本、舊五代史卷四四唐明宗紀十補。

〔一一〕輕財好士　「士」，原作「施」，據宗文本改。按舊五代史卷五一李從璨傳云其「好客疏財」。

〔一二〕嘗誣親吏薛仁嗣等爲盜　「等」字原闕，據宗文本及本卷下文補。

新五代史卷十六

唐廢帝家人傳第四

皇后劉氏

廢帝皇后劉氏，父茂威，應州渾元人也。后爲人彊悍，廢帝素憚之。初封沛國夫人，廢帝即位，立爲皇后。

其弟延皓，少事廢帝爲牙將，廢帝即位，拜宮苑使、宣徽南院使。清泰二年，爲樞密使、天雄軍節度使。延皓爲人素謹厚，及貴而改節，以后故用事，受賕，掠人園宅，在鄴下不恤軍士，軍士皆怨。捧聖都虞候張令昭以其屯駐兵逐延皓，延皓走相州。是時，石敬瑭已反，方用兵，而令昭之亂作。令昭乃閉城，遣其副使邊仁嗣請己爲節度使。廢帝以令昭爲右千牛衛將軍，權知天雄軍府事。已而遣范延光討之，令昭敗走邢州，追至沙河，斬之，屯駐諸軍亂者三千餘人皆死。有司請以延皓行軍法，廢帝以后故，削其官爵而已。

廢帝二子：曰重吉、重美，一女爲尼，號幼澄，皆不知其所生。

廢帝鎮鳳翔，重吉爲控鶴指揮使，與尼俱留京師。控鶴，親兵也。愍帝即位，不欲重吉掌親兵，乃出重吉爲亳州團練使，居幼澄於禁中，又徙廢帝北京。廢帝自疑，乃反。愍帝遣人殺重吉于宋州，幼澄亦死。

重美

重美，幼而明敏如成人。廢帝即位，自左衛上將軍領成德軍節度使、兼河南尹、判六軍諸衛事，改領天雄軍節度使、同中書門下平章事，封雍王。石敬瑭反，廢帝欲北征，重美謂宜持重，固請毋行。廢帝心憚敬瑭，初不欲往，聞重美言，以爲然，而劉延皓與劉延朗等迫之不已，廢帝遂如河陽，留重美守京師。京師震恐，居民皆出城以藏竄，門者禁止之。重美曰：「國家多難，不能與民爲主，而欲禁其避禍，可乎？」因縱民出。及晉兵將至，劉皇后積薪于地，將焚其宮室，重美曰：「新天子至，必不露坐，但佗日重勞民力，取怨身後耳！」后以爲然。廢帝自焚，后及重美與俱死。

嗚呼！家人之道，不可不正也。夫禮者，所以別嫌而明微也。甚矣，五代之際，君君臣臣父父子子之道乖，而宗廟、朝廷、人鬼皆失其序，斯可謂亂世者歟！自古未之有也。唐一號而三姓，周一號而二姓。唐太祖、莊宗爲一家，明宗、愍帝爲一家，廢帝爲一家；周太祖爲一家，世宗爲一家。別其家而同其號者，何哉？唐從其號，見其盜而有也；周從其號，與之也。而別其家者，昭穆親疏之不可亂也。號可同，家不可以不別，所以別嫌而明微也。梁博王友文之不別，何哉？著禍本也，梁太祖之禍，自友文始，存之所以戒也。

新五代史卷十七

晉家人傳第五

高祖皇后李氏

高祖皇后李氏，唐明宗皇帝女也。后初號永寧公主，清泰二年封魏國長公主〔一〕。自廢帝立，常疑高祖必反。三年，公主自太原入朝千春節，辭歸，留之不得，廢帝醉，語公主曰：「爾歸何速，欲與石郎反邪？」既醒，左右告之，廢帝大悔。公主歸，以語高祖，高祖由是益不自安。

高祖即位，公主當爲皇后。天福二年三月，有司言：「皇太妃尊號已正，請上寶册。」太妃，高祖庶母劉氏也。高祖以宗廟未立，謙抑未皇。七年夏五月，高祖已病，乃詔尊太妃爲皇太后，然卒不奉册而高祖崩，故后訖高祖世亦無册命。出帝天福八年七月，册尊皇后爲皇太后。

太后爲人彊敏，高祖常嚴憚之。出帝馮皇后用事，太后數訓戒之，出帝不從，乃及于敗。

開運三年十二月，耶律德光已降晉兵，遣張彥澤先犯京師，以書遺太后，具道已降晉軍，且曰：「吾有梳頭妮子竊一藥囊以奔于晉，今皆在否？吾戰陽城時，亡奚車一乘，在否？」又問契丹先爲晉獲者及景延廣、桑維翰等所在。太后與帝聞彥澤至，欲自焚，嬖臣薛超勸止之。及得德光所與書，乃滅火，出止苑中〔二〕。帝召當直學士范質，謂曰：「杜郎一何相負！昔先帝起太原時，欲擇一子留守，謀之北朝皇帝，皇帝以屬我，我素以爲其所知，卿爲我草奏具言之，庶幾活我子母。」質爲帝草降表曰：

孫男臣重貴言：頃者唐運告終，中原失馭，數窮否極，天缺地傾。先人有田一成，有衆一旅，兵連禍結，力屈勢孤。翁皇帝救患摧剛，興利除害，躬擐甲胄，深入寇場。犯露蒙霜，度鴈門之險；馳風擊電，行中冀之誅。黄鉞一麾，天下大定，勢凌宇宙，義感神明。功成不居，遂興晉祚，則翁皇帝有大造於石氏也。

旋屬天降鞠凶，先君即世，臣遵承遺旨，纂紹前基。諒闇之初，荒迷失次，凡有軍國重事，皆委將相大臣。至於擅繼宗祧，既非稟命；輕發文字，輒敢抗尊。自啓釁端，果貽赫怒，禍至神惑，運盡天亡。十萬師徒，望風束手，億兆黎庶，延頸歸心。臣負義包羞，貪生忍恥，自貽顛覆，上累祖宗，偷度朝昏，苟存視息。翁皇帝若惠顧疇昔，稍霽雷霆，未賜靈誅，不絕先祀，則百口荷更生之德，一門銜無報之恩，雖所願焉，非敢望也。臣與太后、妻馮氏於郊野面縛俟罪次〔三〕。

又爲太后表曰：

晉室皇太后新婦李氏妾言：張彥澤、傅住兒等至，伏蒙皇帝阿翁降書安撫者。妾伏念先皇帝頃在并汾，適逢屯難，危同累卵，急若倒懸，智勇俱窮，朝夕不保。皇帝阿翁發自冀北，親抵河東，跋履山川，踰越險阻。立平巨孽，遂定中原，救石氏之覆亡，立晉朝之社稷。不幸先帝厭代，嗣子承祧，不能繼好息民，而反虧恩辜義。兵戈屢動，駟馬難追，戚實自貽，咎將誰執！今穹旻震怒，中外攜離，上將牽羊，六師解甲。妾舉宗負釁，視景偷生，惶惑之中，撫問斯至，明宣恩旨，曲示含容，慰諭丁寧，神爽飛越。豈謂已垂之命，忽蒙更生之恩，省罪責躬，九死未報。今遣孫男延煦、延寶，奉表請罪，陳謝以聞。

德光報曰：「可無憂，管取一喫飯處。」

四年正月丁亥朔，德光入京師，帝與太后肩輿至郊外，德光不見，館于封禪寺，遣其將崔廷勳以兵守之〔四〕。是時，雨雪寒凍，皆苦饑。太后使人謂寺僧曰：「吾嘗於此飯僧數萬，今日豈不相憫邪？」寺僧辭以虜意難測，不敢獻食。帝陰祈守者，乃稍得食。

辛卯，德光降帝爲光禄大夫、檢校太尉，封負義侯，遷於黄龍府。德光使人謂太后曰：「吾聞重貴不從母教而至于此，可求自便，勿與俱行。」太后答曰：「重貴事妾甚謹。所失者，違先君之志，絶兩國之歡。然重貴此去，幸蒙大惠，全生保家，母不隨子，欲何所歸！」於是太后與馮皇后、皇弟重睿、皇子延煦、延寶等舉族從帝而北，以宮女五十、宦者三十、東西班五十、醫官一、控鶴官四、御廚七、茶酒司三、儀鸞司三、六軍士二十人從，衛以騎兵三百。所經州縣，皆故晉將吏，有所供饋，不得通。路傍父老，爭持羊酒爲獻，衛兵擁隔〔五〕，不使見帝，皆涕泣而去。

自幽州行十餘日，過平州，出榆關，行砂磧中，饑不得食，遣宮女、從官採木實、野蔬而食。又行七八日，至錦州，虜人迫帝與太后拜阿保機畫像。帝不勝其辱，泣而呼曰：「薛超悮我，不令我死！」又行五六日，過海北州，至東丹王墓，遣延煦拜之。又行十餘日，渡遼水，至渤海國鐵州。又行七八日，過南海府，遂至黄龍府。

是歲六月，契丹國母徙帝、太后于懷密州，州去黄龍府西北一千五百里。行過遼陽二百里，而國母爲永康王所囚，永康王遣帝、太后還止遼陽，稍供給之。明年四月，永康王至遼陽，帝白衣紗帽，與太后、皇后詣帳中上謁，永康王止帝，以常服見。帝伏地雨泣，自陳過咎。永康王使人扶起之，與坐，飲酒奏樂。而永康王帳下伶人、從官，望見故主〔六〕，皆泣下，悲不自勝，爭以衣服藥餌爲遺。

五月，永康王上陘，取帝所從行宦者十五人、東西班十五人及皇子延煦而去。永康王妻兄禪奴愛帝小女，求之，帝辭以尚幼。永康王馳一騎取之，以賜禪奴。陘，虜地，尤高涼，虜人常以五月上陘避暑，八月下陘。至八月，永康王下陘，太后自馳至霸州見永康王，求於漢兒城側賜地種牧以爲生。永康王以太后自從，行十餘日，遣與延煦俱還遼陽。

明年乃漢乾祐二年，其二月，徙帝、太后于建州。自遼陽東南行千二百里至建州，節度使趙延暉避正寢以館之。去建州數十里外得地五十餘頃，帝遣從行者耕而食之。

明年三月，太后寢疾，無醫藥，常仰天而泣，南望戟手罵杜重威、李守貞等曰：「使死者無知則已，若其有知，不赦爾於地下！」八月疾亟，謂帝曰：「我死，焚其骨送范陽佛寺，無使我爲虜地鬼也！」遂卒。帝與皇后、宫人、宦者、東西班，皆被髮徒跣，扶舁其柩至賜地，焚其骨，穿地而葬焉。

周顯德中，有中國人自契丹亡歸者，言見帝與皇后諸子皆無恙。後不知其所終。

安太妃

安太妃，代北人也，不知其世家，爲敬儒妻，生出帝，封秦國夫人。出帝立，尊爲皇太妃。妃老而失明，從出帝北遷，自遼陽徙建州，卒於道中。臨卒謂帝曰：「當焚我爲灰，南向颺之，庶幾遺魂得反中國也。」既卒，砂磧中無草木，乃毁奚車而焚之，載其燼骨至建州。李太后亦卒，遂并葬之。

出帝皇后馮氏

出帝皇后馮氏，定州人也。父濛，爲州進奏吏，居京師，以巧佞爲安重誨所喜，以爲鄴都副留守。高祖留守鄴都，得濛驩甚，乃爲重胤娶濛女，後封吳國夫人。重胤早卒，后寡居，有色，出帝悦之。高祖崩，梓宫在殯，出帝居喪中，納之以爲后。是日，以六軍仗衛、太常鼓吹，命后至西御莊，見于高祖影殿。羣臣皆賀。帝顧謂馮道等曰：「皇太后之命，與卿等不任大慶。」羣臣出，帝與皇后酣飲歌舞，過梓宫前，醊而告曰：「皇太后之命，與先帝不任大慶。」左右皆失笑，帝亦自絶倒，顧謂左右曰：「我今日作新女壻，何似生？」后與左右皆大笑，聲聞于外。

后既立，專内寵，封拜宫官尚宫、知客等皆爲郡夫人，又用男子李彦弼爲皇后宫都押衙。其兄玉執政，内外用事，晉遂以亂。契丹犯京師，暴帝之惡于天下曰：「納叔母於中宫，亂人倫之大典。」后隨帝北遷，哀帝之辱，數求毒藥，欲與帝俱飲以死，而藥不可得。後不知其所終。

晉氏始出夷狄而微，終爲夷狄所滅，故其宗室次序本末不能究見。其可見者，曰高祖二叔父，一兄六弟，七子二孫，而有略有詳，非惟禍亂多故而失其事實，抑亦無足稱焉者。然粗存其見者，以備其闕云。二叔父曰萬友、萬詮，兄曰敬儒，弟曰敬威、敬德、敬殷、敬贇、敬暉〔七〕、重胤，子曰重貴、重信、重乂、重英、重進、重睿、重杲，孫曰延煦、延寶。孝平皇帝生孝元皇帝、萬友、萬詮，孝元皇帝生高祖，萬友生敬威〔八〕、敬贇，萬詮生敬暉〔九〕，而敬儒、敬德、敬殷、重胤皆不知其於高祖爲親疎也。

高祖，孝元皇帝第二子也，而敬儒爲兄，疑其長子也，則於高祖屬長而親，然贈官反最後於諸弟，而高祖世獨不得追封，此又可疑也。重胤，高祖弟也，亦不知其爲親疎，然高祖愛之，養以爲子，故於名加「重」而下齒諸子。高祖叔、兄與弟敬殷、子重進，皆前即位卒，而敬威、敬德、重胤、重英，高祖反時死。高祖少子曰馮六，未名而卒，而舊説以重睿爲幼子者，非也。

石氏世事軍中，萬友、萬詮職卑不見。天福二年正月，萬友自故金紫光禄大夫、檢校司徒兼御史大夫、上柱國贈太師。萬詮亦自金紫光禄大夫、檢校司空兼御史大夫、上柱國贈太傅。出帝天福八年五月，追封皇叔祖萬友爲秦王，萬詮加贈太師，追封趙王。

敬威

敬威，字奉信。唐廢帝時爲彰聖右第三都指揮使〔一〇〕，領常州刺史。聞高祖舉兵太原，謂人曰：「生而有死，人孰能免？吾兄方舉大事，吾不可偷生取辱，見笑一時。」遂自殺。敬德時爲沂州馬步軍指揮使，以高祖反誅。

天福二年正月，贈敬威、敬德皆爲太傅，兼贈敬殷以檢校太子賓客，亦贈太傅，而不及敬儒。七年正月，追封敬威廣王、敬德福王、敬殷通王，皆贈太尉。敬儒始以故金紫光禄大夫、檢校尚書左僕射兼御史大夫、上柱國贈太傅，而獨不得封。出帝天福八年五月，加贈三皇叔皆爲太師，而皇伯敬儒始追封宋王，亦加贈太師。

敬贇

敬贇，字德和。少無賴，竄身民間。高祖使人求得之，補太原牙將。即位，以爲飛龍皇城使，累遷曹州防禦使。天福五年冬，拜河陽三城節度使。

敬贇性貪暴，高祖爲擇賢佐吏輔之，而敬贇亦憚高祖嚴，未嘗敢犯法。歲餘，徙鎮保義。出帝時，加同中書門下平章事，始漸驕恣。帝嘗遣使者至，必問曰：「小姪安否？」陝人苦其暴虐，召還京師，以其皇叔不能責也，斥其元從都押衙蘇彦存、鄭温遇以警之。

契丹犯邊，敬贇從出帝幸澶淵，使以兵備汶陽，守麻家渡，未嘗見敵，皆無功。開運元年七月，復出爲威勝軍節度使。歲餘，出帝以曹州爲威信軍，授敬贇節度使。在曹貪暴尤甚，久之，召還。

張彦澤兵犯京師，敬贇夜走，踰城東垣，墮沙濠溺死，時年四十九。

韓王敬暉

韓王敬暉，字德昭。爲人厚重剛直，勇而多智，高祖尤愛之。高祖時，爲曹州防禦使，以廉儉見稱，卒于官，贈太傅。天福八年，加贈太師，追封韓王。子曦嗣。

高祖李皇后生楚王重信，其諸子皆不知其母。當高祖起太原，重英爲右衛大將軍〔二〕，重胤爲皇城副使，居京師。聞高祖舉事，匿民家井中，捕得誅之，并族民家〔三〕。天福二年正月，高祖爲二子發哀，皆贈爲太保；并贈重進，以故左金吾衞將軍贈太保。七年正月，皆加贈太傅，追封重英虢王、重胤郯王、重進夔王。出帝天福八年五月，皆加贈太師。

楚王重信

楚王重信，字守乎。爲人敏悟多智而好禮。天福二年二月，以左驍衛上將軍拜河陽三城節度使，有善政，高祖下詔褒之。是歲范延光反，詔前靈武節度使張從賓發河陽兵討延光，從賓亦反，重信見殺，時年二十。高祖欲贈重信太尉，大臣引漢故事，皇子無爲三公者。高祖曰：「此兒爲善被禍，吾哀之甚，自我而已，豈有例邪！」乃贈太尉。七年正月，加贈太師，追封沂王。出帝天福八年五月，易封楚王。

壽王重乂

壽王重乂，字弘理。爲人好學，頗知兵法。高祖即位，拜左驍衛大將軍。高祖幸汴州，以爲東都留守。張從賓反，攻河南，見殺，時年十九，贈太傅。天福七年正月，加贈太尉，追封壽王。出帝天福八年五月，加贈太師。皆無子。

重睿

重睿，爲人貌類高祖。高祖臥疾，宰相馮道入見臥内，重睿尚幼，高祖呼出使拜道於前，因以宦者抱持寘道懷中，高祖雖不言，左右皆知其以重睿託道也。高祖崩，晉大臣以國家多事，議立長君，而景延廣已陰許立出帝，重睿遂不得立。出帝以重睿爲檢校太保、開封尹，以左散騎常侍邊蔚權知開封府事。開運二年五月，拜重睿雄武軍節度使，歲餘，徙鎮忠武，皆不之鎮。契丹滅晉，重睿從出帝北遷，後不知其所終。

重杲

陳王重杲，高祖幼子也。小字馮六，未名而卒，贈太傅，追封陳王，賜名重杲。出帝天福八年五月，加贈太師。

延煦　延寶

延煦、延寶，高祖諸孫也，出帝以爲子。

開運二年秋，以延煦爲鄭州刺史。延煦少，不能視事，以一宦者從之，又選尚書郎路航參知州事。宦者遂專政事，每詬辱航，出帝召航還。已而徙延煦齊州防禦使。

三年，拜鎮寧軍節度使。是時，河北用兵，天下旱蝗，民餓死者百萬計，而諸鎮爭爲聚斂，趙在禮所積鉅萬，爲諸侯王最。出帝利其貲，乃以延煦娶在禮女，在禮獻絹三千匹，前後所獻不可勝數。三年五月，遣宗正卿石光贊以聘幣一百五十床迎于其第，出帝宴在禮萬歲殿，所以賜予甚厚，君臣窮極奢侈，時人以爲榮。在禮謂人曰：「吾此一婚，其費十萬。」十一月，徙延煦鎮保義。

自延煦爲齊州防禦使，而延寶代爲鄭州刺史。及契丹滅晉，出帝與太后遣延煦、延寶齎降表、玉璽、金印以歸契丹，而延寶時亦爲威信軍節度使矣。契丹得璽，以爲製作非工，與前史所傳者異，命延煦等還報求真璽。出帝以狀答曰：「頃王從珂自焚於洛陽〔三〕，玉璽不知所在，疑已焚之。先帝受命，命玉工製此璽，在位羣臣皆知之。」乃已。後延煦等從出帝北遷，不知其所終。

嗚呼！古之不幸無子，而以其同宗之子爲後者，聖人許之，著之禮經而不諱也。而後世閭閻鄙俚之人則諱之，諱則不勝其欺與僞也。故其苟偷竊取嬰孩襁褓，諱其父母，而自欺以爲我生之子，曰：「不如此，則不能得其一志盡愛於我，而其心必二也。」而爲其子者，亦自諱其所生，而絶其天性之親，反視以爲叔伯父，以此欺其九族，而亂其人鬼親疎之屬〔一四〕。【一二】凡物生而有知，未有不愛其父母者。使是子也，能忍而真絶其天性歟，曾禽獸之不若也；使其不忍而外陽絶之，是大僞也。

【一】一作序。

夫閭閻鄙俚之人之慮於事者，亦已深矣！然而苟竊欺僞不可以爲法者，小人之事也。惟聖人則不然，以謂人道莫大於繼絶，此萬世之通制而天下之公行也，何必諱哉！所謂子者，未有不由父母而生者也，故爲人後者，必有所生之父，有所後之父，此理之自然也，何必諱哉！其簡易明白，不苟不竊，不欺不僞，可以爲通制而公行者，聖人之法也。

又以謂爲人之後者所承重，故加其服以斬。而不絶其所生之親者，天性之不可絶也，然而恩有屈於義，故降其服以期。服，外物也，可以降，而父母之名不可改〔一五〕，故著於經曰：「爲人後者，爲其父母，報〔一六〕。」自三代以來，有天下國家者莫不用之，而晉氏不用也。出帝之於敬儒，絶其父道，臣而爵之，非特以其義不當立，不得已而絶之，蓋亦習見閭閻鄙俚之所爲也。

五代，干戈賊亂之世也，禮樂崩壞，三綱五常之道絶，而先王之制度文章掃地而盡於是矣。如寒食野祭而焚紙錢，天子而爲閭閻鄙俚之事者多矣。而晉氏起於夷狄，以篡逆而得天下，高祖以耶律德光爲父，而出帝於德光則以爲祖而稱孫，於其所生父則臣而名之，是豈可以人理責哉！

校勘記

〔一〕清泰二年封魏國長公主　錢大昕考異卷六二：「案五代會要，永寧公主，天成三年四月封，至長興四年正月改封魏國公主，清泰二年三月進封晉國長公主。此傳云清泰二年封魏國者，誤也。唐家人傳，曹后生晉國公主，即敬瑭所尚者，而此傳不見晉國之名，亦疏漏。」

〔二〕出止苑中　「止」，原作「上」，據宗文本改。通鑑卷二八五敍其事云：「帝乃命滅火……坐苑中。」

〔三〕臣與太后妻馮氏於郊野面縛俟罪次　「罪」，原作「命」，據宋丙本、宗文本、舊五代史卷八五晉少帝紀五改。

〔四〕崔廷勳　原作「崔延勳」，據宋丙本、宗文本、舊五代史卷八五晉少帝紀五、通鑑卷二八六改。按舊五代史卷九八有崔廷勳傳。

〔五〕衞兵擁隔　「擁隔」，原作「推隔」，據宋丙本、宗文本改。按舊五代史卷八五晉少帝紀五敍其事作「皆爲契丹主阻絕」。

〔六〕望見故主　「故主」，原作「故王」，據宋丙本、宗文本、舊五代史卷八五晉少帝紀五改。

〔七〕敬暉　舊五代史卷八七石暉傳記其爲高祖從兄。

〔八〕萬友生敬威　舊五代史卷八七石敬威傳記其父爲「萬詮」。

〔九〕萬詮生敬暉　舊五代史卷八七石暉傳記其父爲「萬友」。

〔一〇〕唐廢帝時爲彰聖右第三都指揮使　「彰聖右第三都指揮使」，舊五代史卷八〇晉高祖紀六作「彰聖右第三軍都指揮使」。

〔一一〕右衛大將軍　宋丙本、宗文本、舊五代史卷八〇晉高祖紀六作「右衛將軍」。舊五代史卷四八唐末帝紀下云「誅右衛上將軍石重英」，通鑑卷二八〇略同。

〔一二〕并族民家　「民」，原作「其」，據宋丙本、宗文本改。通鑑卷二八〇敍其事作「并族所匿之家」。

〔一三〕王從珂　原作「潞王從珂」，據宋丙本、宗文本、舊五代史卷八五晉少帝紀五、通鑑卷二八五改。按本書卷七唐本紀、舊五代史卷四六唐末帝紀上，從珂本姓王。又本書卷八晉本紀：「（天福元年十二月乙酉）追降王從珂爲庶人。」徐無黨注：「『王從珂』，從晉人本語。」

〔一四〕而亂其人鬼親疏之屬　「屬」，宋丙本、宗文本、歐陽文忠公文集卷一二一濮議二作「序」。

〔一五〕而父母之名不可改　「改」，歐陽文忠公文集卷一二一濮議二作「諱」。

〔一六〕報　原作「服」，據宗文本、儀禮喪服、歐陽文忠公文集卷一二一濮議二改。

新五代史卷十八

漢家人傳第六

皇后李氏

高祖皇后李氏，晉陽人也，其父爲農。高祖少爲軍卒，牧馬晉陽，夜入其家劫取之。高祖已貴，封魏國夫人，生隱帝。

開運四年，高祖起兵太原，賞軍士，帑藏不足充，欲斂於民。后諫曰：「方今起事，號爲義兵，民未知惠而先奪其財，殆非新天子所以救民之意也。今後宮所有，請悉出之，雖其不足，士亦不以爲怨也。」高祖爲改容謝之。高祖即位，立爲皇后。高祖崩，隱帝册尊爲皇太后。

帝年少，數與小人郭允明、後贊、李業等游戲宮中，后數切責之。帝曰：「國家之事，外有朝廷，非太后所宜言也。」太常卿張昭聞之，上疏諫帝，請親近師傅，延問正人，以開聰明。帝益不省。其後，帝卒與允明等謀議，遂至於亡。

初，帝與允明等謀誅楊邠、史弘肇等，議已定，入白太后。太后曰：「此大事也，當與宰相議之。」李業從旁對曰：「先皇帝平生言，朝廷大事，勿問書生。」太后深以爲不可，帝拂衣而去，曰：「何必謀於閨門！」邠等死，周高祖起兵嚮京師，慕容彦超敗於劉子陂，帝欲出自臨兵，太后止之曰：「郭威本吾家人，非其危疑，何肯至此！今若按兵無動，以詔諭威，威必有説，則君臣之際，庶幾尚全。」帝不從以出，遂及於難。

周太祖入京師，舉事皆稱太后誥。已而議立湘陰公贇爲天子，贇未至，太祖乃請太后臨朝。已而太祖出征契丹，軍士擁之以還。太祖請事太后爲母，太后誥曰：「侍中功烈崇高，德聲昭著，剪除禍亂，安定邦家，謳歌有歸，曆數攸屬，所以軍民推戴，億兆同歡。老身未終殘年，屬此多難，唯以衰朽，託於始終。載省來牋，如母見待，感認深意，涕泗橫流。」於是遷后於太平宫，上尊號曰昭聖皇太后。顯德元年春，崩。【一】

【一】隱帝，舊史、實録皆無皇后。帝立三年崩，時年二十，蓋未嘗立后也。

高祖二弟 崇 信

高祖三子 承訓 承祐 承勳

高祖二弟三子：弟曰崇、曰信，子曰承訓、承祐、承勳。崇子曰贇，高祖愛之，以爲己子。乾祐元年，拜贇徐州節度使。承訓早卒，追封魏王。承祐次立，是謂隱帝。承勳爲開封尹。

周太祖已敗漢兵于北郊，隱帝遇弑。太祖入京師，以謂漢大臣必相推戴，及見宰相馮道等，道殊無意，太祖不得已，見道猶下拜，道受太祖拜如平時，徐勞之曰：「公行良苦！」太祖意色皆沮，以謂漢大臣未有推立己意〔一〕，又難於自立，因白漢太后擇立漢嗣。而宗室河東節度使崇等在者四人，乃爲太后誥曰：「河東節度使崇、許州節度使信，皆高祖之弟，徐州節度使贇、開封尹承勳，皆高祖之子，文武百辟，其擇嗣君以承天統。」於是周太祖與王峻入見太后，言開封尹承勳，高祖皇帝之子，宜立。太后以承勳久病，不任爲嗣。太祖與羣臣請見承勳視起居，太后命以臥榻舁承勳出見羣臣，羣臣視之信然，乃共奏曰：「徐州節度使贇，高祖愛之，以爲子，宜立爲嗣。」乃遣太師馮道率羣臣迎贇。道揣周太祖意不在贇，謂太祖曰：「公此舉由衷乎？」太祖指天爲誓。道既行，謂人曰：「吾平生不爲謬語人，今謬語矣！」道見贇，傳太后意召之。

贇行至宋州，太祖自澶州爲兵士擁還京師，王峻慮贇左右生變，遣侍衞馬軍指揮使郭崇以兵七百騎衞贇。崇至宋州，贇登樓問崇所以來之意，崇曰：「澶州軍變，懼未察之，遣崇護衞，非惡意也。」贇召崇，崇不敢進，馮道出與崇語，崇乃登樓見贇，已而奪贇部下兵。太祖以書召道先歸，留其副趙上交、王度奉贇入朝太后。道乃先還，贇謂道曰：「寡人此來，所恃者以公三十年舊相〔二〕，是以不疑。」道默然。贇客將賈正等數目道，欲圖之。贇曰：「勿草草，事豈出於公邪！」道已去，郭崇幽贇于外館，殺賈正及判官董裔、牙内都虞候劉福、孔目官夏昭度等。

太祖已監國，太后乃下誥曰：「比者樞密使郭威，志安宗社，議立長君，以徐州節度使贇高祖近親，立爲漢嗣，乃自藩鎮召赴京師。雖誥命已行，而軍情不附，天道在北，人心靡東。適當改卜之初，俾膺分土之命〔三〕，贇可降授開府儀同三司、檢校太師、上柱國，封湘陰公。」贇以幽死。

初，贇自徐州入也，以都押牙鞏庭美〔四〕、教練使楊温守徐州。庭美等聞贇不得立，乃閉城拒命。太祖拜王彦超徐州節度使，下詔諭庭美等許以刺史，并詔贇敕庭美等。廣順元年三月，彦超克徐州，庭美等皆見殺。

承勳，廣順元年以病卒，追封陳王。

嗚呼！予既悲湘陰公贇之事，又嘉鞏廷美〔五〕、楊温之所爲。贇於漢非嫡長，特以周氏移國，畏天下而難之，故假贇以伺間爾。當是之時，天下皆知贇之必不立也，然廷美、温之區區爲贇守孤城以死〔六〕，其始終之迹，何媿於死節之士哉！然予考於實録，二人之死狀不明。夫二人之事，固知其無所成，其所重者死爾，然史氏不著，不知其何以死也。當王彦超之攻徐州也，周嘗遣人招廷美等，予得其詔書四，皆言廷美等嘗已送款於周，後懼罪而復叛，然庭美等款狀亦不見，是皆不可知也。夫史之闕文，可不慎哉。其疑以傳疑，則信者信矣。予固嘉二人之忠而悲其志，然不得列於死節之士者，惜哉！

蔡王信

蔡王信，高祖之從弟也。高祖鎮太原，以信爲興捷軍都指揮使，領義成軍節度使，徙領許州。高祖寢疾，隱帝當立爲嗣，楊邠等受顧命，不欲信在京師，乃遣信就鎮，信涕泣而去。

信所至黷貨，好行殺戮。軍士有犯法者，信召其妻子，對之刲剔支解，使自食其肉，血流盈前，信命樂飲酒自如也。楊邠等死，信大喜，謂其寮佐曰：「吾嘗爲天無眼，而使我鬱鬱於此者三年矣！主上孤立，幾落賊手。諸公可以勸我一杯矣。」已而聞難作，信憂不能食。周太祖軍變於澶州，王峻遣前申州刺史馬鐸以兵巡檢許州，信乃自殺。周太祖即位，追封蔡王。【一】

【一】傳，先贊而後信，亦便於述事爾。

校勘記

〔一〕以謂漢大臣未有推立己意　「大」字原闕，據宋丙本、宗文本、本書卷五四馮道傳補。

〔二〕所恃者以公三十年舊相　「所」字原闕，據宋丙本、宗文本、通鑑卷二八九補。

〔三〕俾膺分土之命　「膺」，原作「應」，據宗文本、舊五代史卷一〇三漢隱帝紀下改。

〔四〕鞏庭美　本書卷一一周本紀、舊五代史卷一一〇周太祖紀一、通鑑卷二九〇、册府卷一二三作「鞏廷美」。本卷下文同。

〔五〕又嘉鞏庭美　「鞏」字原闕，據宋丙本、宗文本、詳節卷二補。

〔六〕然庭美溫之區區爲贇守孤城以死　宋丙本、宗文本、詳節卷二無「之」字。

新五代史卷十九

周太祖家人傳第七

皇后柴氏

太祖一后三妃。聖穆皇后柴氏，邢州堯山人也，與太祖同里，遂以歸焉。太祖微時，喜飲博任俠，不拘細行，后常諫止之。太祖狀貌奇偉，后心知其貴人也，事之甚謹。及太祖即位，后已先卒，乃下詔：「故夫人柴氏，追册爲皇后，謚曰聖穆。」

淑妃楊氏

淑妃楊氏，鎮州真定人也。父弘裕，真定少尹。妃幼以色選入趙王宮，事王鎔。鎔爲張文禮所殺，鎮州亂，妃亦流寓民間，後嫁里人石光輔，居數年，光輔死。太祖柴夫人卒，聞妃有色而賢，遂娶之爲繼室。太祖方事漢高祖於太原，天福中妃卒，遂葬太原之近郊。太祖即位，廣順元年九月，追册爲淑妃。拜妃弟廷璋爲右飛龍使，廷璋辭曰：「臣父老矣，願以授之。」太祖曰：「吾方思之，豈忘爾父邪！」即召弘裕，弘裕老不能行，乃就其家拜金紫光禄大夫、真定少尹。

太祖崩，葬嵩陵，一后三妃皆當陪葬，而太原未克，世宗詔有司營嵩陵之側爲虚墓以俟。顯德元年，世宗已敗劉旻於高平，遂攻太原，太原閉壁被圍，乃遷妃喪而葬之。

貴妃張氏

貴妃張氏，鎮州真定人也。祖記，成德軍節度判官、檢校兵部尚書。父同芝，事趙王王鎔爲諮呈官，官至檢校工部尚書。鎔死，鎮州亂，莊宗遣幽州符存審以兵討張文禮，裨將武從諫館於妃家，見妃尚幼，憐之，而從諫家在太原，遂以妃歸，爲其子婦。久之，太祖事漢高祖於太原，楊夫人卒，而武氏子亦卒，乃納妃爲繼室。太祖貴，累封吴國夫人。太祖以兵入京師，漢遣劉銖戮其家，妃與諸子皆死。太祖即位，追册爲貴妃。

德妃董氏 子侗〔一〕 信 姪守愿 奉超 遜

德妃董氏，鎮州靈壽人也。祖文廣，唐深州録事參軍。父光嗣，趙州昭慶尉。妃幼穎悟，始能言，聞樂聲知其律吕。

年七歲，鎮州亂，其家失之，爲潞州牙將所得，寘諸褚中以歸。潞將妻嘗生女，輒不育，得妃憐之，養以爲子，過於所生。居五六年，妃家悲思，其兄瑀求之人間，莫知所在。潞將仕于京師，遇瑀，欣然歸之，時年十三〔二〕。

瑀以嫁里人劉進超，進超亦仕晉爲内職。契丹犯闕，進超歿于虜中，妃嫠居洛陽。漢高祖由太原入京師，太祖從，過洛陽，聞妃有賢行，聘之。太祖建國，中宫虚位，遂册爲德妃。廣順三年卒〔三〕，年三十九。

妃兄三人：瑀官至太子左贊善大夫〔四〕，玄之、自明皆至刺史。

初，帝舉兵于魏，漢以兵圍帝第，時張貴妃與諸子青哥、意哥，姪守筠、奉超、定哥皆被誅。青哥、意哥，不知其母誰氏。太祖即位，詔故第二子青哥贈太尉〔五〕，賜名侗；第三子意哥贈司空，賜名信；皇姪守筠贈左領軍衞將軍，以「筠」聲近「榮」，爲世宗避，更名守愿；奉超贈左監門衞將軍；定哥贈左千牛衞將軍，賜名遜。

世宗顯德四年夏四月癸未，詔曰：「禮以緣情，恩以悼往，矧在友于之列，尤鍾惻愴之情。故皇弟贈太保侗、贈司空信，景運初啓，大年不登，俾予終鮮，實動予懷〔六〕。侗可贈太傅，追封郯王；信司徒，杞王。」又詔曰：「故皇從弟贈左領軍衞將軍守愿、贈左監門衞將軍奉超、贈左千牛衞將軍遜等，頃因季世，不享遐齡，每念非辜，難忘有慟。守愿可贈左衞大將軍，奉超右衞大將軍，遜右武衞大將軍。」

校勘記

〔一〕子侗　「侗」，原作「倜」，據宋丙本及本卷下文改。

〔二〕時年十三　「時」字原闕，據宋丙本、宗文本、舊五代史卷一二一董德妃傳補。

〔三〕廣順三年卒　舊五代史卷一一二周太祖紀三繫其事於廣順二年。

〔四〕瑀官至太子左贊善大夫　「左」，原作「右」，據宋丙本、宗文本、舊五代史卷一二一董德妃傳改。

〔五〕詔故第二子青哥贈太尉　「太尉」，舊五代史卷一一一周太祖紀二、册府卷二九六敍其事作

「太保」。按吴蘭庭纂誤補卷二：「此下載世宗顯德四年四月詔稱故皇弟贈太保侗可贈太傅，追封鄭王。然則初贈是太保，非太尉。且惟是太保，故得加贈太傅，若已贈太尉，則其上惟有太師，豈容反加太傅乎？薛史太祖紀、世宗紀俱作贈太保，而宗室傳則云贈太尉，此正仍其誤。」

〔六〕實勳予懷　「勳」，原作「勤」，據宋丙本、宗文本、册府卷二九六改。

新五代史卷二十

周世宗家人傳第八

柴守禮

周太祖聖穆皇后柴氏，無子，養后兄守禮之子以爲子，是爲世宗。守禮，字克讓。以后族拜銀青光禄大夫、檢校吏部尚書、兼御史大夫。世宗即位，加金紫光禄大夫、檢校司空、光禄卿。致仕，居于洛陽，終世宗之世，未嘗至京師，而左右亦莫敢言，第以元舅禮之。而守禮亦頗恣横，嘗殺人于市，有司以聞，世宗不問。是時，王溥、王晏、王彦超、韓令坤等同時將相，皆有父在洛陽，與守禮朝夕往來，惟意所爲，洛陽人多畏避之，號「十阿父」。守禮卒，年七十二，官至太傅。

嗚呼，父子之恩至矣！孟子言：舜爲天子，而瞽叟殺人，則棄天下，竊負之而逃。以謂天下可無舜，不可無至公，舜可棄天下，不可刑其父。此爲世立言之説也。然事固有不得如其意者多矣！蓋天子有宗廟社稷之重、百官之衞、朝廷之嚴，其不幸有不得竊而逃，則如之何而可？予讀周史，見守禮殺人，世宗寢而不問，蓋進任天下重矣，而子於其父亦至矣，故寧受屈法之過，以申父子之道，其所以合於義者，蓋知權也。君子之於事，擇其輕重而處之耳。失刑輕，不孝重也。刑者所以禁人爲非，孝者所以教人爲善，其意一也，孰爲重？刑一人，未必能使天下無殺人，而殺其父，滅天性而絶人道，孰爲重？權其所謂輕重者，則天下雖不能棄，而父亦不可刑也。然則爲舜與世宗者，宜如何無使瞽叟、守禮至於殺人，則可謂孝矣。然而有不得如其意，則擇其輕重而處之焉。世宗之知權，明矣夫！

皇后劉氏

世宗三皇后。貞惠皇后劉氏，不知其世家，蓋微時所娶也，世宗爲左監門衞將軍，得封彭城縣君。世宗從太祖于魏，后留京師，太祖舉兵，漢誅其族〔一〕。太祖即位，追封彭城郡夫人。世宗顯德四年夏四月，始詔彭城郡夫人劉氏追册爲皇后，有司謚曰貞惠，陵曰惠陵。

皇后符氏

宣懿皇后符氏，其祖秦王存審，父魏王彦卿。后世王家，出於將相之貴，爲人明果有大志。初適李守貞子崇訓。守貞事漢爲河中節度使，已挾異志。有術者善聽人聲以知吉凶，守貞出其家人使聽之，術者聞后聲，驚曰：「此天下之母也！」守貞益自負，曰：「吾婦猶爲天下母，吾取天下復何疑哉！」於是決反。而漢遣周太祖討之，逾年，攻破其城。崇訓知不免，手自殺其家人，次以及后，后走匿，以帷幔自蔽，崇訓惶遽求后不得，遂自殺。漢兵入其家，后儼然坐堂上，顧軍士曰：「郭公與吾父有舊，汝輩無犯我！」軍士見之不敢迫。太祖聞之，以謂一女子能使亂兵不敢犯，奇之，爲加慰勉，以歸彦卿。后感太祖不殺，拜太祖爲父。其母以后夫家滅亡，而獨脱死兵刃之間，以爲天幸，欲使削髮爲尼，后不肯，曰：「死生有命，天也。何必妄毁形髮爲！」太祖於后有恩，而世宗性特英鋭，聞后如此，益奇之。及劉夫人卒，遂納以爲繼室。世宗即位，册爲皇后。世宗卞急多暴怒，而後嘗追悔，每怒左右，后必從容伺顏色，漸爲解説，世宗意亦隨解，由是益重之。世宗征淮，后以帝不宜親行，切諫止之，世宗不聽。師久無功，遭大暑雨，后以憂成疾而崩。議者以方用兵，請殺喪禮，於是百官朝臨于西宮，三日而釋服，帝亦七日而釋，葬於新鄭，陵曰懿陵。

後立皇后符氏，后妹也。國初，遷西宮，號周太后。

世宗七子

世宗子七人：長曰宜哥，次二皆未名，次曰恭皇帝，次曰熙讓，次曰熙謹，次曰熙誨，皆不知其母爲誰氏。宜哥與其二，皆爲漢誅。太祖即位，詔賜皇孫名：誼，贈左驍衛大將軍；誠，左武衛大將軍；諴，左屯衛大將軍。

顯德三年，羣臣請封宗室，世宗以謂爲國日淺，恩信未及於人，而須功德大成，慶流于世，而後議之可也。明年夏四月癸未，先封太祖諸子。又詔曰：「父子之道，聖賢不忘，再思夭閼之端，愈動悲傷之抱。故皇子左驍衛大將軍誼、左武衛大將軍誠、左屯衛大將軍諴等，載惟往事，有足傷懷，宜增一字之封，仍贈三台之秩。誼可贈太尉，追封越王；誠太傅，吴王；諴太保，韓王。」而皇子在者皆不封。

六年，北復三關，遇疾，還京師。六月癸未，皇子宗訓，特進、左衞上將軍，封梁王；而宗讓亦拜左驍衞上將軍，封燕國公。後十日而世宗崩，梁王即位，是爲恭皇帝。其年八月，宗讓更名熙讓，封曹王。熙謹、熙誨皆前未封爵，遂拜熙謹右武衞大將軍，封紀王；熙誨左領軍衞大將軍，封蘄王〔二〕。皇朝乾德二年十月，熙謹卒。熙讓、熙誨，不知其所終。

嗚呼！至公，天下之所共也。其是非曲直之際，雖父愛其子，亦或有所不得私焉。當周太祖舉兵于魏，漢遣劉銖誅其家族於京師，酷毒備至。後太祖入立，遣人責銖，銖辭不屈，太祖雖深恨之，然以銖辭直，終不及其家也。及追封妻子之被殺者，其言深自隱痛之而已，不敢有非漢之辭焉，蓋知其曲在己也。故略存其辭，以見周之有媿於其心者矣。

校勘記

〔一〕漢誅其族　宗文本作「漢誅太祖家屬后見殺」。

〔二〕封蘄王　「封」字原闕，據宗文本、舊五代史卷一二〇周恭帝紀及本卷上文補。

新五代史卷二十一

梁臣傳第九

嗚呼！孟子謂春秋無義戰，予亦以謂五代無全臣。無者，非無一人，蓋僅有之耳，余得死節之士三人焉。其仕不及于二代者，各以其國繫之，作梁、唐、晉、漢、周臣傳。其餘仕非一代，不可以國繫之者，作雜傳。夫入于雜，誠君子之所羞，而一代之臣未必皆可貴也，覽者詳其善惡焉。

敬翔

敬翔，字子振，同州馮翊人也，自言唐平陽王暉之後。少好學，工書檄。乾符中，舉進士不中，乃客大梁。翔同里人王發爲汴州觀察支使，遂往依焉。

久之，發無所薦引，翔客益窘，爲人作牋刺，傳之軍中。太祖素不知書，翔所作皆俚俗語，太祖愛之，謂發曰：「聞君有故人，可與俱來。」翔見太祖，太祖問曰：「聞子讀春秋，春秋所記何等事？」翔曰：「諸侯爭戰之事耳。」太祖曰：「其用兵之法可以爲吾用乎？」翔曰：「兵者，應變出奇以取勝，春秋古法，不可用於今。」太祖大喜，補以軍職，非其所好，乃以爲館驛巡官。

太祖與蔡人戰汴郊，翔時時爲太祖謀畫，多中，太祖欣然，以謂得翔之晚，動静輒以問之。太祖奉昭宗自岐還長安，昭宗召翔與李振升延喜樓勞之，拜翔太府卿〔一〕。

初，太祖常侍殿上，昭宗意衛兵有能擒之者，乃佯爲鞋結解，以顧太祖，太祖跪而結之，而左右無敢動者，太祖流汗浹背，由此稀復進見。昭宗遷洛陽，宴崇勳殿，酒半起，使人召太祖入内殿，將有所託。太祖益懼，辭以疾。昭宗曰：「卿不欲來，可使敬翔來。」太祖遽麾翔出，翔亦佯醉去〔二〕。

太祖已破趙匡凝，取荆襄，遂攻淮南。翔切諫，以謂新勝之兵，宜持重以養威。太祖不聽。兵出光州，遭大雨，幾不得進，進攻壽州，不克，而多所亡失，太祖始大悔恨。歸而忿躁，殺唐大臣幾盡，然益以翔爲可信任。

梁之篡弑，翔之謀爲多。太祖即位，以唐樞密院故用宦者，乃改爲崇政院，以翔爲使。

遷兵部尚書、金鑾殿大學士。

翔爲人深沉有大略，從太祖用兵三十餘年，細大之務必關之。翔亦盡心勤勞，晝夜不寐，自言惟馬上乃得休息。而太祖剛暴難近，有所不可，翔亦未嘗顯言，微開其端，太祖意悟，多爲之改易。

太祖破徐州，得時溥寵姬劉氏，愛幸之，劉氏故尚讓妻也，乃以妻翔。翔已貴，劉氏猶侍太祖，出入臥内如平時，翔頗患之。劉氏誚翔曰：「爾以我嘗失身於賊乎？尚讓，黄家宰相；時溥，國之忠臣。以卿門地，猶爲辱我，請從此訣矣！」翔以太祖故，謝而止之。劉氏車服驕侈，別置典謁，交結藩鎮，權貴往往附之，寵信言事不下於翔。當時貴家，往往效之。

太祖崩，友珪立，以翔先帝謀臣，懼其圖己，不欲翔居内職，乃以李振代翔爲崇政使，拜翔中書侍郎、同中書門下平章事。翔以友珪畏己，多稱疾，未嘗省事。

末帝即位，趙巖等用事，頗離間舊臣，翔愈鬱鬱不得志。其後，梁盡失河北，與晉相拒楊劉，翔曰：「故時河朔半在，以先帝之武，御貔虎之臣，猶不得志於晉。今晉日益彊，梁日益削，陛下處深宫之中，所與計事者，非其近習，則皆親戚之私，而望成事乎？臣聞晉攻楊劉，李亞子負薪渡水，爲士卒先。陛下委蛇守文，以儒雅自喜，而遣賀瓌爲將，豈足當彼之餘鋒乎？臣雖僡矣，受國恩深，若其乏材，願得自效。」巖等以翔爲怨言，遂不用。其後，王彦章敗于中都，末帝懼，召段凝於河上。是時，梁精兵悉在凝軍，凝有異志，顧望不來。末帝遽呼翔曰：「朕居常忽卿言，今急矣，勿以爲懟，卿其教我當安歸？」翔曰：「臣從先帝三十餘年，今雖爲相，實朱氏老奴爾，事陛下如郎君，以臣之心，敢有所隱！陛下初用段凝，臣已爭之，今凝不來，敵勢已迫，欲爲陛下謀，則小人間之，必不見聽。請先死，不忍見宗廟之亡！」君臣相向慟哭。

翔與李振俱爲太祖所信任，莊宗入汴，詔赦梁羣臣，李振喜謂翔曰：「有詔洗滌，將朝新君。」邀翔欲俱入見。翔夜止高頭車坊，將旦，左右報曰：「崇政李公入朝矣！」翔歎曰：「李振謬爲丈夫矣！復何面目入梁建國門乎？」乃自經而卒。

朱珍　李唐賓附

朱珍，徐州豐人也。少與龐師古等俱從梁太祖爲盜。珍爲將，善治軍選士，太祖初鎮宣武，珍爲太祖創立軍制，選將練兵甚有法。太祖得諸將所募兵及佗降兵，皆以屬珍，珍選將五十餘人，皆可用。梁敗黄巢、破秦宗權，東并兗、鄆，未嘗不在戰中，而常勇出諸將。

太祖與晉王東逐黄巢，還過汴，館之上源驛，太祖使珍夜以兵攻之，晉王亡去，珍悉殺其麾下兵。

義成軍亂，逐安師儒，師儒奔梁。太祖遣珍以兵趨滑州，道遇大雪，珍趣兵疾馳，一夕至城下，遂乘其城。義成軍以爲方雪，不意梁兵來，不爲備，遂下之。

秦宗權遣盧瑭、張晊等攻梁，是時，梁兵尚少，數爲宗權所困。太祖乃拜珍淄州刺史，募兵於淄青。珍偏將張仁遇白珍曰：「軍中有犯令者，請先斬而後白。」珍曰：「偏將欲專殺邪？」立斬仁遇以徇軍，軍中皆感悦。珍得所募兵萬餘以歸，太祖大喜曰：「賊在吾郊，若踐吾麥，柰何！今珍至，吾事濟矣！且賊方息兵養勇，度吾兵少，而未知珍來，謂吾不過堅守而已，宜出其不意以擊之。」乃出兵擊敗晊等，宗權由此敗亡，而梁軍威大振，以得珍兵故也。

珍從太祖攻朱宣，取曹州，執其刺史丘弘禮。又取濮州，刺史朱裕奔于鄆州。太祖乃還汴，留珍攻鄆州。珍去鄆二十里，遣精兵挑之，鄆人不出。朱裕詐爲降書，陰使人召珍，約開門爲内應。珍信之，夜率其兵叩鄆城門，朱裕登陴，開門内珍軍，珍軍已入甕城而垂門發，鄆人從城上磔石以投之，珍軍皆死甕城中，珍僅以身免，太祖不之責也。

魏博軍亂，囚樂彥貞。太祖遣珍救魏，珍破黎陽、臨河、李固，分遣聶金、范居實等略澶州，殺魏豹子軍二千於臨黃。珍威振河朔。魏人殺彥貞，珍乃還。梁攻徐州，遣珍先攻下豐縣，又敗時溥於吴康，與李唐賓等屯蕭縣。

唐賓者，陝州陝人也〔三〕。初爲尚讓偏將，與太祖戰尉氏門，爲太祖所敗，唐賓乃降梁。梁兵攻掠四方，唐賓常與珍俱，與珍威名略等，而驍勇過之，珍戰每小却，唐賓佐之乃大勝。珍嘗私迎其家置軍中，太祖疑珍有異志，遣唐賓伺察之。珍與唐賓不協，唐賓不能忍，夜走還宣武，珍單騎追之，交訴太祖前。太祖兩惜其材，爲和解之。

珍屯蕭縣，聞太祖將至，戒軍中治館廄以待。唐賓部將嚴郊治廄失期，軍吏督之，郊訴于唐賓，唐賓以讓珍，珍怒，拔劍而起，唐賓拂衣就珍，珍即斬之，遣使者告唐賓反。使者晨至梁，敬翔恐太祖暴怒不可測，乃匿使者，至夜而見之，謂雖有所發，必須明旦，冀得少緩其事而圖之。既夕，乃引珍使者入見，太祖大驚，然已夜矣，不能有所發，翔因從容爲太祖畫。明日，佯收唐賓妻子下獄。因如珍軍，去蕭一舍，珍迎謁，太祖命武士執之。諸將霍存等十餘人叩頭救珍，太祖大怒，舉胡牀擲之曰：「方珍殺唐賓時，獨不救之邪！」存等退，珍遂縊死。

龐師古

龐師古，曹州南華人也，初名從。梁太祖鎮宣武，初得馬五百匹爲騎兵，乃以師古將之，從破黄巢、秦宗權，皆有功。

太祖攻時溥未下，留兵屬師古守之，師古取其宿遷，進屯吕梁。溥以兵二萬出戰，師古敗之，斬首二千級。孫儒逐楊行密，取揚州，淮南大亂，太祖遣師古渡淮攻儒，爲儒所敗。是時，朱珍、李唐賓已死，師古與霍存分將其兵。郴王友裕攻徐州，朱瑾以兵救時溥，友裕敗溥於石佛山，瑾收餘兵去。太祖以友裕可追而不追，奪其兵以屬師古。師古攻破徐州，斬溥，太祖表師古徐州留後。梁兵攻鄆州，臨濟水，師古徹木爲橋，夜以中軍先濟。朱宣走中都，見殺。

太祖已下兗、鄆，乃遣師古與葛從周攻楊行密于淮南，師古出清口，從周出安豐。師古自其微時事太祖，爲人謹甚，未嘗離左右，及爲將出兵，必受方略以行，軍中非太祖命，不妄動。師古營清口，地勢卑，或請就高爲栅，師古以非太祖命，不聽。淮人決水浸之，請者告曰：「淮人決河，上流水至矣！」師古以爲揺動士卒，立斬之。已而水至，兵不能戰，遂見殺。

嗚呼，兵之勝敗，豈易言哉！梁兵彊於天下，而吴人號爲輕弱，然師古再舉擊吴，輒再敗以死。其後，太祖自將出光山，攻壽春，然亦敗也。蓋自高駢死，唐以梁兼統淮南，遂與孫、楊爭，凡三十年間，三舉而三敗。以至彊遭至弱而如此，此其不可以理得也。兵法固有以寡而敗衆、以弱而勝彊者，顧吴豈足以知之哉！豈非適與其機會邪？故曰：「兵者凶器，戰者危事也。」可不慎哉！

葛從周

葛從周，字通美，濮州鄄城人也〔四〕。少從黄巢，巢敗降梁〔五〕。從太祖攻蔡州，太祖墜馬，從周扶太祖復騎，與敵步鬬傷面，身被數瘡，偏將張延壽從旁擊之，從周得與太祖俱去。太祖盡黜諸將，獨用從周、延壽爲大將。

秦宗權掠地潁亳，及梁兵戰于焦夷，從周獲其將王涓一人。從朱珍收兵淄青，遇東兵輒戰，珍得兵歸，從周功爲多。張全義襲李罕之於河陽，罕之奔晉，召晉兵以攻全義，全義乞兵於梁，太祖遣從周、丁會等救之，敗晉兵於洹河。潞州馮霸殺晉守將李克恭以降梁〔六〕，太祖遣從周入潞州，晉兵攻之，從周不能守，走河陽。太祖攻魏，從周與丁會先下黎陽、臨河，會太祖於内黄，敗魏兵於永定橋。從丁會攻宿州，以水浸其城，遂破之。太祖攻朱瑾于兗州，未下，留從周圍之，瑾閉壁不出，從周詐言救兵至，陽避之高吳，夜半潛還城下，瑾以謂從周已去，乃出兵收外壕，從周掩擊之，殺千餘人。

晉攻魏，魏人求救，太祖遣侯言救魏，言築壘于洹水。太祖怒言不出戰，遣從周代言。從周至軍，益閉壘不出，而鑿三闇門以待，晉兵攻之，從周以精兵自闇門出擊，敗晉王兵〔七〕。晉王怒，自將擊從周，從周雖大敗，而梁兵擒其子落落，送于魏，斬之。遂徙攻鄆州，擒朱宣於中都，又攻兗州，走朱瑾。太祖表從周兗州留後，以兗、鄆兵攻淮南，出安豐，會龐師古于清口。從周行至濠州，聞師古死，遽還，至淠河將渡而淮兵追之，從周亦大敗。是時，晉兵出山東攻相、衞，太祖遣從周略地山東，下洺州，斬其刺史邢善益；又下邢州，走其刺史馬師素；又下磁州，殺其刺史袁奉滔。五日而下三州。太祖乃表從周兼邢州留後。

劉仁恭攻魏，已屠貝州，羅紹威求救于梁，從周會太祖救魏，入于魏州。燕兵攻館陶門，從周以五百騎出戰，曰：「大敵在前，何可返顧！」使閉門而後戰。破其八柵，燕兵走，追至于臨清，擁之御河，溺死者甚衆。太祖以從周爲宣義行軍司馬。

太祖遣從周攻劉守文于滄州，以蔣暉監其軍。守文求救于其父仁恭，仁恭以燕兵救之。暉語諸將曰：「吾王以我監諸將，今燕兵來，不可迎戰，宜縱其入城，聚食倉廩，使兩困而後取之。」諸將頗以爲然。從周怒曰：「兵在上將，豈監軍所得言！且暉之言乃常談爾，勝敗之機在吾心，暉豈足以知之！」乃勒兵逆仁恭于乾寧，戰于老鵶堤，仁恭大敗，斬首三萬餘級，獲其將馬愼交等百餘人、馬三千匹。是時，守文亦求救於晉，晉爲攻邢洺以牽之〔八〕，從周遽還，敗晉兵于青山。遂從太祖攻鎮州，下臨城，王鎔乞盟，太祖表從周泰寧軍節度使。

從氏叔琮攻晉太原，不克。梁兵西攻鳳翔，青州王師範遣其將劉鄩襲兗州，從周家屬爲鄩所得，厚遇之而不殺。太祖還自鳳翔，乃遣從周攻鄩，從周卒招降鄩。太祖即位，拜左金吾衞上將軍，以疾致仕，拜右衞上將軍，居于偃師。末帝即位，拜昭義軍節度使，封陳留郡王〔九〕，食其俸于家。卒，贈太尉。

霍存

霍存，洺州曲周人也。少從黃巢，巢敗，存乃降梁。存爲將驍勇，善騎射。秦宗權攻汴，存以三千人夜破張晊柵，又以騎兵破秦賢，殺三千人〔一〇〕，敗晊於赤岡。從朱珍掠淄青、龐師古攻時溥，皆有功。朱珍與李唐賓俱死，乃以龐師古代珍、存代唐賓以攻溥，破碭山〔一一〕，存獲其將石君和等五十人。梁攻宿州，葛從周引水浸之，丁會與存戰城下，遂下之。從攻潞州，與晉人遇，戰馬牢川，存入則當其前，出則爲其殿，晉人却，遂東攻魏，取淇門，殺三千人。梁得曹州，太祖以存爲刺史，兼諸軍都指揮使。

梁攻鄆州，朱瑾來救，梁諸將或勸太祖縱瑾入鄆，耗其食，堅圍勿戰，以此可俱弊。太祖曰：「瑾來必與時溥俱，不若遣存邀之。」存伏兵蕭縣，已而瑾果與溥俱出迷離，存發伏擊之，遂敗瑾等於石佛山，存中流矢卒。太祖已即位，閱騎兵於繁臺，顧諸將曰：「使霍存在，豈勞吾親閱邪！諸君寧復思之乎？」佗日語又如此。

張存敬

張存敬，譙郡人也。爲人剛直，有膽勇，少事梁太祖爲將，善因危窘出奇計。李罕之與晉人攻張全義於河陽，太祖遣存敬與丁會等救之，罕之解圍去。太祖以存敬爲諸軍都虞候。太祖攻徐、兗，以存敬爲行營都指揮使。從葛從周攻滄州，敗劉仁恭於老鴉堤。還攻王鎔於鎮州，入其城中，取其馬牛萬計。遷宋州刺史。復從諸將攻幽州，存敬取其瀛、漠〔二〕、祁、景四州。梁攻定州，與王處直戰懷德驛，大敗之，枕尸十餘里。梁已下鎮、定，乃遣存敬攻王珂于河中，存敬出含山，下晉、絳二州，珂降于梁。太祖表存敬護國軍留後，復徙宋州刺史，未至，卒于河中。贈太傅。

存敬子仁潁〔三〕、仁愿。仁愿有孝行，存敬卒，事其兄仁潁，出必告，反必面，如事父之禮。仁愿曉法令，事梁、唐、晉，常爲大理卿，卒，贈秘書監。

符道昭

符道昭，蔡州人也。爲秦宗權騎將，宗權敗，道昭流落無所依，後依鳳翔李茂貞，茂貞愛之，養以爲子，名繼遠。梁攻茂貞，道昭與梁兵戰，屢敗，乃歸梁，太祖表道昭秦州節度使，以亂不果行。太祖爲元帥，初開府，而李周彝以鄜州降，以爲左司馬，擇右司馬難其人，及得道昭，乃授之。

羅紹威將誅其牙兵，惡魏兵彊，未敢發，求梁爲助。太祖乃悉發魏兵使攻燕，而遣馬嗣勳助紹威誅牙兵。牙兵已誅，魏兵在外者聞之皆亂，魏將左行遷據歷亭、史仁遇據高唐以叛，道昭等從太祖悉破之。

道昭爲將，勇於犯敵而少成筭，每戰先發，多敗，而周彝等繼之乃勝。開平元年，與康懷英等攻潞州，築夾城爲蚰蜒塹以圍之，逾年不能下。晉兵攻破夾城，道昭戰死。

劉捍

劉捍，開封人也。爲人明敏有威儀，善擯贊。太祖初鎮宣武，以爲客將，使從朱珍募兵淄青。

太祖北攻鎮州，與王鎔和，遣捍見鎔，鎔軍未知梁意，方嚴兵，捍馳一騎入城中，諭鎔以太祖意，鎔乃聽命。梁兵攻定州，降王處直，捍復以一騎入慰城中。太祖圍鳳翔，遣捍入見李茂貞計事。唐昭宗召見，問梁軍中事，稱旨，賜以錦袍，拜登州刺史，賜號迎鑾毅勇功臣。梁兵攻淮南，遣捍先之淮口，築馬頭下浮橋以渡梁兵。太祖出光山攻壽州，又使捍作浮橋于淮北，以渡歸師。拜宋州刺史。

太祖即位，遷左天武指揮使、元從親軍都虞候、左龍虎統軍，出爲佑國軍留後。同州劉知俊反，以賂誘捍將吏，執捍而去，知俊械之，送于李茂貞，見殺。太祖哀之，贈捍太傅。

寇彦卿

寇彦卿，字俊臣，開封人也。世事宣武軍爲牙將。太祖初就鎮，以爲通引官，累遷右長直都指揮使，領洺州刺史。羅紹威將誅牙軍，太祖遣彦卿之魏計事，彦卿陰爲紹威計畫，乃悉誅牙軍。

彦卿身長八尺，隆準方面，語音如鍾。工騎射，好書史，善伺太祖意，動作皆如旨。太祖嘗曰：「敬翔、劉捍、寇彦卿皆天爲我生之。」其愛之如此。賜以所乘愛馬「一丈烏」。太祖圍鳳翔，以彦卿爲都排陣使，彦卿乘烏馳突陣前，太祖目之曰：「真神將也！」

初，太祖與崔胤謀，欲遷都洛陽，而昭宗不許。其後昭宗奔于鳳翔，太祖以兵圍之，昭宗既出，明年，太祖以兵至河中，遣彦卿奉表迫請遷都。彦卿因悉驅徙長安居人以東，皆拆屋爲桃〔一四〕，浮渭而下，道路號哭，仰天大駡曰：「國賊崔胤、朱温使我至此！」昭宗亦顧瞻陵廟，傍徨不忍去，謂其左右爲俚語云：「紇干山頭凍死雀，何不飛去生處樂。」相與泣下沾襟。昭宗行至華州，遣人告太祖以何皇后有娠，願留華州待冬而行。太祖大怒，顧彥卿曰：「汝往趣官家來，不可一日留也。」彥卿復馳至華，即日迫昭宗上道。

太祖即位，拜彥卿感化軍節度使。歲餘，召爲左金吾衞大將軍、充金吾街仗使。彥卿晨朝至天津橋，民梁現不避道，前驅捽現投橋上石欄以死。彥卿見太祖自首，太祖惜之，詔彥卿以錢償現家以贖罪。御史司憲崔沂劾奏彥卿，請論如法，太祖不得已，責授彥卿左衞中郎將。復拜相州防禦使，遷河陽節度使。

太祖遇弒，彥卿出太祖畫像，事之如生，嘗對客語先朝，必涕泗交下。末帝即位，徙鎮威勝。彥卿明敏善事人，而怙寵作威，好誅殺，多猜忌。卒于鎮，年五十七。

校勘記

〔一〕拜翔太府卿　「翔」字原闕，據宗文本補。按舊五代史卷一八敬翔傳：「翔授檢校右僕射、太府卿。」通鑑卷二六四：「以敬翔守太府卿。」

〔二〕翔亦佯醉去　「翔」字原闕，據宗文本補。按舊唐書卷二〇上昭宗紀：「全忠令敬翔私退，奏曰：『敬翔亦醉而出矣。』」

〔三〕陝州陝人也　「陝州」二字原闕，據宗文本補。舊五代史卷二一李唐賓傳云其「陝州陝縣人也」。

〔四〕濮州鄄城人 「鄄城」，原作「甄城」，據宋丙本、宗文本、舊五代史卷一六葛從周傳改。按舊唐書卷三八地理志一，濮州有鄄城縣。

〔五〕巢敗降梁 「巢」字原闕，據宗文本補。

〔六〕李克恭 原作「李克脩」，據南監本、本書卷一梁本紀、舊五代史卷一梁太祖紀一、卷二五唐武皇紀上、卷五三李存孝傳改。按舊五代史卷二五唐武皇紀上、通鑑卷二五八皆記李克脩卒於大順元年三月，李克恭代爲潞州節度使。

〔七〕敗晉王兵 「晉」字下原空一格，據宋丙本補。宗文本作「敗晉兵」。

〔八〕晉爲攻邢洺以牽之 「邢」，原作「鄩」，據宋丙本、宗文本、舊五代史卷一六葛從周傳改。

〔九〕封陳留郡王 「封」字原闕，據宗文本、舊五代史卷一六葛從周傳、册府卷一九六、卷三八六補。

〔一〇〕殺三千人 「三千」，舊五代史卷二一霍存傳、册府卷三四六作「五千」。

〔一一〕破碭山 「破」，宗文本作「溥敗」，宋丙本作「敗」。

〔一二〕漠 舊五代史卷二〇張存敬傳作「莫」。按舊五代史卷一五〇郡縣志，河北道有莫州。

〔一三〕存敬子仁穎 「仁穎」，舊五代史卷九三張仁愿傳、册府卷八五二作「仁潁」。本卷下一處同。

〔一四〕皆拆屋爲柀 宗文本作「人皆拆屋爲柀」。

新五代史卷二十二

梁臣傳第十

康懷英

康懷英，兗州人也。事朱瑾爲牙將，梁兵攻瑾，瑾出略食豐沛間，留懷英守城，懷英即以城降梁，瑾遂奔于吴。太祖得懷英大喜。

後從氏叔琮攻趙匡凝，下鄧州。梁兵攻李茂貞于岐，以懷英爲先鋒，至武功，擊殺岐兵萬餘人，太祖喜曰：「邑名武功，真武功也。」以名馬賜之。是時，李周彝以鄜坊兵救岐，屯于三原〔一〕，懷英擊走之，因取其翟州而還。岐兵屯奉天，懷英栅其東北。夜半，岐兵攻之，懷英以爲夜中不欲驚它軍，獨以二千人出戰〔二〕，遲明，岐兵解去，身被十餘瘡。李茂貞與梁和，昭宗還京師，賜懷英迎鑾毅勇功臣。

楊行密攻宿州，太祖遣懷英擊走之，表宿州刺史。遷保義軍節度使。

丁會以潞州叛梁降晉，太祖命懷英爲招討使，將行，太祖戒之，語甚切，懷英惶恐，以謂潞州期必得，乃築夾城圍之。晉遣周德威屯于亂柳，數攻夾城，懷英不敢出戰，太祖乃以李思安代懷英將，降懷英爲都虞候。久之，思安亦無功，太祖大怒，罷思安，以同州劉知俊爲招討使。知俊未至軍，太祖自至澤州，爲懷英等軍援，且督之。已而晉王李克用卒，莊宗召周德威還〔三〕。太祖聞晉有喪，德威去，亦歸洛陽，而諸將亦少弛。莊宗謂德威曰：「晉之所以能敵梁，而彼所憚者，先王也。今聞吾王之喪，謂我新立，未能出兵，其意必怠，宜出其不意以擊之，非徒解圍，亦足以定霸也。」乃與德威等疾馳六日至北黄碾，會天大昏霧，伏兵三垂岡，直趨夾城，攻破之。懷英大敗，亡大將三百人，懷英以百騎遁歸，詣闕請死。太祖曰：「去歲興兵，太陰虧食，占者以爲不利，吾獨違之而致敗，非爾過也。」釋之，以爲右衛上將軍。

劉知俊叛，奔于岐，以懷英爲保義軍節度使、西路副招討使。知俊以岐兵圍靈武，太祖遣懷英攻邠寧以牽之。懷英取寧、慶、衍三州，還至昇平，知俊掩擊之，懷英大敗。徙鎮感化。其後朱友謙叛附于晉，以懷英討之，與晉人戰白徑嶺，懷英又大敗。徙鎮永平，卒于鎮。

劉鄩

劉鄩，密州安丘人也。少事青州王敬武，敬武卒，子師範立，棣州刺史張蟾叛，師範遣指揮使盧洪討蟾，洪亦叛，師範僞爲好辭召洪，洪至，迎於郊外，命鄩斬之坐上，因使鄩攻張蟾，破之。師範表鄩登州刺史，以爲行軍司馬。

梁太祖西攻鳳翔，師範乘梁虛，陰遣人分襲梁諸州縣，它遣者謀多漏洩，事不成。獨鄩素好兵書，有機略。是時，梁已破朱瑾等，悉有兖、鄆，以葛從周爲兖州節度使，從周將兵在外，鄩乃使人負油鬻城中，悉視城中虛實出入之所。油者得羅城下水竇可入，鄩乃以步兵五百從水竇入〔四〕，襲破之，徙從周家屬外第，親拜其母，撫之甚有恩禮。

太祖已出昭宗于鳳翔，引兵東還，遣朱友寧攻師範、從周攻鄩。鄩以版輿置從周母城上，母呼從周曰：「劉將軍待我甚厚，無異於汝。人臣各爲其主，汝可察之！」從周爲之緩攻。鄩乃悉簡婦人及民之老疾不足當敵者出之，獨與少壯者同辛苦，分衣食，堅守以待。外援不至〔五〕，人心頗離，副使王彦温踰城而奔，守陴者多逸。鄩乃遣人陽語彦温曰：「副使勿多以人出，非吾素遣者，皆勿以行。」又下令城中曰：「吾遣從副使者得出，否者皆族。」城中皆惑，奔者乃止。已而梁兵聞之，果疑彥温非實降者，斬之城下，由是城守益堅。

師範兵已屈，從周以禍福諭鄩，鄩報曰：「俟吾主降，即以城還梁〔六〕。」師範敗，降梁，鄩乃亦降。從周爲具齎裝，送鄩歸梁，鄩曰：「降將蒙梁恩不誅，幸矣！敢乘馬而衣裘乎？」乃素服乘驢歸梁。太祖賜之冠帶，飲之以酒，鄩辭以量小，太祖曰：「取兗州，量何大乎？」以爲元從都押衙。是時，太祖已領四鎮，四鎮將吏皆功臣舊人〔七〕，鄩一旦以降將居其上，及諸將見鄩，皆用軍禮，鄩居自如，太祖益奇之。

太祖即位，累遷左龍武統軍。劉知俊叛，陷長安，太祖遣鄩與牛存節討之，知俊走鳳翔，太祖乃以長安爲永平軍，拜鄩節度使。末帝即位，領鎮南軍節度使，爲開封尹。

楊師厚卒，分相、魏爲兩鎮，末帝恐魏兵亂，遣鄩以兵屯于魏縣。魏兵果亂，劫賀德倫降晉。莊宗入魏，鄩以謂晉兵悉從莊宗赴魏，而太原可襲，乃結草爲人，執以旗幟，以驢負之往來城上，而潛軍出黄澤關襲太原。晉兵望梁壘旗幟往來，不知其去也，以故不追。鄩至樂平，遇雨，不克進而旋，急趨臨清，爭魏積粟，而周德威已先至，鄩乃屯于莘縣，築甬道及河以饋軍。

久之，末帝以書責鄩曰：「閫外之事〔八〕，全付將軍，河朔諸州一旦淪没。今倉儲已竭，飛輓不充，將軍與國同心，宜思良畫！」鄩報曰：「晉兵甚鋭，未可擊，宜待之。」末帝復遣問鄩必勝之策，鄩曰：「臣無奇術，請人給米十斛，米盡則敵破矣！」末帝大怒，誚鄩曰：「將軍蓄米，將療饑乎？將破敵乎？」乃遣使者監督其軍。鄩召諸將謀曰：「主上深居禁中，與白面兒謀，必敗人事。今敵盛，未可輕動，諸君以爲如何？」諸將皆欲戰，鄩乃悉召諸將坐之軍門，人以河水一杯飲之，諸將莫測，或飲或辭，鄩曰：「一杯之難猶若此，滔滔河流可盡乎？」諸將皆失色。

是時，莊宗在魏，數以勁兵壓鄩營，鄩不肯出，而末帝又數促鄩，使出戰。莊宗與諸將謀曰：「劉鄩學六韜，喜以機變用兵，本欲示弱以襲我，今其見迫，必求速戰。」乃聲言歸太原，命符存審守魏，陽爲西歸，而潛兵貝州〔九〕。鄩果報末帝曰：「晉王西歸，魏無備，可擊。」乃以兵萬人攻魏城東，莊宗自貝州返趨擊之。鄩忽見晉軍，驚曰：「晉王在此邪！」兵稍却，追至故元城，莊宗與符存審爲兩方陣夾之，鄩爲圓陣以禦晉人。兵再合，鄩大敗，南奔，自黎陽濟河，保滑州。末帝以爲義成軍節度使。明年，河朔皆入于晉，降鄩亳州團練使。

兖州張萬進反，拜鄩兖州安撫制置使。萬進敗死，乃拜鄩泰寧軍節度使。朱友謙叛，陷同州，末帝以鄩爲河東道招討使。行次陝州，鄩爲書以招友謙，友謙不報，留月餘待之。

尹皓、段凝等素惡鄩，乃譖之，以爲鄩與友謙親家，故其逗留以養賊。已而鄩兵數敗，乃罷鄩歸洛陽，酖殺之，年六十四，贈中書令。

子遂凝、遂雍，事唐皆爲刺史。鄩妾王氏有美色，鄩卒後，入明宗宮中，是爲王淑妃。明宗晚年，淑妃用事，鄩二子皆被恩寵。

潞王從珂反於鳳翔，時遂雍爲西京副留守，留守王思同率諸鎮兵討鳳翔，戰敗東歸，遂雍閉門不内，悉封府庫以待潞王。潞王前軍至者，悉以金帛給之。潞王見遂雍，握手流涕，由是事無大小皆與圖議。廢帝入立，拜遂雍淄州刺史，以鄩兄琪之子遂清代遂雍爲西京副留守。

遂清歷易、棣等五州刺史，皆有善政，遷鳳州防禦使，宣徽北院使、判三司。晉開運中爲安州防禦使以卒。遂清性至孝，居父喪哀毁，鄉里稱之。嘗爲淄州刺史，迎其母，母及郊，遂清爲母執轡行數十里，州人咸以爲榮。

牛存節

牛存節，字贊正，青州博昌人也。初名禮，事諸葛爽於河陽，爽卒，存節顧其徒曰：

「天下洶洶，當得英雄事之。」乃率其徒十餘人歸梁太祖。存節爲人木彊忠謹，太祖愛之，賜之名字，以爲小校。

張晊攻汴，存節破其二寨。梁攻濮州，戰南劉橋、范縣，存節功多。李罕之圍張全義於河陽，全義乞兵於梁，太祖以存節故事河陽，知其間道，使以兵爲前鋒。是時歲饑，兵行乏食，存節以金帛就民易乾葚以食軍，擊走罕之。太祖攻魏，存節下魏黎陽、臨河，殺魏萬二千人，與太祖會內黃。遷滑州牢城、遏後指揮使〔一〇〕。

梁兵攻鄆，存節使都將王言藏船鄆西北隅濠中，期以日午渡兵踰濠急攻之。會營中火起，鄆人登城望火，言伏不敢動，與存節失期，存節獨破鄆西甕城門，奪其濠橋，梁兵得俱進，遂破朱宣。從葛從周攻淮南，從周敗渒河，存節收其散卒八千以歸。拜亳、宿二州刺史。朱瑾走吳，召吳兵攻徐、宿，存節謀曰：「淮兵必不先攻宿，然宿溝壘素固，可以禦敵。」乃夜以兵急趣徐州，比傅徐城下，瑾兵方至，望其塵起，驚曰：「梁兵已來，何其速也！」不能攻而去。已而太祖使者至，授存節軍機，悉與存節意合，由是諸將益服其能。遷潞州都指揮使。太祖攻鳳翔，使召存節。存節爲將，法令嚴整而善得士心，潞人送者皆號泣〔一一〕。累拜邢州團練使、元帥府左都押衙。

太祖即位，拜右千牛衞上將軍。從康懷英攻潞州，爲行營排陣使。晉兵已破夾城，存節等以餘兵歸，行至天井關，聞晉兵攻澤州，存節顧諸將曰：「吾行雖不受命，然澤州要害，不可失也。」諸將皆不欲救之。存節戒士卒熟息，已而謂曰：「事急不赴，豈曰勇乎！」舉策而先，士卒隨之。比至澤州，州人已焚外城，將降晉，聞存節至，乃稍定。存節入城，助澤人守，晉人穴地道以攻之，存節選勇士數十，亦穴地以應之，戰于隧中，敵不得入，晉人解去。遷左龍虎統軍、六軍都指揮使、絳州刺史，遷鄜州留後。

同州劉知俊叛，奔鳳翔，乃遷存節匡國軍節度使。友珪立，朱友謙叛附于晉，西連鳳翔，存節東西受敵。同州水鹹而無井，知俊叛梁，以渴不能守而走，故友謙與岐兵合圍持久，欲以渴疲之，存節禱而擇地鑿井八十，水皆甘可食，友謙卒不能下。

末帝立，加同中書門下平章事，徙鎮天平。蔣殷反徐州，遣存節攻破之，以功加太尉。梁、晉相距於河上，存節病痟，而梁、晉方苦戰，存節忠憤彌激，治軍督士，未嘗言病。病革，召歸京師，將卒，語其子知業曰：「忠孝，吾子也。」不及其佗。贈太師。

張歸霸　弟歸厚　歸弁

張歸霸，清河人也。末帝娶其女，是爲德妃。歸霸少與其弟歸厚、歸弁俱從黃巢，巢敗東走，歸霸兄弟乃降梁。

秦宗權攻汴，歸霸戰數有功。張晊軍赤岡，以騎兵挑戰，矢中歸霸，歸霸拔之，反以射賊，一發而斃，奪其馬而歸。太祖從高丘望見，甚壯之，賞以金帛，并以其馬賜之。使以弓手五百人伏湟中，太祖以騎數百爲遊兵，過晊柵，晊出兵追太祖，歸霸發伏，殺晊兵千人，奪馬數十匹。

太祖攻蔡州，蔡將蕭顥急擊太祖營，歸霸不暇請，與徐懷玉分出東南壁門，合擊敗之，太祖得拔營去。太祖攻兗、鄆，取曹州，使歸霸以兵數千守之，與朱瑾逆戰金鄉，大敗之。又破濮州。晉人攻魏，歸霸從葛從周救魏，戰洹水，歸霸擒克用子落落以與魏人。又破劉仁恭於内黄，功出諸將右。光化二年，權知邢州。遷萊州刺史，拜左衛上將軍、曹州刺史。開平元年，拜右龍虎統軍、左驍衛上將軍。二年，拜河陽節度使，以疾卒。

子漢傑，事末帝爲顯官，以張德妃故用事。梁亡，唐莊宗入汴，遂族誅。

弟歸厚，字德坤。爲將善用弓槊，能以少擊衆。張晊屯赤岡，歸厚與晊獨戰陣前，晊憊而却，諸將乘之，晊遂大敗。太祖大悦，以爲騎長。

梁攻時溥，歸厚以麾下先進九里山，遇徐兵而戰，梁故將陳璠叛在徐，歸厚望見識之，瞋目大罵，馳騎直往取之，矢中其左目。

郴王友裕攻鄆，屯濮州，太祖從後至，友裕徙柵，與太祖相失。太祖卒與鄆兵遇，太祖登高望之，鄆兵纔千人，太祖與歸厚以廳子軍直衝之，戰已合，鄆兵大至，歸厚度不能支，以數十騎衛太祖先還。歸厚馬中矢僵，乃持槊步鬬。太祖還軍中，遣張筠馳騎第取之，以爲必死矣。歸厚體被十餘箭，得筠馬乃歸，太祖見之，泣曰：「爾在，喪軍何足計乎！」使舁歸宣武。遷右神武統軍，歷洺、晉、絳三州刺史，與晉人屢戰未嘗屈。乾化元年，拜鎮國軍節度使，以疾卒。子漢卿。

歸弁，爲將亦善戰，開平初，爲滑州長劍指揮使。子漢融。梁亡，皆族誅。

王重師

王重師，許州長社人也。爲人沈嘿多智，善劍槊。秦宗權陷許州，重師脱身歸梁，從太祖平蔡，攻兗、鄆，爲拔山軍指揮使〔一〕。重師苦戰齊魯間，威震鄰敵。遷潁州刺史。

太祖攻濮州，已破，濮人積草焚之，梁兵不得入。是時，重師方病金瘡，卧帳中，諸將强之，重師遽起，悉取軍中氈毯沃以水，蒙之火上，率精卒以短兵突入，梁兵隨之皆入，遂取濮州。重師身被八九瘡，軍士負之而還。太祖聞之，驚曰：「柰何使我得濮州而失重師乎！」使醫理之，逾月乃愈。王師範降，表重師青州留後，累遷佑國軍節度使、同中書門下平章事。居數年，甚有威惠。

重師與劉捍故有隙，捍嘗構之太祖，太祖疑之。重師遣其將張君練西攻邠、鳳而不先請，君練兵小敗，太祖以其擅發兵，挫失國威，將召而罪之，遣劉捍代重師。重師不知太祖怒己，捍至，重師不出迎，見之青門，禮又倨，捍因馳白太祖，言重師有二志。太祖益怒，貶重師溪州刺史，再貶崖州司户參軍，未行，賜死。

徐懷玉

徐懷玉，亳州焦夷人也。少事梁太祖，與太祖俱起微賤。懷玉爲將，以雄豪自任，而勇於戰陣。從太祖鎮宣武，爲永城鎮將。

秦宗權攻梁，壁金隄、靈昌、酸棗，懷玉以輕騎連擊破之，俘殺五千餘人，遷左長劍都虞候。又破宗權於板橋、赤岡，拔其八柵。從太祖東攻兗、鄆，破徐、宿。懷玉金創被體，戰必克捷，所得賞賚，往往以分士卒，爲梁名將。本名琮，太祖賜名懷玉。從太祖攻魏，敗魏兵黎陽，遂東攻兗，破朱瑾於金鄉。又從龐師古攻楊行密，師古敗清口，懷玉獨完一軍，行收散卒萬餘人以歸。遷沂州刺史，屬歲屢豐，乃繕兵治壁，爲戰守具。已而王師範叛梁，攻東境，懷玉屢以州兵擊破之。遷齊州防禦使。天復四年，以州兵西迎昭宗都洛陽，遷華州觀察留後，以兵屯雍州。遷右羽林統軍〔三〕，屯于澤州，晉人攻之，爲隧以入，懷玉擊之隧中，晉人乃却。太祖時，歷曹、晉二州刺史，晉數攻之，懷玉堅守，敗晉兵于洪洞。拜保大軍節度使。太祖崩，友珪自立，朱友謙附于晉，以襲鄜州，執懷玉，殺之。

校勘記

〔一〕屯于三原　「三原」，原作「三界原」，據宗文本、舊五代史卷二三康懷英傳改。

〔二〕獨以二千人出戰　「二千」，宗文本、册府卷三四六作「三千」。

〔三〕莊宗召周德威還　句下宗文本有「太原」二字。

〔四〕鄩乃以步兵五百從水竇入　「入」字原闕，據宗文本補。通鑑卷二六三：「鄩將精兵五百夜自水竇入。」

〔五〕堅守以待外援不至　宗文本作「堅守以待外援久之外援不至」。

〔六〕即以城還梁　「梁」字原闕，據宋丙本、宗文本補。

〔七〕四鎮將吏皆功臣舊人　「四鎮」二字原闕，據宗文本補。通鑑卷二六四敍其事作「是時四鎮將吏皆功臣舊人」。

〔八〕閫外之事　「之」字原闕，據宗文本、舊五代史卷二三劉鄩傳、册府卷四五〇補。

〔九〕而潛兵貝州　「而」字原闕，據宗文本補。

〔一〇〕遷滑州牢城遏後指揮使　「牢城」，宗文本、牛存節墓誌（拓片刊河洛墓刻拾零）作「牢牆」，册府卷二一〇注：「梁祖諱誠，故曰牢牆。」

〔一一〕潞人送者皆號泣　「潞」，原作「路」，據宋丙本、宗文本改。

〔一二〕爲拔山軍指揮使　「拔山軍」，宗文本作「拔山都」。册府卷八四五記其隸於拔山都。

〔一三〕遷右羽林統軍　「右」，舊五代史卷二一徐懷玉傳、册府卷三四六作「左」。

新五代史卷二十三

梁臣傳第十一

楊師厚

楊師厚，潁州斤溝人也。少事河陽李罕之，罕之降晉，選其麾下勁卒百人獻于晉王，師厚在籍中。師厚在晉，無所知名，後以罪奔于梁，太祖以爲宣武軍押衙、曹州刺史。梁攻王師範，師厚戰臨朐，擒其偏將八十餘人，取棣州，以功拜齊州刺史。

太祖攻趙匡凝於襄陽，遣師厚爲先鋒。師厚取穀城西童山木爲浮橋，渡漢水，擊匡凝，敗之，匡凝棄城走。師厚進攻荆南，又走匡凝弟匡明，功爲多，拜山南東道節度使、同中書門下平章事。

劉知俊叛，攻陷長安，劉鄩、牛存節等攻之，久不克。師厚以奇兵出，旁南山入其西門，降其守者，遂克之。晉周德威攻晉州以應知俊，師厚敗之于蒙坑，以功遷保義軍節度使，徙鎮宣義。

是時，梁兵攻趙久無功，太祖病臥洛陽，少間，乃自將北擊趙。師厚從太祖至洹水，夜行迷失道，明旦，次魏縣，聞敵將至，梁兵潰亂不可止，久之無敵，乃定。已而太祖疾作，乃還。明年，少間，而晉軍攻燕，燕王劉守光求援於梁，太祖爲之擊趙以牽晉，屯于龍花，遣師厚攻棗彊，三月【一】不能下〔一〕。太祖怒，自往督兵戰〔二〕，乃破，屠之，進圍蓨縣。晉史建瑭以輕兵夜擊梁軍，梁軍大擾，太祖與師厚皆棄輜重南走。太祖還東都，師厚留屯魏州。明年，太祖遇弒，友珪自立，師厚乘間殺魏牙將潘晏、臧延範等，逐出節度使羅周翰，友珪因以師厚爲天雄軍節度使。

【一】一作日。

自太祖與晉戰河北，師厚常爲招討使，悉領梁之勁兵。太祖崩，師厚遂逐其帥，而稍矜倨難制。時魏恃牙兵〔三〕，其帥得以倔彊。羅紹威時，牙兵盡死，魏勢孤，始爲梁所制。師厚已得志，乃復置銀槍效節軍。友珪陰欲圖之，召師厚入計事。其吏田温等勸師厚勿行，師厚曰：「吾二十年不負朱家，今若不行，則見疑而生事，然吾知上爲人，雖往，無如我何也。」乃以勁兵二萬朝京師，留其兵城外，以十餘人自從，入見友珪，友珪益恐懼，賜與鉅萬而還。

已而末帝謀討友珪，問於趙巖，巖曰：「此事成敗，在招討楊公爾。得其一言諭禁軍，吾事立辦。」末帝乃遣馬慎交陰見師厚，布腹心。師厚猶豫未決，謂其下曰：「方郢王弑逆時，吾不能即討。今君臣之分已定，無故改圖，人謂我何？」其下或曰：「友珪弑父與君，乃天下之惡，均王仗大義以誅賊，其事易成。彼若一朝破賊，公將何以自處？」師厚大悟，乃遣其將王舜賢至洛陽，見袁象先計事，使朱漢賓以兵屯滑州爲應。末帝卒與象先殺友珪。

末帝即位，封師厚鄴王，詔書不名，事無巨細皆以諮之，然心益忌而畏之。已而師厚瘍發卒，末帝爲之受賀於宮中。由是始分相、魏爲兩鎮。魏軍亂，以魏博降晉，梁失河北自此始。

王景仁

王景仁，廬州合淝人也。初名茂章，少從楊行密起淮南。景仁爲將驍勇剛悍，質略無威儀，臨敵務以身先士卒，行密壯之。

梁太祖遣子友寧攻王師範于青州〔四〕，師範乞兵於行密，行密遣景仁以步騎七千救師範。師範以兵背城爲兩栅，友寧夜擊其一栅，栅中告急，趣景仁出戰，景仁按兵不動。友寧已破一栅，連戰不已。遲明，景仁度友寧兵已困，乃出戰，大敗之，遂斬友寧，以其首報行密。

是時，梁太祖方攻鄆州，聞子友寧死，以兵二十萬倍道而至，景仁閉壘示怯，伺梁兵怠，毁栅而出，驅馳疾戰，戰酣退坐，召諸將飲酒，已而復戰。太祖登高望見之，得青州降人，問：「飲酒者爲誰？」曰：「王茂章也。」太祖歎曰：「使吾得此人爲將，天下不足平也！」梁兵又敗。景仁軍還，梁兵急追之，景仁度不可走，遣裨將李虔裕以衆一旅設覆於山下以待之，留軍不行，解鞍而寢，虔裕疾呼曰：「追兵至矣，宜速走，虔裕以死遏之！」景仁曰：「吾亦戰於此也。」虔裕三請，景仁乃行，而虔裕卒戰死，梁兵以故不能及，而景仁得全軍以歸〔五〕。

景仁事行密，爲潤州團練使。行密死，子渥自宣州入立，以景仁代守宣州。渥已立，反求宣州故時物〔六〕，景仁惜不與，渥怒，以兵攻之。景仁奔于錢鏐，鏐表景仁領宣州節度使。梁太祖素識景仁，乃遣人召之，景仁間道歸梁，仍以爲寧國軍節度使，加同中書門下平章事。久之，未有以用，使參宰相班，奉朝請而已。

開平四年，以景仁爲北面招討使，將韓勍、李思安等兵伐趙，行至魏州，司天監言：「太陰虧，不利行師。」太祖亟召景仁等還，已而復遣之。景仁已去，太祖思術者言，馳使者止景仁於魏以待。景仁已過邢洺，使者及之，景仁不奉詔，進營於柏鄉。乾化元年正月庚寅〔七〕，日有食之，崇政使敬翔白太祖曰：「兵可憂矣！」太祖爲之旰食。是日，景仁及晉人戰，大敗於柏鄉，景仁歸訴於太祖，太祖曰：「吾亦知之，蓋韓勍、李思安輕汝爲客，不從節度爾。」乃罷景仁就第，後數月，悉復其官爵。

末帝立，以景仁爲淮南招討使，使攻廬、壽〔八〕，軍過獨山，山有楊行密祠，景仁再拜號泣而去。戰于霍山，梁兵敗走，景仁殿而力戰，以故梁兵不甚敗。景仁歸京師，病疽卒，贈太尉。

賀瓌

賀瓌，字光遠，濮州人也。事鄆州朱宣爲都指揮使。梁太祖攻朱瑾于兗州，宣遣瓌與何懷寶、柳存等以兵萬人救兗州，瓌趨待賓館，欲絶梁餉道。梁太祖略地至中都，得降卒，言瓌等兵趨待賓館矣。以六壬占之，得「斬關」，〔一〕以爲吉，乃選精兵夜疾馳百里，期先至待賓以逆瓌，而夜黑，兵失道，旦至鉅野東，遇瓌兵，擊之，瓌等大敗〔九〕。瓌走，梁兵急追之，瓌顧路窮，登塚上大呼曰：「我賀瓌也，可勿殺我！」太祖馳騎取之，并取懷寶等數十人，降其卒三千餘人。是日，大風揚沙蔽天，太祖曰：「天怒我殺人少邪？」即盡殺降卒三千人，而縶瓌及懷寶等至兗城下以招瑾，瑾不納，因斬懷寶等十餘人，而獨留瓌。瓌感太祖不殺，誓以身自效。從太祖平青州，以爲曹州刺史。太祖即位，累遷相州刺史。末帝時，遷左龍虎統軍，宣義軍節度使。

【一】卦名。

貞明元年，魏兵亂，賀德倫降晉，晉王入魏州。劉鄩敗于故元城，走黎陽，貝、衞、洺、磁諸州皆入于晉〔一〇〕。晉軍取楊劉〔一一〕，末帝乃以瓌爲招討使，與謝彦章等屯于行臺。晉軍迫瓌十里而栅，相持百餘日。瓌與彦章有隙，伏甲殺之，莊宗喜曰：「將帥不和，梁亡無日矣！」乃令軍中歸其老疾於鄴，以輕兵襲濮州。瓌自行臺躡之，戰于胡柳陂，晉人輜重在陣西，瓌軍薄之〔一二〕，晉軍亂，斬其將周德威，盡取其輜重。瓌軍已勝〔一三〕，陣無石山，日暮，晉兵仰攻之，瓌軍下山擊晉軍，瓌大敗，晉遂取濮州，城德勝，夾河爲栅。瓌以舟兵攻南栅，不能得，還軍行臺，以疾卒，年六十二，贈侍中。有子光圖。【二】

【二】凡言有子某者，皆仕皇朝有聞。

王檀

王檀，字衆美，京兆人也。少事梁太祖爲小校，尚讓攻梁，戰尉氏門，檀勇出諸將，太祖奇之，遷踏白副指揮使。

從朱珍募兵東方，戰數有功。梁與蔡兵戰板橋，李重裔馬踣，爲蔡兵所擒，檀馳取之，并獲其將一人。從太祖破魏内黄，遷衡山都虞候。復從朱珍攻徐州，檀獲其將一人。梁兵攻王師範，檀以一軍破其密州，拜密州刺史。太祖即位，遷保義軍節度使、潞州東北面招討使〔一四〕。

王景仁敗於柏鄉，晉兵圍邢州，太祖大懼，欲自將救之，檀止太祖，請自拒敵，力戰，卒全邢州，以功加同中書門下平章事，進封瑯琊郡王。

友珪立，徙鎮宣化。貞明元年，又徙匡國。是時，莊宗取魏博，檀以謂晉兵悉在河北，乃以奇兵西出陰地襲太原，不克而還。徙鎮天平，檀嘗招納亡盗居帳下，帳下兵亂，入殺檀，年五十八〔一五〕，贈太師，謚曰忠毅。

馬嗣勳

馬嗣勳，濠州鍾離人也。少事州爲客將，爲人材武有辯。梁太祖攻濠州，刺史張遂遣嗣勳持牌印降梁。楊行密攻遂，遂又使嗣勳乞兵於太祖。梁兵未至，濠州已没，嗣勳無所歸，乃留事梁，太祖以爲宣武軍元從押衙。

太祖西攻鳳翔，行至華州，遣嗣勳入説韓建，建即時出降。天祐二年〔一六〕，羅紹威將誅牙軍，乞兵於梁，梁女嫁魏，適死，太祖乃遣嗣勳以長直千人爲綵輿入魏，致兵器於輿中，聲言助葬。嗣勳館銅臺，夜與魏新鄉鎮兵攻石柱門，入迎紹威家屬，衛之。乃益取魏甲兵攻牙軍，牙軍不知兵所從來，莫能爲備，殺其八千餘人，遲明皆盡。嗣勳中重瘡卒。太祖即位，贈太保。

王虔裕

王虔裕，瑯琊臨沂人也。爲人健勇，善騎射，以弋獵爲生。少從諸葛爽起青棣間，其後爽爲汝州防禦使，率兵北擊沙陀，還入長安攻黄巢，爽兵敗降巢，巢以爽爲河陽節度使。中和三年，孫儒陷河陽，虔裕隨爽奔于梁。是時，太祖新就鎮，黄巢、秦宗權等兵方盛，太祖數爲所窘，而梁未有佗將，乃以虔裕將騎兵，常爲先鋒。擊巢陳蔡間，拔其數栅，巢走，梁兵躡之，戰于萬勝戍，賊敗而東，虔裕功爲多，乃表虔裕義州刺史。

黄巢已去，秦宗權攻許、鄭，與梁爲敵境，大小百餘戰，虔裕常有功。秦宗賢攻汴南境，太祖遣虔裕拒賢於尉氏，戰敗，失一裨將，太祖怒，拘虔裕於軍中。

邢州孟遷降梁，爲晉人所圍，太祖遣虔裕以精兵百人疾馳，夜破晉圍，入邢州，遲明，立梁旗幟於城上，晉人以爲救兵至，乃退。已而晉兵復來〔一七〕，遷執虔裕降于晉，見殺。

謝彦章

謝彦章〔一八〕，許州人也。幼事葛從周，從周憐其敏惠，養以爲子，授之兵法，從周以千錢置大盤中，爲行陣偏伍之狀，示以出入進退之節，彦章盡得之。及壯，事梁太祖爲騎將。是時，賀瓌善用步卒，而彦章與孟審澄、侯温裕皆善將騎兵，審澄、温裕所將不過三千，彦章多而益辨。

彦章事末帝，累遷匡國軍節度使。貞明四年，晉攻河北，賀瓌爲北面招討使，彦章爲排陣使，屯于行臺。彦章爲將，好禮儒士，雖居軍中，嘗儒服，或臨敵御衆，肅然有將帥之威，左右馳驟，疾若風雨。晉人望其行陣齊整，相謂曰：「謝彦章必在此也！」其名重敵中如此。瓌心忌之。彦章與瓌行視郊外，瓌指一地語彦章曰：「此地岡阜隆起〔一九〕，其中坦然，營栅之地也。」已而晉兵栅之，瓌疑彦章陰以告晉，益惡之。彦章故與馬步都虞候朱珪有隙，瓌欲速戰，彦章請持重以老敵，珪乃誣彦章以爲將反。瓌旦享士，使珪伏甲殺之，審澄、温裕皆見害。

校勘記

〔一〕三月不能下　「月」，宗文本、吴縝纂誤卷上引五代史作「日」。册府卷三六九叙其事作「逾旬不能克」。

〔二〕自往督兵戰　宗文本、吴縝纂誤卷上引五代史作「自往督戰」。

〔三〕時魏恃牙兵　「時」，宗文本作「故時」。

〔四〕梁太祖遣子友寧攻王師範于青州　吴縝纂誤卷上：「今按家人傳，友寧乃梁祖兄存之子，其後中書上議，亦皆謂之『皇姪』，今此乃以『子』名之，誤也。」按册府卷二九九：「友寧，太祖之姪也。」

〔五〕而景仁得全軍以歸　「得」字原闕，據宗文本補。

〔六〕反求宣州故時物　「時」字原闕，據宗文本補。

〔七〕乾化元年正月庚寅　本書卷五九司天考、舊五代史卷六梁太祖紀六、卷一三九天文志皆繫其事於丙戌。按是月丙戌朔，庚寅爲初五。吴縝纂誤卷上：「其間丙戌、庚寅相距五日而皆書日食，此爲甚誤也。」

〔八〕使攻盧壽　「使」字原闕，據宗文本補。

〔九〕瓌等大敗　以上四字原闕，據宗文本補。

〔一〇〕貝衞洺磁諸州皆入于晉　「磁」，原作「慈」，據宗文本改。

〔一一〕晉軍取楊劉　「楊劉」，原作「劉鄩」，據宋丙本、宗文本、舊五代史卷二三賀瓌傳改。

〔一二〕瓌軍薄之　「薄」上原有「將」字，據宗文本删。

〔一三〕瓌軍已勝　「瓌」字原闕，據宗文本補。

〔一四〕潞州東北面招討使　「東北面」，舊五代史卷二二王檀傳、册府卷四一四同，本書卷二梁本紀、册府卷三八六、通鑑卷二六七作「東面」。

〔一五〕年五十八　舊五代史卷二二王檀傳作「年五十一」。

〔一六〕天祐二年　本書卷一梁本紀、舊唐書卷二〇下哀帝紀、舊五代史卷二梁太祖紀二、通鑑卷二六五皆繫其事於天祐三年。

〔一七〕已而晉兵復來　雞肋集卷五〇引新史句下有「處裕不能支」五字。舊五代史卷二一王處裕傳敍其事云：「時太祖大軍方討兗、鄆，未及救援，邢人困而攜貳。」

〔一八〕謝彥章　謝彥璋墓誌（拓片刊隋唐五代墓誌匯編洛陽卷第十五册）：「公諱彥璋。」册府（明本）卷一六六、太平廣記卷三五四引玉堂閑話亦作「謝彥璋」。

〔一九〕此地岡阜隆起　「隆」，原作「陸」，據宋丙本、宗文本、舊五代史卷一六謝彥章傳改。

新五代史卷二十四

唐臣傳第十二

郭崇韜

郭崇韜，代州鴈門人也，爲河東教練使。爲人明敏，能應對，以材幹見稱。莊宗爲晉王，孟知祥爲中門使，崇韜爲副使。中門之職，參管機要，先時，吴珙、張虔厚等皆以中門使相繼獲罪。知祥懼，求外任，莊宗曰：「公欲避事，當舉可代公者。」知祥乃薦崇韜爲中門使，甚見親信。

晉兵圍張文禮于鎮州，久不下，而定州王都引契丹入寇〔一〕。契丹至新樂，晉人皆恐，欲解圍去，莊宗未決，崇韜曰：「契丹之來，非救文禮，爲王都以利誘之耳，且晉新破梁軍，宜乘已振之勢，不可遽自退怯。」莊宗然之，果敗契丹。莊宗即位，拜崇韜兵部尚書、樞密使。

梁王彥章擊破德勝，唐軍東保楊劉，彥章圍之。莊宗登壘，望見彥章爲重塹以絶唐軍，意輕之，笑曰：「我知其心矣，其欲持久以弊我也。」即引短兵出戰，爲彥章伏兵所射〔二〕，大敗而歸。莊宗問崇韜：「計安出？」是時，唐已得鄆州矣，崇韜因曰：「彥章圍我於此，其志在取鄆州也。臣願得兵數千，據河下流，築壘於必爭之地，以應鄆州爲名，彥章必來爭，既分其兵，可以圖也。然板築之功難卒就，陛下日以精兵挑戰，使彥章兵不得東，十日壘成矣。」莊宗以爲然，乃遣崇韜與毛璋將數千人夜行，所過驅掠居人，毀屋伐木，渡河築壘於博州東，晝夜督役，六日壘成。彥章果引兵急攻之，時方大暑，彥章兵熱死，及攻壘不克，所失太半，還趨楊劉，莊宗迎擊，遂敗之。

康延孝自梁奔唐，先見崇韜，崇韜延之臥內，盡得梁虛實。是時，莊宗軍朝城，段凝軍臨河。唐自失德勝，梁兵日掠澶相，取黎陽、衛州，而李繼韜以澤潞叛入于梁，契丹數犯幽、涿，又聞延孝言梁方召諸鎮兵欲大舉，唐諸將皆憂惑，以謂成敗未可知。莊宗患之，以問諸將，諸將皆曰：「唐得鄆州，隔河難守，不若棄鄆與梁，而西取衛州、黎陽，以河爲界，與梁約罷兵，無相攻，庶幾以爲後圖。」莊宗不悅，退臥帳中，召崇韜問計，崇韜曰：「陛下興兵仗義，將士疲戰爭、生民苦轉餉者，十餘年矣。況今大號已建，自河以北，人皆引首以望成功而思休息。今得一鄆州，不能守而棄之，雖欲指河爲界，誰爲陛下守之？且唐未失德勝時，四方商賈，征輸必集，薪芻糧餉，其積如山。自失南城，保楊劉，道路轉徙，耗亡太半。而魏博五州，秋稼不稔，竭民而斂，不支數月，此豈按兵持久之時乎？臣自康延孝來，盡得梁之虚實，此真天亡之時也。願陛下分兵守魏，固楊劉，而自鄆長驅擣其巢穴，不出半月，天下定矣！」莊宗大喜曰：「此大丈夫之事也！」因問司天，司天言：「歲不利用兵。」崇韜曰：「古者命將，鑿凶門而出。況成算已決，區區常談，豈足信也！」莊宗即日下令軍中，歸其家屬於魏，夜渡楊劉，從鄆州入襲汴，用八日而滅梁。莊宗推功，賜崇韜鐵券，拜侍中、成德軍節度使，依前樞密使。

莊宗與諸將以兵取天下，而崇韜未嘗居戰陣，徒以謀議居佐命第一之功，位兼將相，遂以天下爲己任，遇事無所回避，而宦官、伶人用事，特不便也。

初，崇韜與宦者馬紹宏俱爲中門使，而紹宏位在上。及莊宗即位，二人當爲樞密使，而崇韜不欲紹宏在己上，乃以張居翰爲樞密使，紹宏爲宣徽使。紹宏失職怨望，崇韜因置内勾使，以紹宏領之。凡天下錢穀出入于租庸者，皆經内勾。既而文簿繁多，州縣爲弊，遽罷其事，而紹宏尤側目。崇韜頗懼，語其故人子弟曰：「吾佐天子取天下，今大功已就，而羣小交興，吾欲避之，歸守鎮陽，庶幾免禍，可乎？」故人子弟對曰：「俚語曰：『騎虎者，勢不得下。』今公權位已隆，而下多怨嫉，一失其勢，能自安乎？」崇韜曰：「奈何？」對曰：「今中宫未立，而劉氏有寵，宜請立劉氏爲皇后，而多建天下利害以便民者，然後退而乞身。天子以公有大功而無過，必不聽公去。是外有避權之名，而内有中宫之助，又爲天下所悦，雖有讒間，其可動乎？」崇韜以爲然，乃上書請立劉氏爲皇后。

崇韜素廉，自從入洛，始受四方賂遺，故人子弟或以爲言，崇韜曰：「吾位兼將相，禄賜巨萬，豈少此邪？今藩鎮諸侯，多梁舊將，皆主上斬祛射鈎之人也。今一切拒之，豈無反側？且藏于私家〔三〕，何異公帑？」明年，天子有事南郊，乃悉獻其所藏，以佐賞給。

莊宗已郊，遂立劉氏爲皇后。崇韜累表自陳，請依唐舊制，還樞密使於内臣，而并辭鎮陽，優詔不允。崇韜又曰：「臣從陛下軍朝城，定計破梁，陛下撫臣背而約曰：『事了，與卿一鎮。』今天下一家，俊賢並進，臣憊矣，願乞身如約。」莊宗召崇韜謂曰：「朝城之約，許卿一鎮，不許卿去。欲捨朕，安之乎？」崇韜因建天下利害二十五事，施行之。

李嗣源爲成德軍節度使，徙崇韜忠武〔四〕。崇韜因自陳權位已極，言甚懇至。莊宗曰：「豈可朕居天下之尊，使卿無尺寸之地？」崇韜辭不已，遂罷其命，仍爲侍中、樞密使。

同光三年夏，霖雨不止，大水害民田，民多流死。莊宗患宫中暑濕不可居，思得高樓避暑。宦官進曰：「臣見長安全盛時，大明、興慶宮樓閣百數。今大内不及故時卿相家。」莊宗曰：「吾富有天下，豈不能作一樓？」乃遣宮苑使王允平營之。宦官曰：「郭崇韜眉頭不伸，常爲租庸惜財用，陛下雖欲有作〔五〕，其可得乎？」莊宗乃使人問崇韜曰：「昔吾與梁對壘於河上，雖祁寒盛暑，被甲跨馬，不以爲勞。今居深宮，蔭廣廈，不勝其熱，何也？」崇韜對曰：「陛下昔以天下爲心，今以一身爲意，艱難逸豫，爲慮不同，其勢自然也。願陛下無忘創業之難，常如河上，則可使繁暑坐變清涼。」莊宗默然。終遣允平起樓，崇韜果切諫。宦官曰：「崇韜之第，無異皇居，安知陛下之熱！」由是讒間愈入。

河南縣令羅貫，爲人彊直，頗爲崇韜所知。貫正身奉法，不受權豪請託，宦官、伶人有所求請，書積几案，一不以報，皆以示崇韜。崇韜數以爲言，宦官、伶人由此切齒。河南自故唐時張全義爲尹，縣令多出其門，全義廝養畜之。及貫爲之，奉全義不屈，縣民恃全義爲不法者，皆按誅之。全義大怒，嘗使人告劉皇后，從容爲白貫事，而左右日夜共攻其短。莊宗未有以發。皇太后崩，葬坤陵，陵在壽安，莊宗幸陵作所，而道路泥塗，橋壞。莊宗止輿問：「誰主者？」宦官曰：「屬河南。」因亟召貫，貫至，對曰：「臣初不奉詔，請詰主者。」莊宗曰：「爾之所部，復問何人！」即下貫獄，獄吏榜掠，體無完膚。明日，傳詔殺之。崇韜諫曰：「貫罪無佗，橋道不修，法不當死。」莊宗怒曰：「太后靈駕將發，天子車輿往來，橋道不修，卿言無罪，是朋黨也！」崇韜曰：「貫雖有罪，當具獄行法于有司。陛下以萬乘之尊，怒一縣令，使天下之人，言陛下用法不公，臣等之過也。」莊宗曰：「貫，公所愛，任公裁決！」因起入宮，崇韜隨之，論不已，莊宗自闔殿門，崇韜不得入。貫卒見殺。

明年征蜀〔六〕，議擇大將。時明宗爲總管，當行。而崇韜以讒見危，思立大功爲自安之計，乃曰：「契丹爲患北邊，非總管不可禦。魏王繼岌，國之儲副，而大功未立；且親王爲元帥，唐故事也。」莊宗曰：「繼岌，小子，豈任大事？必爲我擇其副〔七〕。」崇韜未及言，莊宗曰：「吾得之矣，無以易卿也。」乃以繼岌爲西南面行營都統，崇韜爲招討使，軍政皆決崇韜。

唐軍入蜀，所過迎降。王衍弟宗弼陰送款于崇韜，求爲西川兵馬留後，崇韜以節度使許之。軍至成都，宗弼遷衍于西宮，悉取衍嬪妓、珍寶奉崇韜及其子廷誨。又與蜀人列狀見魏王，請崇韜留鎮蜀。繼岌頗疑崇韜，崇韜無以自明，因以事斬宗弼及其弟宗渥、宗勳，没其家財。蜀人大恐。

崇韜素嫉宦官，嘗謂繼岌曰：「王有破蜀功，師旋，必爲太子，俟主上千秋萬歲後，當盡去宦官，至於扇馬，亦不可騎。」繼岌監軍李從襲等見崇韜專任軍事，心已不平，及聞此言，遂皆切齒，思有以圖之。莊宗聞破蜀，遣宦官向延嗣勞軍，崇韜不郊迎，延嗣大怒，因與從襲等共構之。延嗣還，上蜀簿，得兵三十萬〔八〕，馬九千五百匹，兵器七百萬，糧二百五十三萬石，錢一百九十二萬緡〔九〕，金銀二十二萬兩，珠玉犀象二萬，文錦綾羅五十萬匹。莊宗曰：「人言蜀天下之富國也，所得止於此邪？」延嗣因言蜀之寶貨皆入崇韜，且誣其有異志，將危魏王。莊宗怒，遣宦官馬彥珪至蜀，視崇韜去就。彥珪以告劉皇后，劉皇后教彥珪矯詔魏王殺之。

崇韜有子五人，其二從死于蜀，餘皆見殺。其破蜀所得，皆籍没。明宗即位，詔許歸葬，以其太原故宅賜其二孫。

當崇韜用事，自宰相豆盧革、韋説等皆傾附之〔一○〕。崇韜父諱弘，革等即因佗事，奏改弘文館爲崇文館。以其姓郭，因以爲子儀之後，崇韜遂以爲然。其伐蜀也，過子儀墓，下馬號慟而去，聞者頗以爲笑。然崇韜盡忠國家，有大略。其已破蜀，因遣使者以唐威德風諭南詔諸蠻，欲因以綏來之，可謂有志矣。

安重誨

安重誨，應州人也。其父福遷，事晉爲將，以驍勇知名。梁攻朱宣于鄆州，晉兵救宣，宣敗，福遷戰死。

重誨少事明宗，爲人明敏謹恪。明宗鎮安國，以爲中門使。及兵變于魏，所與謀議大計，皆重誨與霍彦威決之。明宗即位，以爲左領軍衛大將軍、樞密使，兼領山南東道節度使。固辭不拜，改兵部尚書，使如故。在位六年，累加侍中兼中書令。

重誨自爲中門使，已見親信，而以佐命功臣，處機密之任，事無大小，皆以參決，其勢傾動天下。雖其盡忠勞心〔一二〕，時有補益，而恃功矜寵，威福自出，旁無賢人君子之助，其獨見之慮，禍釁所生，至於臣主俱傷，幾滅其族，斯其可哀者也。

重誨嘗出，過御史臺門，殿直馬延悮衝其前導，重誨怒，即臺門斬延而後奏。是時，隨駕廳子軍士桑弘遷，毆傷相州録事參軍；親從兵馬使安虔，走馬衝宰相前導。弘遷罪死，虔決杖而已。重誨以斬延，乃請降敕處分，明宗不得已從之，由是御史、諫官無敢言者。

宰相任圜判三司，以其職事與重誨爭，不能得，圜怒，辭疾，退居于磁州。朱守殷以汴州反，重誨遣人矯詔馳至其家，殺圜而後白，誣圜與守殷通謀，明宗皆不能詰也。而重誨恐天下議己，因取三司積欠二百餘萬，請放之，冀以悦人而塞責，明宗不得已，爲下詔蠲除之。其威福自出，多此類也。

是時，四方奏事，皆先白重誨然後聞。河南縣獻嘉禾，一莖五穗，重誨視之曰：「僞也。」笞其人而遣之。夏州李仁福進白鷹，重誨却之，明日，白曰：「陛下詔天下毋得獻鷹鷂，而仁福違詔獻鷹，臣已却之矣。」重誨出，明宗陰遣人取之以入。佗日，按鷹于西郊，戒左右：「無使重誨知也！」宿州進白兔，重誨曰：「兔陰且狡，雖白何爲？」遂却而不白。

明宗爲人雖寬厚，然其性夷狄，果於殺人。馬牧軍使田令方所牧馬，瘠而多斃，坐劾當死，重誨諫曰：「使天下聞以馬故，殺一軍使，是謂貴畜而賤人。」令方因得減死。明宗遣回鶻侯三馳傳至其國。侯三至醴泉縣，縣素僻，無驛馬，其令劉知章出獵，不時給馬，侯三遽以聞。明宗大怒，械知章至京師，將殺之，重誨從容爲言，知章乃得不死。其盡忠補益，亦此類也。

重誨既以天下爲己任，遂欲内爲社稷之計，而外制諸侯之彊。然其輕信韓玫之譖，而絶錢鏐之臣；徒陷彦温於死，而不能去潞王之患；李嚴一出而知祥貳，仁矩未至而董璋叛〔一三〕。四方騷動，師旅並興，如投膏止火，適足速之。此所謂獨見之慮，禍釁所生也。

錢鏐據有兩浙，號兼吴越而王，自梁及莊宗，常異其禮，以羈縻臣屬之而已。明宗即位，鏐遣使朝京師，寓書重誨，其禮慢。重誨怒，未有以發，乃遣其嬖吏韓玫、副供奉官烏昭遇復使於鏐。而玫恃重誨勢，數凌辱昭遇，因醉使酒，以馬箠擊之。鏐欲奏其事，昭遇以爲辱國，固止之。及玫還，返譖於重誨曰：「昭遇見鏐，舞蹈稱臣，而以朝廷事私告鏐。」

昭遇坐死御史獄，乃下制削奪鏐官爵，以太師致仕，於是錢氏遂絶於唐矣。

潞王從珂爲河中節度使，重誨以謂從珂非李氏子，後必爲國家患，乃欲陰圖之。從珂閲馬黄龍莊，其牙内指揮使楊彦温閉城以叛。從珂遣人謂彦温曰：「我遇汝厚，何苦而反邪？」報曰：「彦温非叛也，得樞密院宣，請公趨歸朝廷耳！」從珂走虞鄉，馳騎上變。明宗疑其事不明，欲究其所以，乃遣殿直都知范氳以金帶襲衣、金鞍勒馬賜彦温，拜彦温絳州刺史，以誘致之。重誨固請用兵，明宗不得已，乃遣侍衛指揮使藥彦稠、西京留守索自通率兵討之，而誡曰：「爲我生致彦温，吾將自訊其事。」彦稠等攻破河中，希重誨旨，斬彦温以滅口。重誨率羣臣稱賀，明宗大怒曰：「朕家事不了，卿等不合致賀！」從珂罷鎮，居清化里第。重誨數諷宰相，言從珂失守，宜得罪，馮道因白請行法。明宗怒曰：「吾兒爲姦人所中，事未辨明，公等出此言，是不欲容吾兒人間邪？」趙鳳因言：「春秋責帥之義，所以勵爲臣者。」明宗曰：「皆非公等意也！」道等惶恐而退。居數日，道等又以爲請，明宗顧左右而言他。明日，重誨乃自論列，明宗曰：「公欲如何處置，我即從公！」重誨曰：「此父子之際，非臣所宜言，惟陛下裁之！」明宗曰：「吾爲小校時，衣食不能自足，此兒爲我擔石灰，拾馬糞，以相養活，今貴爲天子，獨不能庇之邪！使其杜門私第，亦何與公事！」重誨由是不復敢言。

孟知祥鎮西川，董璋鎮東川，二人皆有異志，重誨每事裁抑，務欲制其姦心，凡兩川守將更代，多用己所親信，必以精兵從之，漸令分戍諸州，以虞緩急。二人覺之，以爲圖己，益不自安。既而遣李嚴爲西川監軍，知祥大怒，斬嚴〔一三〕。又分閬州爲保寧軍，以李仁矩爲節度使以制璋，且削其地，璋以兵攻殺仁矩〔一四〕。二人遂皆反。唐兵戍蜀者，積三萬人，其後知祥殺璋，兼據兩川，而唐之精兵皆陷蜀。

初，明宗幸汴州，重誨建議，欲因以伐吴，而明宗難之。其後户部尚書李鏻得吴諜者言：「徐知誥欲舉吴國以稱藩，願得安公一言以爲信。」鏻即引諜者見重誨，重誨大喜以爲然，乃以玉帶與諜者，使遺知誥爲信，其直千緡。初不以其事聞，其後逾年，知誥之問不至，始奏貶鏻行軍司馬。已而捧聖都軍使李行德、十將張儉告變，言〔一五〕：「樞密承旨李虔徽語其客邊彦温云：『重誨私募士卒，繕治甲器，欲自伐吴。又與相者交私〔一六〕。』」明宗以問重誨，重誨惶恐，請究其事。明宗初頗疑之，大臣左右皆爲之辨，既而少解，始告重誨以彦温之言，因廷詰彦温，具伏其詐，於是君臣相顧泣下。彦温、行德、儉皆坐族誅。重誨因求解職，明宗慰之曰：「事已辨，慎無措之胸中！」重誨論請不已，明宗怒曰：「放卿去，朕不患無人！」顧武德使孟漢瓊至中書，趣馮道等議代重誨者，馮道曰：「諸公苟惜安公，使得罷去，是紓其禍也。」趙鳳以爲大臣不可輕動。遂以范延光爲樞密使，而重誨居職如故。

董璋等反，遣石敬瑭討之，而川路險阻，糧運甚艱，每費一石，而致一斗。自關以西，民苦輸送，往往亡聚山林爲盜賊。明宗謂重誨曰：「事勢如此，吾當自行。」重誨曰：「此臣之責也。」乃請行。關西之人聞重誨來，皆已恐動，而重誨日馳數百里，遠近驚駭，督趣糧運，日夜不絶，斃踣道路者，不可勝數。重誨過鳳翔，節度使朱弘昭延之寢室，使其妻子奉事左右甚謹。重誨酒酣，爲弘昭言：「昨被讒構，幾不自全，賴人主明聖，得保家族。」因感歎泣下。重誨去，弘昭馳騎上言：「重誨怨望，不可令至行營，恐其生事。」而宣徽使孟漢瓊自行營使還，亦言西人震駭之狀，因述重誨過惡。重誨行至三泉，被召還。過鳳翔，弘昭拒而不納，重誨懼，馳趨京師。未至，拜河中節度使。

重誨已罷，希旨者爭求其過。宦者安希倫，坐與重誨交私，常與重誨陰伺宮中動息，事發棄市。重誨益懼，因上章告老。以太子太師致仕，而以李從璋爲河中節度使，遣藥彦稠率兵如河中虞變。重誨子崇緒、崇贊，宿衛京師，聞制下，即日奔其父，重誨見之，驚曰：「渠安得來！」已而曰：「此非渠意，爲人所使耳。吾以一死報國，餘復何言！」乃械送二子于京師，行至陝州，下獄。明宗又遣翟光業至河中〔一七〕，視重誨去就，戒曰：「有異志，則與從璋圖之。」又遣宦者使于重誨。使者見重誨，號泣不已，重誨問其故，使者曰：

「人言公有異志，朝廷遣藥彥稠率師至矣！」重誨曰：「吾死未塞責，遽勞朝廷興師，以重明主之憂。」光業至，從璋率兵圍重誨第，入拜于庭。重誨降而答拜，從璋以檛擊其首，重誨妻走抱之而呼曰：「令公死未晚，何遽如此！」又擊其首，夫妻皆死，流血盈庭。從璋檢責其家貲，不及數千緡而已。明宗下詔，以其絶錢繆，致孟知祥、董璋反，及議伐吴，以爲罪。并殺其二子，其餘子孫皆免。

重誨得罪，知其必死，歎曰：「我固當死，但恨不與國家除去潞王！」此其恨也。

嗚呼，官失其職久矣！予讀梁宣底，見敬翔、李振爲崇政院使，凡承上之旨，宣之宰相而奉行之。宰相有非其見時而事當上決者，與其被旨而有所復請者，則具記事而入，【一二】因崇政使以聞〔一八〕，得旨則復宣而出之。梁之崇政使，乃唐樞密之職，蓋出納之任也，唐常以宦者爲之，至梁戒其禍，始更用士人，其備顧問、參謀議于中則有之，未始專行事於外也。至崇韜、重誨爲之，始復唐樞密之名，然權侔於宰相矣。後世因之，遂分爲二，文事任宰相，武事任樞密。樞密之任既重，而宰相自此失其職也。

【一二】「記事」，若今學士院諮報，今士大夫間以文字相往來謂之「簡帖」，俚俗猶謂之「記事」也。

校勘記

〔一〕而定州王都引契丹入寇　「王都」，本書卷三九王處直傳、卷七二四夷附録、舊五代史卷二九唐莊宗紀三、通鑑卷二七一、册府卷三四七敍其事作「王郁」。

〔二〕爲彦章伏兵所射　「彦章」，原作「彦軍」，據宋丙本、宗文本、詳節卷三改。

〔三〕且藏于私家　宋丙本、宗文本作「且藏予私室」。

〔四〕徙崇韜忠武　舊五代史卷三二唐莊宗紀六、通鑑卷二七三、册府卷四〇九敍其事皆云移郭崇韜兼領汴州。按汴州置宣武軍。

〔五〕陛下雖欲有作　「雖欲」，原作「欲雖」，據宋丙本、宗文本乙正。

〔六〕明年征蜀　本書卷五唐本紀、舊五代史卷三三唐莊宗紀七、通鑑卷二七三皆繫其事於同光三年九月。按本卷上文已云同光三年夏，吴光耀纂誤續補卷二：「按本紀同光三年八月，殺羅貫，九月，伐蜀。此『明年』字誤。」

〔七〕必爲我擇其副　「必」，宗文本作「公」。

〔八〕得兵三十萬　「三十萬」，册府卷二〇作「十三萬」、舊五代史卷三三唐莊宗紀七作「三萬」。

〔九〕錢一百九十二萬緡　「一百九十二萬」，册府卷二〇作「一百九十三萬」。

〔一〇〕韋説　原作「韋悦」，據北監本改。按舊五代史卷六七有韋説傳。

〔一一〕雖其盡忠勞心　「勞心」，宗文本作「勞力」。

〔三〕董璋　原作「董章」，據宗文本、詳節卷三及本卷下文改。

〔三〕斬嚴　宗文本句上有「即日」二字。舊五代史卷七〇李嚴傳敍其事云：「既至，執而害之。」

〔四〕璋以兵攻殺仁矩　「攻」字原闕，據宋丙本、宗文本補。

〔五〕言　此字原闕，據宋丙本、宗文本補。

〔六〕又與相者交私　「相者」，原作「諜者」，據宋丙本、宗文本改。按舊五代史卷六六安重誨傳：「有吏人李虔徽弟揚言于衆云：『聞相者言其貴不可言，今將統軍征淮南。』」

〔七〕翟光業　舊五代史卷六六安重誨傳、册府卷九四二、通鑑卷二七七作「翟光鄴」。按本書卷四九、舊五代史卷一二九有翟光鄴傳。本卷下一處同。

〔八〕因崇政使以聞　「以」字原闕，據宋丙本、宗文本補。

新五代史卷二十五

唐臣傳第十三

周德威

周德威，字鎮遠，朔州馬邑人也。爲人勇而多智，能望塵以知敵數。其狀貌雄偉，笑不改容，人見之，凜如也。事晉王爲騎將，稍遷鐵林軍使，從破王行瑜，以功遷衙内指揮使。其小字陽五〔一〕，當梁、晉之際，周陽五之勇聞天下。

梁軍圍晉太原，令軍中曰：「能生得周陽五者爲刺史。」有驍將陳章者，號「陳野叉」，常乘白馬被朱甲以自異，出入陣中，求周陽五，欲必生致之。晉王戒德威曰：「陳野叉欲得汝以求刺史，見白馬朱甲者，宜善備之！」德威笑曰：「陳章好大言耳，安知刺史非臣作邪？」因戒其部兵曰：「見白馬朱甲者，當佯走以避之。」兩軍皆陣，德威微服雜卒伍中。

陳章出挑戰，兵始交，德威部下見白馬朱甲者，因退走，章果奮䂍急追之，德威伺章已過，揮鐵鎚擊之，中章墮馬，遂生擒之。

梁攻燕，晉遣德威將五萬人爲燕攻梁，取潞州，遷代州刺史、内外蕃漢馬步軍都指揮使。梁軍捨燕攻潞，圍以夾城，潞州守將李嗣昭閉城拒守，而德威與梁軍相持於外踰年。嗣昭與德威素有隙，晉王病且革，語莊宗曰：「梁軍圍潞，而德威與嗣昭有隙，吾甚憂之！」王喪在殯，莊宗新立，殺其叔父克寧，國中未定，而晉之重兵，悉屬德威于外，晉人皆恐。莊宗使人以喪及克寧之難告德威，且召其軍。德威聞命，即日還軍太原，留其兵城外，徒步而入，伏梓宮前慟哭幾絶，晉人乃安。遂從莊宗復擊梁軍，破夾城，與李嗣昭歡如初。以破夾城功，拜振武節度使、同中書門下平章事。

天祐七年秋，梁遣王景仁將魏、滑、汴、宋等兵七萬人擊趙。趙王王鎔乞師于晉，晉遣德威先屯趙州。冬，梁軍至柏鄉，趙人告急，莊宗自將出贊皇，會德威于石橋，進距柏鄉五里，營于野河北。晉兵少，而景仁所將神威、龍驤、拱宸等軍，皆梁精兵，人馬鎧甲飾以組繡金銀，其光耀日，晉軍望之色動。德威勉其衆曰：「此汴宋傭販兒，徒飾其外耳，其中不足懼也！其一甲直數十千，擒之適足爲吾資，無徒望而愛之，當勉以往取之。」退而告莊宗曰：「梁兵甚鋭，未可與爭，宜少退以待之。」莊宗曰：「吾提孤軍出千里，其利速戰。今不乘勢急擊之，使敵知吾之衆寡，則吾無所施矣！」德威曰：「不然，趙人能城守而不能野戰。吾之取勝，利在騎兵，平川廣野，騎兵之所長也。今吾軍於河上，迫賊營門，非吾用長之地也。」莊宗不悅，退臥帳中，諸將無敢入見。德威謂監軍張承業曰：「王怒老兵。不速戰者，非怯也。且吾兵少而臨賊營門，所恃者，一水隔耳。使梁得舟栰渡河，吾無類矣！不如退軍鄗邑，誘敵出營，擾而勞之，可以策勝也。」承業入言曰：「德威老將知兵，願無忽其言！」莊宗遽起曰：「吾方思之耳。」已而德威獲梁遊兵，問景仁何爲，曰：「治舟數百，將以爲浮梁。」德威引與俱見，莊宗笑曰：「果如公所料。」乃退軍鄗邑。德威晨遣三百騎叩梁營挑戰，自以勁兵三千繼之。景仁怒，悉其軍以出，與德威轉鬬數十里，至于鄗南。兩軍皆陣，梁軍橫亘六七里，汴、宋之軍居西，魏、滑之軍居東。莊宗策馬登高，望而喜曰：「平原淺草，可前可却，真吾之勝地！」乃使人告德威曰：「吾當爲公先，公可繼進。」德威持馬諫曰〔二〕：「梁軍輕出而遠來，與吾轉戰，其來必不暇齎糧糗，縱其能齎，亦不暇食，不及日午，人馬俱饑，因其將退而擊之勝。」諸將亦皆以爲然。至未申時，梁軍東偏塵起，德威鼓譟而進，麾其西偏曰：「魏、滑軍走矣！」又麾其東偏曰：「梁軍走矣！」梁陣動，不可復整，乃皆走，遂大敗。自鄗追至于柏鄉，橫尸數十里，景仁以十餘騎僅而免。自梁與晉爭，凡數十戰，其大敗未嘗如此。

劉守光僭號於燕，晉遣德威將兵三萬出飛狐以擊之[三]。德威入祁溝關，取涿州，遂圍守光於幽州，破其外城，守光閉門距守。而晉軍盡下燕諸州縣，獨幽州不下，圍之踰年乃破之，以功拜盧龍軍節度使。德威雖爲大將，而常身與士卒馳騁矢石之間。守光驍將單廷珪，望見德威於陣，曰：「此周陽五也！」乃挺槍馳騎追之。德威佯走，度廷珪垂及，側身少却，廷珪馬方馳，不可止，縱其少過，奮檛擊之，廷珪墜馬，遂見擒。

莊宗與劉鄩相持于魏，鄩夜潛軍出黃澤關以襲太原，德威自幽州以千騎入土門以躡之。鄩至樂平遇雨，不得進而還。德威與鄩俱東，爭趨臨清。臨清有積粟，且晉軍餉道也，德威先馳據之，以故莊宗卒能困鄩軍而敗之。

莊宗勇而好戰，尤銳於見敵。德威老將，常務持重以挫人之鋒，故其用兵，常伺敵之隙以取勝。十五年，德威將燕兵三萬人，與鎮、定等軍從莊宗于河上，自麻家渡進軍臨濮，以趨汴州。軍宿胡柳陂，黎明，候騎報曰：「梁軍至矣！」莊宗問戰於德威，德威對曰：「此去汴州，信宿而近，梁軍父母妻子皆在其中，而梁人家國繫此一舉。吾以深入之兵，當其必死之戰，可以計勝，而難與力爭也。且吾軍先至此，糧爨具而營柵完，是謂以逸待勞之師也。王宜按軍無動，而臣請以騎軍擾之，使其營柵不得成，樵爨不暇給，因其勞乏而乘之，可以勝也。」莊宗曰：「吾軍河上，終日俟敵，今見敵不擊，復何爲乎？」顧李存審曰：「公以輜重先，吾爲公殿。」遽督軍而出。德威謂其子曰：「吾不知死所矣！」前遇梁軍而陣：王軍居中〔四〕，鎮、定之軍居左，德威之軍居右，而輜重次右之西。兵已接，莊宗率銀槍軍馳入梁陣，梁軍小敗，犯晉輜重，輜重見梁朱旗，皆驚走入德威軍，德威軍亂，梁軍乘之，德威父子皆戰死。莊宗與諸將相持而哭曰：「吾不聽老將之言，而使其父子至此！」莊宗即位，贈德威太師。明宗時，加贈太尉，配享莊宗廟。晉高祖追封德威燕王。

子光輔，官至刺史。

符存審 子彦超 彦饒 彦卿

符存審，字德詳，陳州宛丘人也。初名存，少微賤，嘗犯法當死，臨刑，指旁壞垣顧主者曰〔五〕：「願就死于彼，冀得垣土覆尸。」主者哀而許之，爲徙垣下。而主將方飲酒，顧其愛妓，思得善歌者佐酒，妓言：「有符存常爲妾歌，甚善。」主將馳騎召存審，而存審以徙垣下故，未加刑，因往就召，使歌而悦之，存審因得不死。其後事李罕之，從罕之歸晉，晉王以爲義兒軍使，賜姓李氏，名存審。

從晉王擊李匡儔，爲前鋒，破居庸關。又從擊王行瑜，破龍泉寨，以功遷檢校左僕射。

從李嗣昭攻汾州，執李瑭，遷左右廂步軍都指揮使〔六〕。又從嗣昭攻潞州，降丁會。從周德威破梁夾城，遷忻州刺史〔七〕、蕃漢馬步軍都指揮使〔八〕。晉、趙攻燕，梁救燕，擊趙深州，圍蓨縣，存審與史建瑭軍下博，擊走梁軍，遷領邢州團練使。魏博叛梁降晉，存審爲前鋒，屯臨清。莊宗入魏，存審殿軍魏縣，與劉鄩相距於莘西。從莊宗敗鄩於故元城，閻寶以邢州降，乃以存審爲安國軍節度使。毛璋以滄州降，徙存審橫海，加同中書門下平章事。

契丹圍幽州，是時，晉與梁相持河上，欲發兵，兵少，欲勿救，懼失之。莊宗疑，以問諸將，而存審獨以爲當救，曰：「願假臣騎兵五千足矣！」乃遣存審分兵救之，卒擊走契丹。從戰胡柳陂，晉軍晨敗，亡周德威，存審與其子彥圖力戰，暮復敗梁軍於土山，遂取德勝，築河南北爲兩城，晉人謂之「夾寨」。遷内外蕃漢馬步軍總管。

梁朱友謙以河中、同州降晉，梁遣劉鄩攻同州，友謙求救，乃遣存審與李嗣昭救之。河中兵少而弱，梁人素易之，且不虞晉軍之速至也。存審選精騎二百雜河中兵出擊鄩壘，陽敗而走，鄩兵追之，晉騎反擊，獲其騎兵五十，梁人知其晉軍也，皆大驚。然河中糧少而新降，人心頗持兩端，晉軍屯朝邑，諸將皆欲速戰，存審曰：「使梁軍知吾利於速戰，則將夾渭而營，斷我餉道，以持久困我，則我進退不可〔九〕，敗之道也。不若緩師示弱，伺隙出奇，可以取勝。」乃按軍不動。居旬日，望氣者言：「有黑氣，狀如鬭鷄。」存審曰：「可以一戰矣！」乃進軍擊鄩，大敗之，鄩閉壁不復出。存審曰：「鄩兵已敗，不如逸之。」乃休士卒，遣裨將王建及牧馬于沙苑，鄩以謂晉軍且懈，乃夜遯去，存審追擊于渭河，又大敗之。

張文禮弒趙王王鎔，晉遣閻寶、李嗣昭等攻之，至輒戰死，最後遣存審破之。存審爲將，有機略，大小百餘戰，未嘗敗衄，與周德威齊名。德威死，晉之舊將獨存審在。契丹攻遮虜，乃以存審爲盧龍軍節度使。時存審已病，辭不肯行，莊宗使人慰諭，彊遣之。

莊宗滅梁入洛，存審自以身爲大將，不得與破梁之功，怏怏，疾益甚，因請朝京師。是時，郭崇韜權位已重，然其名望素出存審下，不樂其來而加己上，因沮其事。存審妻郭氏泣訴于崇韜曰：「吾夫於國有功，而於公鄉里之舊，奈何忍令死棄窮野！」崇韜愈怒。存審章累上，輒不許，存審伏枕嘆曰：「老夫事二主四十年，今日天下一家，四夷遠俗，至于亡國之將、射鉤斬袪之人，皆得親見天子，奉觴爲壽，而獨予棄死於此，豈非命哉！」崇韜度存審病已亟，乃請許其來朝。徙存審宣武軍節度使，卒于幽州。臨終，戒其子曰：「吾少提一劍去鄉里，四十年間取將相，然履鋒冒刃、出死入生而得至此也。」因出其平生身所中矢鏃百餘而示之曰：「爾其勉哉！」存審三子：彥超、彥饒、彥卿。

彥超爲汾州刺史。郭從謙弑莊宗，明宗入洛陽，是時，彥超爲北京巡檢，永王存霸奔于太原，彥超見留守張憲謀之。憲，儒者，事莊宗最久，不忍背恩，欲納之，彥超不從，存霸遂見殺。明宗即位，彥超來朝，明宗德之，勞曰：「河東無事，賴爾之力也。」以爲建雄軍留後。遷北京留守，徙鎮昭義，罷爲上將軍，復爲泰寧軍節度使，又徙安遠。

彥超主藏奴王希全盜其貲，彥超稍責之，奴懼，夜叩其門，言有急，彥超出，見殺，贈太尉。

次子彥饒，爲汴州馬步軍都指揮使。天成元年，發汴兵三千戍瓦橋關，控鶴指揮使張諫爲亂，殺權知州高逖，迫彥饒爲帥。彥饒陽許之曰：「欲吾爲帥，當止焚掠，明日以軍禮見吾於南衙。」乃陰與拱衛指揮使龐起伏甲于衙内〔一〇〕。明日，諫等皆集，伏兵發，誅諫等，殺四百餘人，即日牒州事與推官韋儼。明宗下詔褒其忠略。其後累遷彰聖都指揮使，歷曹、沂、饒三州刺史。

清泰三年，自饒州刺史拜忠正軍節度使、侍衛馬步軍都指揮使〔一一〕。晉高祖起太原，彥饒以侍衛兵從廢帝至河陽。廢帝敗，晉高祖以楊光遠代彥饒將親軍，徙彥饒義成軍節度使。

范延光反，白奉進以侍衞兵三千屯滑州。兵士犯法，奉進捕得五人，其三人義成兵也〔三〕，因并斬之，彥饒怒。明日，奉進從數騎過彥饒謝不先告而殺，彥饒曰：「軍士各有部分，義成兵卒豈公所得斬邪？何無主客之禮也！」奉進怒曰：「軍士犯法，安有彼此！且僕已自謝過，而公怒不息，欲與延光同反邪！」拂衣而起，彥饒不復留之，其麾下大譟，追奉進殺之，彥饒不之止也。已而屯駐軍將馬萬等聞亂，以兵擒彥饒送之京師，遂以彥饒應延光反聞。行至赤岡，高祖使人殺之，下詔削奪在身官爵。

彥饒與晉初無釁隙，以一旦之忿，不能馭其軍，殺奉進已非其本意，以反見誅，非其罪也。

史建瑭 子匡翰

史建瑭，鴈門人也。晉王爲鴈門節度使，其父敬思爲九府都督，從晉王入關破黄巢，復京師，擊秦宗權于陳州，嘗將騎兵爲先鋒。晉王東追黄巢于冤朐，還過梁，軍其城北。梁王置酒上源驛，獨敬思與薛鐵山、賀回鶻等十餘人侍。晉王醉，留宿梁驛，梁兵夜圍而攻之。敬思登驛樓，射殺梁兵十餘人，會天大雨，晉王得與從者俱去，縋尉氏門以出。而敬思爲梁追兵所得，見殺。

建瑭少事軍中爲裨校，自晉降丁會，與梁相距於潞州，建瑭已爲晉兵先鋒。梁兵數爲建瑭所殺，相戒常避史先鋒。梁遣王景仁攻趙，晉軍救趙，建瑭以先鋒兵出井陘，戰于柏鄉。梁軍爲方陣，分其兵爲二：汴、宋之軍居左，魏、滑之軍居右。周德威擊其左，建瑭擊其右，梁軍皆走，遂大敗之。以功加檢校左僕射。

天祐九年，晉攻燕，燕王劉守光乞師于梁，梁太祖自將擊趙，圍棗彊、蓨縣。是時，晉精兵皆北攻燕，獨符存審與建瑭以三千騎屯趙州。梁軍已破棗彊，存審扼下博橋。建瑭分其麾下五百騎爲五隊：一之衡水，一之南宮，一之信都，一之阜城，而自將其一，約各取梁芻牧者十人會下博。至暮，擒梁兵數十，皆殺之，各留其一人，縱使逸去，告之曰：「晉王軍且大至。」明日，建瑭率百騎爲梁旗幟，雜其芻牧者，暮叩梁營，殺其守門卒，縱火大呼，斬擊數十百人。而梁芻牧者所出，各遇晉兵，有所亡失，其縱而不殺者，歸而皆言晉軍且至。梁太祖夜拔營去，蓨縣人追擊之，梁軍棄其輜重鎧甲不可勝計。梁太祖方病，由是增劇。而晉軍以故得并力以收燕者，二人之力也。後從莊宗入魏博，敗劉鄩於故元城，累以功歷貝、相二州刺史。

十八年，晉軍討張文禮於鎮州，建瑭以先鋒兵下趙州，執其刺史王鋋。兵傅鎮州，建瑭攻其城門，中流矢卒，年四十二〔一三〕。

建瑭子匡翰，尚晉高祖女〔一四〕，是爲魯國長公主。匡翰爲將，沉毅有謀，而接下以禮，與部曲語未嘗不名。歷天雄軍步軍都指揮使、彰聖馬軍都指揮使。事晉爲懷和二州刺史、鄭州防禦使、義成軍節度使，所至兵民稱慕之。

史氏世爲將，而匡翰好讀書，尤喜春秋三傳，與學者講論，終日無倦。義成軍從事關澈尤嗜酒〔一五〕，嘗醉罵匡翰曰：「近聞張彥澤臠張式，未見史匡翰斬關澈，天下談者未有偶爾！」匡翰不怒，引滿自罰而慰勉之，人皆服其量。卒，年四十。

王建及

王建及，許州人也。少事李罕之，從罕之奔晉，爲匡衞指揮使。梁、晉戰柏鄉，相距鄗邑野河上，鎮、定兵扼河橋，梁兵急擊之。莊宗登高臺望見鎮、定兵將敗，顧建及曰：「橋爲梁奪，則吾軍危矣，奈何？」建及選二百人馳擊梁兵，梁兵敗，解去。從戰莘縣、故元城，皆先登陷陣，以功累拜遼州刺史，將銀槍效節軍。

晉攻楊劉，建及躬自負葭葦堙塹，先登拔之。從戰胡柳，晉兵已敗，與梁爭土山，梁兵先至，登山而陣。莊宗至山下望梁陣堅而整，呼其軍曰：「今日之戰，得山者勝。」因馳騎犯之，建及以銀槍軍繼進，梁兵下走，陣山西，晉兵遂得土山。諸將皆言：「潰兵未集，且暮不可戰〔六〕。」閻寶曰：「彼陣山上，吾在其下，尚能擊之，況以高而擊下，不可失也。」建及以爲然，因白莊宗曰：「請登高望臣破敵！」即呼其衆曰〔七〕：「今日所失輜重皆在山西，盍往取之！」即馳犯梁陣，梁兵大敗。晉遂軍德勝，爲南北城于河上。梁將賀瓌攻其南城，以竹笮維戰艦于河，晉兵不得渡，南城危甚。莊宗積金帛於軍門，募能破梁戰艦者，至於吐火禁呪莫不皆有。建及重鎧執矟呼曰：「梁、晉一水間爾，何必巧爲！吾今破之矣。」即以大甕積薪，自上流縱火焚梁艦〔八〕，建及以二舟載甲士隨之，斧其竹笮，梁兵皆走。晉軍乃得渡，救南城，瓌圍解去。

自莊宗得魏博，建及將銀槍效節軍。建及爲將，喜以家貲散士卒。莊宗遣宦官韋令圖監其軍，令圖言：「建及得士心，懼有異志，不可令典牙兵。」即以爲代州刺史。建及快快而卒，年五十七。

元行欽

元行欽，幽州人也。爲劉守光裨將，守光篡其父仁恭，使行欽以兵攻仁恭於大安山而囚之，又使行欽害諸兄弟。其後晉攻幽州，守光使行欽募兵雲朔間。是時，明宗掠地山北，與行欽相拒廣邊軍，凡八戰，明宗七射中行欽，行欽拔矢而戰，亦射明宗中股。行欽屢敗，乃降。明宗撫其背而飲以酒曰：「壯士也！」因養以爲子。常從明宗戰，數立功。莊宗已下魏，益選驍將自衛，聞行欽驍勇，取之爲散員都部署，賜姓名曰李紹榮。

莊宗好戰而輕敵，與梁軍戰潘張，軍敗而潰，莊宗得三四騎馳去，梁兵數百追及，攢矟圍之。行欽望其旗而識之，馳一騎，奮劍斷其二矛，斬首一級，梁兵解去。莊宗還營，持行欽泣曰：「富貴與卿共之！」由是寵絶諸將。拜忻州刺史，遷武寧軍節度使。莊宗宴羣臣於内殿，酒酣樂作，道平生戰陣事以爲笑樂，而怪行欽不在，因左右顧視曰：「紹榮安在？」所司奏曰：「奉敕宴使相，紹榮散官，不得與也。」莊宗罷會不樂。明日，即拜行欽同中書門下平章事。自此不召羣臣入内殿，但宴武臣而已。

趙在禮反於魏，莊宗方選大將擊之，劉皇后曰：「此小事，可趣紹榮指揮。」乃以行欽爲鄴都行營招撫使[一九]，將二千人討之。行欽攻鄴南門，以詔書招在禮。在禮送羊酒犒軍，登城謂行欽曰：「將士經年離去父母，不取敕旨奔歸，上貽聖憂，追悔何及！若公善爲之辭，尚能改過自新。」行欽曰：「天子以汝等有社稷之功，小過必當赦宥。」在禮再拜，以詔書示諸軍。皇甫暉從旁奪詔書壞之，軍士大譟。行欽具以聞，莊宗大怒，敕行欽：「破城之日，無遺種！」乃益召諸鎮兵，皆屬行欽。行欽屯澶州，分諸鎮兵爲五道，毀民車輪、門扉、屋椽爲筏，渡長慶河攻冠氏門，不克。

是時，邢、洺諸州，相繼皆叛，而行欽攻鄴無功，莊宗欲自將以往，羣臣皆諫止，乃遣明宗討之。明宗至魏，軍城西，行欽軍城南。而明宗軍變，入于魏，與在禮合。行欽聞之，退屯衞州，以明宗反聞。

莊宗遣金槍指揮使李從璟馳詔明宗計事。從璟，明宗子也。行至衞州，而明宗已反，行欽乃縶從璟，將殺之，從璟請還京師，乃許之。明宗自魏縣引兵南，行欽率兵趨還京師。從莊宗幸汴州，行至滎澤，聞明宗已渡黎陽，莊宗復遣從璟通問于明宗，行欽以爲不可，因擊殺從璟。

明宗入汴州，莊宗至萬勝鎮不得進，與行欽登道旁冢，置酒，相顧泣下。有野人獻雉，問其家名，野人曰：「愁臺也。」莊宗益不悅，因罷酒去。西至石橋，置酒野次，莊宗謂行欽曰：「卿等從我久，富貴急難無不同也。今茲危蹙，而默默無言，坐視成敗。我至滎澤，欲單騎渡河，自求總管，卿等各陳利害。今日俾我至此，卿等何如？」行欽泣而對曰：「臣本小人，蒙陛下撫養，位至將相。危難之時，不能報國，雖死無以塞責。」因與諸將百餘人，皆解髻斷髮，置之于地，誓以死報，君臣相持慟哭。

莊宗還洛陽，數日，復幸汜水。郭從謙反，莊宗崩，行欽出奔。行至平陸，爲野人所執，送虢州，刺史石潭折其兩足，載以檻車，送京師。明宗見之，罵曰：「我兒何負於爾！」行欽瞋目直視曰：「先皇帝何負於爾！」乃斬于洛陽市，市人皆爲之流涕。

嗚呼！死之所以可貴者，以其義不苟生爾。故曰：主在與在，主亡與亡者，社稷之臣也。方明宗之兵變于魏，諸將未知去就，而行欽獨以反聞，又殺其子從璟，至於斷髮自誓，其誠節有足嘉矣。及莊宗之崩，不能自決，而反逃死以求生，終於被執而見殺。其言雖不屈，而死非其志也，烏足貴哉！

安金全

安金全，代北人也。爲人驍果，工騎射，號能擒生踏伏。事晉爲騎將，數從莊宗用兵有功，官至刺史，以疾居于太原。

莊宗已下魏博，與梁相距河上。梁將王檀襲太原，晉兵皆從莊宗于河上，太原無備，監軍張承業大恐，率諸司工匠登城扞禦，而外攻甚急。金全彊起謂承業曰：「太原，晉之根本也。一旦不守，則大事去矣！老夫誠憊矣，然尚能爲公破賊。」承業喜，授以甲兵。金全被甲跨馬，召率子弟及故將吏得百餘人，夜出北門，擊檀於羊馬城中，檀軍驚潰，而晉救兵稍至。然莊宗不以金全爲能，終其世不録其功。

金全與明宗有舊，明宗即位，拜金全振武軍節度使、同中書門下平章事。在鎮二年，召還京師，以疾卒。

袁建豐

袁建豐，不知其世家也。晉王討黄巢至華陰，闌得之，時方九歲，愛其俊爽，收養之。長習騎射，爲鐵林都虞候，從擊王行瑜、李匡威，以功遷突陣指揮使〔一〇〕。從莊宗破夾城，戰柏鄉，遷左廂馬軍指揮使。明宗爲内衙指揮使，建豐爲副使，從莊宗入魏，取衛、磁、洺三州，拜洺州刺史。擊梁將王千〔二一〕，斬首千餘級，獲其將校七十餘人。遷相州刺史。從戰胡柳，指揮使孟謙據相州叛，建豐還討平之。徙隰州刺史，病風廢。

明宗即位，以舊恩召還京師，親幸其第，撫慰甚厚，加檢校太尉〔二二〕、遥領鎮南軍節度使，俾食其俸以卒，贈太尉。

西方鄴

西方鄴，定州滿城人也。父再遇〔二三〕，爲州軍校〔二四〕，鄴居軍中，以勇力聞。年二十，南渡河遊梁，不見用，復歸莊宗于河上，莊宗以爲孝義指揮使〔二五〕，數從征伐有功，同光中爲曹州刺史，以州兵屯汴州。

明宗自魏反兵，南渡河，而莊宗東幸汴州，汴州節度使孔循懷二志，使北門迎明宗，西門迎莊宗，所以供帳委積如一，曰：「先至者入之。」鄴因責循曰：「主上破梁而得公，有不殺之恩，奈何欲納總管而負國！」循不答。鄴度循不可爭，而石敬瑭妻，明宗女也，時方在汴，鄴欲殺之，以堅人心。循知其謀，取之藏其家〔二六〕，鄴無如之何。而明宗已及汴，乃將麾下兵五百騎西迎莊宗〔二七〕，見於汜水〔二八〕，嗚咽泣下，莊宗亦爲之嘘唏，乃使以兵爲先鋒。

莊宗至汴西，不得入，還洛陽，遇弒。明宗入洛，鄴請死於馬前，明宗嘉歎久之。

明年，荊南高季興叛，明宗遣襄州節度使劉訓等招討，而以東川董璋爲西南面招討使〔二九〕，乃拜鄴夔州刺史，副璋以兵出三峽。已而訓等無功見黜，諸將皆罷，璋亦未嘗出兵〔三〇〕，惟鄴獨取三州，乃以夔州爲寧江軍，拜鄴節度使。已而又取歸州，數敗季興之兵。鄴，武人，所爲多不中法度，判官譚善達數以諫鄴〔三一〕，鄴怒，遣人告善達受人金，下獄。善達素剛，辭益不遜，遂死于獄中。鄴病，見善達爲祟，卒于鎮。

校勘記

〔一〕其小字陽五　「陽五」，册府卷三四七、卷三九六、通鑑卷二六八作「楊五」。舊五代史考異卷二：「葛從周碑作『楊五』。」按葛從周墓碑（拓片刊北京圖書館藏中國歷代石刻拓本匯編第三十六册）作「揚五」。本卷下文同。

〔二〕德威持馬諫曰　「持馬」二字原闕，據宗文本補。

〔三〕晉遣德威將兵三萬出飛狐以擊之　「兵」字原闕，據宗文本補。

〔四〕王軍居中　「軍」字原闕，據宗文本補。

〔五〕指旁壞垣顧主者曰　「指」，原作「拍」，據宋丙本、宗文本改。

〔六〕遷左右廂步軍都指揮使　「都」字原闕，據宗文本、舊五代史卷五六符存審傳補。

〔七〕遷忻州刺史　「忻州」，原作「沂州」，據宋丙本、宗文本、舊五代史卷五六符存審傳改。

〔八〕蕃漢馬步軍都指揮使　「都」字原闕，據宗文本、舊五代史卷五六符存審傳補。

〔九〕則我進退不可　「我」字原闕，據宗文本補。

〔一〇〕乃陰與拱衛指揮使龐起伏甲于衙內　「拱衛」，原作「拱衙」，據册府卷四二三改。「龐起」，册府卷四二三作「龐超」。

〔一一〕侍衛馬步軍都指揮使　「馬步軍」，舊五代史卷四八唐末帝紀下、通鑑卷二八〇作「步軍」。

〔一二〕其三人義成兵也　「三人」，舊五代史卷九五白奉進傳、通鑑卷二八一敍其事作「二人」。

〔一三〕年四十二　「四十二」，舊五代史卷五五史建瑭傳作「四十六」。

〔一四〕尚晉高祖女　「女」，舊五代史卷八八史匡翰傳作「妹」。金石萃編卷一二〇義成軍節度使贈太保史匡翰碑：「（匡翰）尚魯國大長公主，車服有容，實殷帝之歸妹。」舊五代史卷八一晉少帝紀一：「樂平公主史氏，進封魯國大長公主。」按皇姑爲大長公主。晉少帝爲晉高祖從子，則史氏應是晉高祖妹。

〔一五〕闞澈　册府卷九一四（宋本）、卷九一八同，宗文本、舊五代史卷八八史匡翰傳、册府卷四三一、卷九一四（明本）作「闞徹」。本卷下一處同。

〔一六〕且暮不可戰　「且」，原作「旦」，據宋丙本、宗文本改。舊五代史卷二八唐莊宗紀二敍其事作

「時日已晡矣」。

〔一七〕即呼其衆曰　「其」字原闕，據宗文本補。

〔一八〕自上流縱火焚梁艦　「焚」字下原空一格，據宗文本、詳節卷三補「梁」字。

〔一九〕乃以行欽爲鄴都行營招撫使　「行欽」二字原闕，據宗文本、舊五代史卷七〇元行欽傳補。

〔二〇〕以功遷突陣指揮使　「突陣」，舊五代史卷六一袁建豐傳、册府卷三四七、卷三八七作「突騎」。

〔二一〕王千　舊五代史卷六一袁建豐傳、册府卷三四七作「王遷」。

〔二二〕加檢校太尉　「太尉」，舊五代史卷六一袁建豐傳作「太傅」。

〔二三〕父再遇　「再遇」，西方鄴墓誌（拓片刊千唐誌齋藏誌）作「再通」。

〔二四〕爲州軍校　「州」，原作「汴州」，據宗文本改。按西方鄴墓誌云其父終於定州都指揮使，本卷下文復云鄴「年二十，南渡河遊梁」，知其父非汴州軍校。

〔二五〕莊宗以爲孝義指揮使　「孝義指揮使」，册府卷一二〇、卷三六〇、卷三八七、卷三九六、西方鄴墓誌作「奉義指揮使」。

〔二六〕取之藏其家　「之」字原闕，據宗文本補。

〔二七〕乃將麾下兵五百騎西迎莊宗　「麾下兵」三字原闕，據宗文本補。

〔二八〕見於汜水　「見」字原闕，據宗文本補。

〔二九〕而以東川董璋爲西南面招討使　「西南」，通鑑卷二七五作「東南」。按西方鄴墓誌記鄴時爲東南面招討副使，據本卷下文，鄴爲董璋之副。

〔三〇〕璋亦未嘗出兵　「未」字原闕，據宗文本補。

〔三一〕判官譚善達數以諫鄴　「鄴」字原闕，據宗文本補。

新五代史卷二十六

唐臣傳第十四

符習

符習，趙州昭慶人也。少事趙王王鎔爲軍校，自晉救趙，破梁軍柏鄉，趙常遣習將兵從晉。晉軍德勝，張文禮殺趙王王鎔，上書莊宗，求習歸趙。莊宗遣之，習號泣曰：「臣世家趙，受趙王恩，王嘗以一劍與臣使自效，今聞王死，欲以劍自裁，念卒無益，請擊趙破賊，報王冤。」莊宗壯之，乃遣閻寶、史建瑭等助習討文禮，以習爲鎮州兵馬留後。習攻文禮不克，莊宗用佗將破之。拜習成德軍節度使，習辭不敢受，乃以相、衞二州爲義寧軍，以習爲節度使，習辭曰：「魏博六州，霸王之府也，不宜分割以示弱，願授臣河南一鎮，得自攻取之。」乃拜習天平軍節度使、東南面招討使，習亦未嘗攻取。後徙鎮安國，又徙平盧。

趙在禮作亂，遣習以鎮兵討賊。習未至魏，而明宗兵變，習不敢進。明宗遣人招之，習見明宗於胙縣，而以明宗舉兵不順，去就之意未決，霍彦威紿習曰：「主上所殺者十人〔一〕，公居其四，復何猶豫乎？」習意乃決。平盧監軍楊希望聞習爲明宗所召，乃以兵圍習家屬，將殺之。指揮使王公儼素爲希望所信，紿希望曰：「内侍盡忠朝廷，誅反者家族，孰敢不效命！宜分兵守城，以虞外變，習家不足慮也。」希望信之，乃悉分其兵守城，公儼因擒希望斬之，習家屬由是獲免。而公儼宣言青人不便習之嚴急，不欲習復來，因自求爲節度使。明宗乃以房知温代習鎮平盧〔二〕，拜公儼登州刺史。公儼不時承命，知温擒而殺之。習復鎮天平，徙鎮宣武。

習素爲安重誨所不悦，希其旨者上言習厚斂汴人，乃以太子太師致仕，歸昭慶故里，明宗以其子令謙爲趙州刺史以奉養之。習以無罪，怏怏失職，縱獵劇飲以自娱。居歲餘，中風卒，贈太師。

習二子：令謙、蒙。令謙，有勇力，善騎射，以父任爲將，官至趙州刺史，有善政，卒于州，州人號泣送葬者數千人，當時號爲良刺史。蒙，少好學，性剛鯁，爲成德軍節度副使。後事晉，官至禮部侍郎。

烏震

烏震，冀州信都人也。少事趙王王鎔爲軍卒，稍以功遷裨校，隸符習軍。習從莊宗于河上，而鎔爲張文禮所弑，震從習討文禮，而家在趙，文禮執震母妻及子十餘人以招震，震不顧。文禮乃皆斷其手鼻〔三〕，割而不誅，縱至習軍，軍中皆不忍正視。震一慟而止，憤激自勵，身先士卒。晉軍攻破鎮州，震以功拜刺史，歷深、趙二州。

震爲人純質，少好學，通左氏春秋，喜作詩，善書。及爲刺史，以廉平爲政有聲，遷冀州刺史、兼北面水陸轉運使。明宗聞其名，擢拜河北道副招討使，領寧國軍節度使，代房知温戍于盧臺軍。始至而戍兵龍晊等作亂，見殺，贈太師〔四〕。

嗚呼！忠孝以義則兩得，吾既已言之矣，若烏震者，可謂忠乎？甚矣，震之不思也。夫食人之禄而任人之事，事有任，專其責，而其國之利害，由己之爲不爲，爲之雖利於國，而有害於其親者，猶將辭其禄而去之。矧其事衆人所皆可爲，而任不專己，又其爲與不爲，國之利害不繫焉者，如是而不顧其親，雖不以爲利，猶曰不孝，況因而利之乎！夫能事其親以孝，然後能事其君以忠，若烏震者，可謂大不孝矣，尚何有於忠哉！

孔謙

孔謙，魏州人也，爲魏州孔目官。魏博入于晉，莊宗以爲支度使〔五〕。謙爲人勤敏，而傾巧善事人，莊宗及其左右皆悦之。自少爲吏，工書算，頗知金穀聚斂之事。晉與梁相拒河上十餘年，大小百餘戰，謙調發供饋，未嘗闕乏，所以成莊宗之業者，謙之力爲多，然民亦不勝其苦也。

莊宗初建大號，謙自謂當爲租庸使，而郭崇韜用魏博觀察使判官張憲爲使，以謙爲副。謙已怏怏。既而莊宗滅梁，謙從入汴，謂崇韜曰：「鄴，北都也〔六〕，宜得重人鎮之，非張憲不可。」崇韜以爲然，因以憲留守北都，而以宰相豆盧革判租庸。謙益失望，乃陰求革過失，而革嘗以手書假租庸錢十萬〔七〕，謙因以書示崇韜，而微泄其事，使革聞之。革懼，遂求解職以讓崇韜，崇韜亦不肯當。莊宗問：「誰可者？」崇韜曰：「孔謙雖長於金穀，而物議未可居大任，不若復用張憲。」乃趣召憲。憲爲人明辯，人頗忌之，謙因乘間謂革曰：「租庸錢穀，悉在目前，委一小吏可辦。鄴都天下之重，不可輕以任人。」革以語崇韜，崇韜罷憲不召，以興唐尹王正言爲租庸使。謙益憤憤，因求解職。莊宗怒其避事，欲寘之法，賴伶官景進救解之，乃止。已而正言病風，不任事，景進數以爲言，乃罷正言，以謙爲租庸使，賜豐財贍國功臣。

謙無佗能，直以聚斂爲事。莊宗初即位，推恩天下，除百姓田租，放諸場務課利欠負者，謙悉違詔督理。故事：觀察使所治屬州事，皆不得專達，上所賦調，亦下觀察使行之。而謙直以租庸帖調發諸州，不關觀察，觀察使交章論理，以謂：「制敕不下支郡，刺史不專奏事，唐制也。租庸直帖，沿僞梁之弊，不可爲法。今唐運中興，願還舊制。」詔從其請，而謙不奉詔，卒行直帖。又請減百官俸錢，省罷節度觀察判官、推官等員數。以至鄣塞天下山谷徑路，禁止行人，以收商旅征算；遣大程官放猪羊柴炭，占庇人户；更制括田竿尺；盡率州使公廨錢。由是天下皆怨苦之。

明宗立，下詔暴謙罪，斬于洛市，籍没其家。遂罷租庸使額，分鹽鐵、度支、户部爲三司。

張延朗

張延朗，汴州開封人也。事梁，以租庸吏爲鄆州糧料使。明宗克鄆州，得延朗，復以爲糧料使，後徙鎮宣武、成德，以爲元從孔目官。明宗即位，爲莊宅使、宣徽北院使、忠武軍節度使。

長興元年，拜三司使。唐制：户部度支以本司郎中、侍郎判其事，而有鹽鐵轉運使。其後用兵，以國計爲重，遂以宰相領其職。乾符已後，天下喪亂，國用愈空，始置租庸使，用兵無常，隨時調斂，兵罷則止。梁興，始置租庸使，領天下錢穀，廢鹽鐵、户部、度支之官。莊宗滅梁，因而不改。明宗入立，誅租庸使孔謙而廢其使職，以大臣一人判户部、度支、鹽鐵，號曰判三司。延朗因請置三司使，事下中書。中書用唐故事，拜延朗特進、工部尚書，充諸道鹽鐵轉運等使、兼判户部度支事。詔以延朗充三司使，班在宣徽使下。三司置使自此始。

延朗號爲有心計，以三司爲己任，而天下錢穀亦無所建明。明宗常出遊幸，召延朗共食，延朗不至，附使者報曰：「三司事忙，無暇。」聞者笑之。歷泰寧、雄武軍節度使。廢帝以爲吏部尚書兼中書門下平章事、判三司。

晉高祖有異志，三司財貨在太原者，延朗悉調取之，高祖深以爲恨。晉兵起，廢帝欲親征，而心畏高祖，遲疑不決，延朗與劉延朗等勸帝必行。延朗籍諸道民爲丁及括其馬，丁、馬未至，晉兵入京師，高祖得延朗，殺之。

李嚴

李嚴，幽州人也，初名讓坤。事劉守光爲刺史，後事莊宗爲客省使。嚴爲人明敏多藝能，習騎射，頗知書而辯。

同光三年，使于蜀，爲王衍陳唐興復功德之盛，音辭清亮，蜀人聽之皆竦動。衍樞密使宋光嗣召嚴置酒，從容問中國事。嚴對曰：「前年天子建大號于鄴宮，自鄆趨汴，定天下不旬日，而梁之降兵猶三十萬，東漸于海，西極甘涼，北懾幽陵，南踰閩嶺，四方萬里，莫不臣妾。而淮南楊氏承累世之彊，鳳翔李公恃先朝之舊，皆遣子入侍，稽首稱藩。至荆、湖、吴越，修貢賦，效珍奇，願自比於列郡者，至無虚月。天子方懷之以德，而震之以威，天下之勢，不得不一也。」光嗣曰：「荆、湖、吴越非吾所知，若鳳翔則蜀之姻親也，其人反覆，其可信乎？又聞契丹日益彊盛，大國其可無慮乎？」嚴曰：「契丹之彊，孰與僞梁？」光嗣曰：「比梁差劣爾！」嚴曰：「唐滅梁如拉朽，況其不及乎！唐兵布天下，發一鎮之衆，可以滅虜使無類。然而天生四夷，不在九州之内，自前古王者，皆存而不論，蓋不欲窮兵黷武也。」蜀人聞嚴應對，愈益奇之。

是時，蜀之君臣皆庸暗，而恃險自安，窮極奢僭。嚴自蜀還，具言可取之狀。初，莊宗遣嚴以名馬入蜀，市珍奇以充後宮，而蜀法嚴禁以奇貨出劍門，其非奇物而出者，名曰「入草物」，由是嚴無所得而還，惟得金二百兩、地衣、毛布之類。莊宗聞之，大怒曰：「物歸中國，謂之『入草』，王衍其能免爲『入草人』乎？」於是決議伐蜀。

冬，魏王繼岌西伐，以嚴爲三川招撫使，與康延孝以兵五千先行，所過州縣皆迎降。延孝至漢州，王衍告曰：「得李嚴來即降。」衆皆以伐蜀之謀自嚴始，而衍怨嚴深，不宜往。嚴聞之喜，即馳騎入益州。衍見嚴，以妻母爲託，即日以蜀降。嚴還，明宗以爲泗州防禦使，客省使如故。

其後孟知祥屈彊於蜀，安重誨稍裁抑之，思有以制知祥者，嚴乃求爲西川兵馬都監。將行，其母曰：「汝前啓破蜀之謀，今行，其以死報蜀人矣！」嚴不聽。初，嚴與知祥同事莊宗，時知祥爲中門使，嚴嘗有過，莊宗怒甚，命斬之，知祥戒行刑者少緩，入白莊宗曰：「嚴小過，不宜以喜怒殺人，恐失士大夫心。」莊宗怒稍解，命知祥監笞嚴二十而釋之。知祥雖與嚴有舊恩，而惡其來。蜀人聞嚴來，亦皆惡之。嚴至，知祥置酒從容問嚴曰：「朝廷以公來邪？公意自欲來邪？」嚴曰：「君命也。」知祥發怒曰：「天下藩鎮皆無監軍，安得爾獨來此？此乃孺子熒惑朝廷爾！」即擒斬之，明宗不能詰也，知祥由此遂反。

李仁矩

李仁矩，不知其世家。少事明宗爲客將，明宗即位，以爲客省使、左衛大將軍。明宗祀天南郊，東、西川當進助禮錢，使仁矩趣之。仁矩恃恩驕恣，見藩臣不以禮。東川節度使董璋置酒召仁矩，仁矩辭醉不往，於傳舍與倡妓飲。璋怒，率衙兵露刃之傳舍，仁矩惶恐，不襪而靴走庭中，璋責之曰：「爾以西川能斬李嚴，謂我獨不能斬爾邪！」顧左右牽出斬之。仁矩涕泣拜伏謝罪，乃止。明日，璋置酒召仁矩，見其妻子，以厚謝之。仁矩還，言璋必反。

仁矩素爲安重誨所親信，自璋有異志，重誨思有以制之，乃分東川之閬州爲保寧軍，以仁矩爲節度使，遣姚洪將兵戍之。璋以書至京師告其子光業曰：「朝廷割我支郡，分建節旄，又以兵戍之，是將殺我也。若唐復遣一騎入斜谷，吾反必矣！與汝自此而決。」光業私以書示樞密承旨李虔徽，使白重誨，重誨不省。

仁矩至鎮，伺璋動靜必以聞，璋益疑懼，遂決反。重誨又遣荀咸乂將兵益戍閬州，光業亟言以爲不可，重誨不聽。咸乂未至，璋已反，攻閬州，仁矩召將校問策，皆曰：「璋有二心久矣，常以利啖吾兵，兵未可用，而賊鋒方鋭，宜堅壁以挫之。守旬日，大軍必至，賊當自退。」仁矩曰：「蜀兵懦〔八〕，安能當我精鋭之師！」即驅之出戰，兵未交而潰，仁矩被擒，并其家屬皆見殺。

毛璋

毛璋，滄州人也。梁末，戴思遠爲横海軍節度使，璋事思遠爲軍校。晉已下魏博，思遠棄滄州出奔，璋以滄州降晉，以功爲貝州刺史。

璋爲人有膽勇，自晉與梁相拒河上，璋累戰有功。莊宗滅梁，拜璋華州節度使。在鎮多不法，議者疑其有異志，乃徙璋鎮昭義。璋初欲拒命，其判官邊蔚切諫諭之〔九〕，乃聽命。

璋累歷藩鎮，又在華州得魏王繼岌伐蜀餘貲，既富而驕，益爲淫侈。嘗服赭袍飲酒，使其所得蜀妓爲王衍宮中之戲于前。明宗聞而惡之，召爲金吾上將軍。東川董璋上書言璋遣子廷贇持書往西川，疑其有姦。明宗乃遣人追還廷贇，并璋下御史獄。廷贇款稱實璋假子，有叔父在蜀，欲往省之，而無私書。璋無罪名，有司議：「璋前任藩鎮，陰畜異圖，及處班行，不慎行止。」乃停璋見任官，勒還私第。

初，廷贇之蜀，與其客趙延祚俱，及召下獄，延祚多捃璋陰事欲言之，璋許延祚重賂以滅口。既出而責賂於璋，璋不與〔一〇〕，延祚乃詣臺自言，并璋復下獄，鞫之無狀。中丞呂夢奇議曰：「璋前經推劾，已蒙昭雪，而延祚以責賂之故，復加織羅。」乃稍宥璋。璋款上，有告者言夢奇受賂而劾獄不盡，乃移軍巡獄〔一一〕。獄吏希旨，鍛鍊其事，璋具伏：許賂延祚而未與，嘗以馬借夢奇而無受賂。璋坐長流儒州，已而令所在賜自盡。

校勘記

〔一〕主上所殺者十人　「殺」，舊五代史卷五九符習傳作「知」。

〔二〕明宗乃以房知温代習鎮平盧　本書卷六唐本紀、舊五代史卷三七唐明宗紀三、通鑑卷二七五均記天成元年八月，霍彥威代符習鎮平盧，殺王公儼。又據舊五代史卷四三唐明宗紀九，房知温鎮平盧乃在長興三年。此處「房知温」當是「霍彥威」之誤。

〔三〕文禮乃皆斷其手鼻　「皆」，原作「自」，據宋丙本、宗文本改。舊五代史卷五九烏震傳敘其事作「咸割鼻斷腕」。

〔四〕贈太師　「太師」，舊五代史卷三八唐明宗紀四、卷五九烏震傳作「太傅」。

〔五〕莊宗以爲支度使　「支度使」，原作「度支使」，據宋丙本、册府卷四八三、孔謙墓誌（拓片刊北京圖書館藏中國歷代石刻拓本匯編第三十六册）改。

〔六〕鄴北都也　本書卷五唐本紀云同光元年四月，以魏州爲東京，太原爲西京，鎮州爲北都。十一月，復北都爲鎮州，太原爲北都。三年，改東京爲鄴都，洛陽爲東都。此稱鄴爲北都，疑誤。本卷下一處同。

〔七〕而革嘗以手書假租庸錢十萬　「十萬」，舊五代史卷七三孔謙傳、通鑑卷二七三、册府卷九二四作「數十萬」。

〔八〕蜀兵懦　「兵」字原闕，據宗文本、舊五代史卷七〇李仁矩傳、通鑑卷二七七補。

〔九〕邊蔚　原作「邊慰」，據宗文本、舊五代史卷七三毛璋傳、通鑑卷二七五改。按舊五代史卷一二八有邊蔚傳。

〔一〇〕璋不與　「璋」字原闕，據宗文本補。舊五代史卷七三毛璋傳敍其事作「璋拒而不與」。

〔一一〕乃移軍巡獄　「巡」，原作「延」，據宋丙本、宗文本改。舊五代史卷七三毛璋傳敍其事作「移於軍巡」。

新五代史卷二十七

唐臣傳第十五

朱弘昭 馮贇附

朱弘昭，太原人也。少事明宗爲客將，明宗即位，爲文思使。與安重誨有隙，故常使于外。董璋爲東川節度使，乃以弘昭爲副使。西川孟知祥殺其監軍李嚴，弘昭大懼，求還京師，璋不許，遂相猜忌，弘昭益開懷待之不疑，璋頗重其爲人。後璋有軍事，遣弘昭入朝，弘昭乃免。遷左衛大將軍、内客省使、宣徽南院使、鳳翔節度使。

孟知祥反，石敬瑭伐蜀，久無功，明宗遣安重誨督軍。是時，重誨已有間。重誨至鳳翔，弘昭迎謁，禮甚恭，延重誨于家，使其妻妾侍飲食。重誨以弘昭厚己，酒酣，具言蒙天子厚恩，而所以讒間之端，因泣下。弘昭即奏言重誨怨望，又陰遣人馳告敬瑭，使拒重誨。

會敬瑭以糧餉不繼，遽燒營返軍。重誨亦以被讒召還，過鳳翔，弘昭閉門不納，重誨由此得罪死。樞密使范延光尤惡弘昭爲人，罷爲左武衛上將軍、宣徽南院使。久之，爲山南東道節度使。

是時，明宗已病，而秦王從榮禍有端，唐諸大臣皆欲引去以避禍。樞密使范延光、趙延壽日夕更見，涕泣求去，明宗怒而不許。延壽使其妻興平公主入言於中，延光亦因孟漢瓊、王淑妃進説，故皆得罷。以弘昭及馮贇代延壽、延光，弘昭入見，辭曰：「臣廝養之才，不足當大任。」明宗叱之曰：「公等皆不欲在吾目前邪？吾養公等安用！」弘昭惶恐，乃視事。

馮贇者，亦太原人也。其父璋，事明宗爲閽者。贇爲兒時，以通黠爲明宗所愛。明宗爲節度使，以贇爲進奏官。明宗即位，即爲客省使、宣徽北院使。歷河東忠武節度使、三司使。

明宗病甚，大臣稀復進見，而孟漢瓊、王淑妃用事，弘昭及贇並掌機務於中，大事皆決此四人。及殺秦王而立愍帝，益自以爲功。又其所用多非其人，給事中陳乂爲人險譎，好陰謀，嘗事梁張漢傑，又事郭崇韜，兩人皆輒敗死，弘昭乃引以爲樞密直學士，而用其謀。

是時，弘昭、贇遣漢瓊至魏，召愍帝入立，而留漢瓊權知後事。明年正月，漢瓊請入朝，弘昭、贇乃議徙成德范延光代漢瓊，北京留守石敬瑭代延光，鳳翔潞王從珂代敬瑭。三人者皆唐大臣，以漢瓊故，輕易其地，又不降制書，第遣使者監其上道，從珂由此遂反。

從珂兵已東，愍帝大懼，遣人召弘昭計事。弘昭謂其客穆延暉曰：「上召我急，將罪我也。吾兒婦，君之女也，其以歸，無使及禍。」乃拔劍大哭，欲自裁，而家人止之。使者促弘昭入見甚急，弘昭呼曰：「窮至此邪！」乃自投于井以死。安從進聞之，亦殺贇于家，贇母新死，子母棄尸于道，妻子皆見殺。贇有子三歲，其故吏張守素匿之以免。漢高祖即位，贈弘昭尚書令、贇中書令。

劉延朗

劉延朗，宋州虞城人也。初，廢帝起於鳳翔，與其事者五人〔一〕：節度判官韓昭胤，掌書記李專美，牙將宋審虔，客將房暠，而延朗爲孔目官。初，愍帝即位，徙廢帝爲北京留守，不降制書，遣供奉官趙處愿促帝上道。帝疑惑，召昭胤等計議，昭胤等皆勸帝反，由是事無大小，皆此五人謀之。而暠又喜鬼神巫祝之說，有瞽者張濛，自言事太白山神。神，魏崔浩也，其言吉凶無不中，暠素信之。嘗引濛見帝，聞其語聲，驚曰：「此非人臣也！」暠使濛問於神，神傳語曰：「三珠併一珠，驢馬没人驅。歲月甲庚午，中興戊己土。」暠不曉其義，使問濛，濛曰：「神言如此，我能傳之，不能解也。」帝即以濛爲館驛巡官。

帝將反，而兵少，又乏食，由此甚懼，使暠問濛，濛傳神語曰：「王當有天下，可無憂！」於是決反，使專美作檄書，言：「朱弘昭、馮贇幸明宗病，殺秦王而立愍帝。帝年少，小人用事，離間骨肉，將問罪於朝！」遣使者馳告諸鎮，皆不應，獨隴州防禦使相里金遣其判官薛文遇計事。帝得文遇，大喜。而延朗調率城中民財以給軍。王思同率諸鎮兵圍鳳翔，廢帝懼，又遣暠問神，神曰：「王兵少，東兵來，所以迎王也。」已而東兵果叛降于帝。帝入京師，即位之日，受册明宗柩前。册曰：「維應順元年歲次甲午四月庚午朔。」帝回顧暠曰：「張濛神言，豈不驗哉！」由是暠益見親信，而專以巫祝用事。

帝既立，以昭胤爲左諫議大夫、端明殿學士，專美爲比部郎中、樞密院直學士，審虔爲皇城使，暠爲宣徽北院使，延朗爲莊宅使。久之，以昭胤、暠爲樞密使〔二〕，延朗爲副使，審虔爲侍衛步軍都指揮使，而薛文遇亦爲職方郎中、樞密院直學士。由是審虔將兵，專美、文遇主謀議，而昭胤、暠及延朗掌機密。

初，帝與晉高祖俱事明宗，而心不相悦。帝既入立，高祖不得已來朝，而心頗自疑，欲求歸鎮，且難言之，乃陽爲羸疾，灸灼滿身，冀帝憐而遣之。延朗等多言敬瑭可留京師，昭胤、專美曰：「敬瑭與趙延壽皆尚唐公主，不可獨留。」乃復授高祖河東而遣之。是時，契丹數寇北邊，以高祖爲大同、振武、威塞、彰國等軍蕃漢馬步軍都總管，屯于忻州。而屯兵忽變，擁高祖呼「萬歲」，高祖懼，斬三十餘人而後止。於是帝益疑之。

是時，高祖悉握精兵在北，饋運芻糧，遠近勞弊。帝與延朗等日夕謀議，而專美、文遇迭宿中興殿廬，召見訪問，常至夜分而罷。是時，高祖弟重胤爲皇城副使，而石氏公主母曹太后居中，因得伺帝動靜言語以報高祖，高祖益自危懼。每帝遣使者勞軍，即陽爲羸疾不自堪，因數求解總管以探帝心。是時，帝母魏氏追封宣憲皇太后，而墓在太原，有司議立寢宮。高祖建言陵與民冢墓相雜〔三〕，不可立宮。帝疑高祖欲毁民墓，爲國取怨，帝由此發怒，罷高祖總管，徙鎮鄆州〔四〕。延朗等多言不可，而司天趙延義亦言天象失度〔五〕，宜安静以弭災，其事遂止。

後月餘，文遇獨直，帝夜召之，語罷敬瑭事，文遇曰：「臣聞『作舍道邊，三年不成』。國家之事，斷在陛下。且敬瑭徙亦反，不徙亦反，遲速爾，不如先事圖之。」帝大喜曰：「術者言朕今年當得一賢佐以定天下，卿其是邪！」乃令文遇手書除目，夜半下學士院草制。明日宣制，文武兩班皆失色。居五六日，敬瑭以反聞。敬瑭上書，言帝非明宗子，而許王從益次當立。帝得書大怒，手壞而投之，召學士馬胤孫爲荅詔，曰：「宜以惡語詆之。」延朗等請帝親征，帝心憂懼，常惡言敬瑭事，每戒人曰：「爾無説石郎，令我心膽墮地！」由此不欲行。而延朗等屢迫之，乃行。至懷州，帝夜召李崧問以計策。文遇不知而繼至，帝見之色變，崧躡其足，文遇乃出。帝曰：「我見文遇肉顫，欲抽刀刺之。」崧曰：「文遇小人，致悮大事，刺之益醜。」乃已。是時，契丹已立敬瑭爲天子，以兵而南，帝惶惑不知所之。遣審虔將千騎至白司馬坡踏戰地〔六〕，審虔曰：「何地不堪戰？雖有其地，何人肯立于此？不如還也。」帝遂還，自焚。高祖入京師，延朗等六人皆除名爲民。

初，延朗與暠並掌機密，延朗專任事，諸將當得州者，不以功次爲先後，納賂多者得善州，少及無賂者得惡州，或久而不得，由是人人皆怨。暠心患之，而不能爭也，但日飽食高枕而已，每延朗議事，則垂頭陽睡不省。及晉兵入，延朗以一騎走南山，過其家，指而嘆曰：「吾積錢三十萬于此，不知何人取之！」遂爲追兵所殺。晉高祖聞暠常不與延朗事，哀之，後復以爲將。歲餘卒。專美事晉爲大理卿，開運中卒。當晉之將起，廢帝以昭胤爲中書侍郎、同中書門下平章事，出爲河陽節度使〔七〕，與審虔、文遇皆不知其所終。

嗚呼，禍福成敗之理，可不戒哉！張濛神言驗矣，然焉知其不爲禍也！予之所記，大抵如此，覽者可以深思焉。廢帝之起，所與圖議者，此五六人而已。考其逆順之理，雖有智者爲之謀，未必能不敗，況如此五六人者哉！故并述以附延朗，見其始終之際云。

康思立

康思立，本陰山諸部人也〔八〕。少爲騎將，從莊宗破梁夾城，戰柏鄉，累以功遷突騎指揮使。明宗即位，歷應、嵐二州刺史、宿州團練使、昭武軍節度使，徙鎮保義，皆有善政。潞王從珂反於鳳翔，愍帝遣王思同等討之，思立有捧聖、羽林屯兵千五百人，乃以羽林千人屬思同。思同至鳳翔，軍叛，降于從珂。思立聞之，欲盡誅羽林千人家屬，未及，而從珂兵已至，思立乃以捧聖兵城守。從珂兵傅其城，呼曰：「西兵十萬策新天子，爾五百人其能拒邪？徒陷陝人於死耳！」捧聖兵聞之，皆解甲，思立遂開門迎從珂。廢帝即位，以思立初無降意，頗不悦之，徙安遠，又徙安國〔九〕，以年老罷爲右神武統軍。

石敬瑭反太原，廢帝以思立爲北面行營馬軍都指揮使。廢帝幸懷州，遣思立將從駕騎兵出團柏谷救張敬達，未至而敬達死，楊光遠降晉，思立以疾卒于道〔一○〕。晉高祖入立，贈太子少師。

康義誠

康義誠，字信臣，代北三部落人也。以騎射事晉王，莊宗時爲突騎指揮使。從明宗討趙在禮，至魏而軍變，義誠前陳莊宗過失，勸明宗南嚮。明宗即位，遷捧聖指揮使，領汾州刺史。從破朱守殷，遷侍衞親軍馬步軍都指揮使，領河陽三城節度使。出爲山南東道節度使，復爲親軍都指揮使，領河陽，加同中書門下平章事。

秦王從榮素驕，自爲河南尹，典六軍，拜大元帥，唐諸大臣皆懼禍及，思自脱，獨義誠心結之，遣其子事秦王府。明宗病，從榮謀以兵入宫，唐大臣朱弘昭、馮贇等皆以爲不可，而義誠獨持兩端。從榮已舉兵，至天津橋，弘昭等入，以反白，明宗涕泣召義誠，使自處置，而義誠卒不出兵。馬軍指揮使朱弘實以兵擊從榮，從榮敗走〔一〕，見殺。

三司使孫岳嘗爲馮贇言從榮必敗之狀，義誠聞而不悦。及從榮死，義誠始引兵入河南府，召岳檢閲從榮家貲。岳至，義誠乘亂，使人射之，岳走至通利坊見殺，明宗不能詰。義誠已殺岳，又以從榮故，與弘實有隙。愍帝即位，弘實常以誅從榮功自負，義誠心益不平。

潞王從珂反鳳翔，王思同率諸鎮兵圍之，興元張虔釗兵叛降從珂，思同走，諸鎮兵皆潰。愍帝大怒，謂朱弘昭等曰：「朕新即位，天下事皆出諸公，然於事兄，未有失節，諸公以大計見迫，不能獨違。事一至此，何方轉禍？吾當率左右往迎吾兄，遜以位，苟不吾信，死其所也！」弘昭等惶恐不能對，義誠前曰：「西師驚潰〔一二〕，主將怯耳。今京師兵尚多，臣請盡將以西，扼關而守，招集亡散，以爲後圖。」愍帝以爲然，幸左藏庫，親給將士人絹二十匹、錢五千。是時，明宗山陵未畢，帑藏空虛。軍士負物揚言曰：「到鳳翔更請一分。」朱弘實見軍士無鬭志，而義誠盡將以西，疑其二心，謂義誠曰：「今西師小衄，而無一騎東者，人心可知。不如以見兵守京師以自固，彼雖幸勝，特得虔釗一軍耳。諸鎮之兵在後，其敢徑來邪！」義誠怒曰：「如此言，弘實反矣！」弘實曰：「公謂誰欲反邪？」其聲厲而聞。愍帝召兩人訊之〔一三〕，兩人爭於前〔一四〕，帝不能決，遂斬弘實，以義誠爲招討使，悉將禁軍以西。

愍帝奔衛州，義誠行至新安，降于從珂。清泰元年四月，斬于興教門外，夷其族。

嗚呼！五代爲國，興亡以兵，而其軍制，後世無足稱焉。惟侍衛親軍之號，今猶因之而甚重，此五代之遺制也。然原其始起微矣，及其至也，可謂盛哉！當唐之末，方鎮之兵多矣，凡一軍有指揮使一人，而合一州之諸軍，又有馬步軍都指揮使一人，蓋其卒伍之長也。自梁以宣武軍建國，因其舊制，有在京馬步軍都指揮使，後唐因之，至明宗時，始更爲侍衛親軍馬步軍都指揮使。當是時，天子自有六軍諸衛之職，六軍有統軍，諸衛有將軍，而又以大臣宗室一人判六軍諸衛事，此朝廷大將天子國兵之舊制也。而侍衛親軍者，天子自將之私兵也，推其名號可知矣。天子自爲之將〔一五〕，則都指揮使乃其卒伍之都長耳。然自漢周以來，其職益重，漢有侍衛司獄，凡朝廷大事皆決侍衛獄。是時，史弘肇爲都指揮使，與宰相、樞密使並執國政，而弘肇尤專任，以至於亡。語曰：「涓涓不絕，流爲江河；熒熒不滅，炎炎奈何？」可不戒哉！然是時，方鎮各自有兵，天子親軍不過京師之兵而已。今方鎮名存而實亡，六軍諸衛又益以廢，朝廷無大將之職〔一六〕，而舉天下内外之兵皆屬侍衛司矣〔一七〕。則爲都指揮使者，其權豈不益重哉！親軍之號，始於明宗，其後又有殿前都指揮使，亦親軍也，皆不見其更置之始。今天下之兵，皆分屬此兩司矣〔一八〕。

藥彦稠

藥彦稠，沙陀三部落人也。初爲騎將，明宗即位，拜澄州刺史。從王晏球破王都定州，遷侍衛步軍都虞候，領壽州節度使。安重誨矯詔遣河中指揮使楊彦温逐其節度使潞王從珂。以彥稠爲招討使〔一九〕，明宗疑彥温有所説，戒彥稠得彥温毋殺，將訊之。彥稠希重誨旨，殺彥温以滅口，明宗大怒，然不之罪也。

長興中爲靜難軍節度使，党項阿埋、屈悉保等族抄掠方渠，邀殺回鶻使者，明宗遣彥稠與靈武康福會兵擊之，阿埋等亡竄山谷。明宗以謂党項知懼，可加約束而綏撫之。使者未至，彥稠等自牛兒族入白魚谷，盡誅其族，獲其大首領連香等，遣人上捷。明宗謂其使者曰：「吾誅党項，非有所利也。凡軍中所獲，悉與士卒分之，毋以進奉爲名，重斂軍士也。」已而彥稠以党項所掠回鶻進奉玉兩團及遺秦王金裝胡簶等來獻，明宗曰：「吾已語彥稠矣，不可失信。」因悉以賜彥稠。彥稠又逐鹽州諸戎〔二〇〕，取其所掠男女千餘人。

潞王從珂反，彥稠爲招討副使。王思同兵潰，彥稠與思同俱東走，爲潞王兵所得，囚之華州獄，已而殺之。晉高祖立，贈侍中〔二一〕。【一】

【一】彥稠與思同俱以敗走，時愍帝猶在，唐未亡，二人走歸國，於節未虧，異於元行欽之走也。然思同辭義不屈，其死可嘉。彥稠直被執見殺爾，餘無可稱，故不列於死事。

校勘記

〔一〕與其事者五人　「其」，原作「共」，據宋丙本、宗文本改。

〔二〕以昭胤㬋爲樞密使　「以」字原闕，據宗文本補。

〔三〕高祖建言陵與民冢墓相雜　「冢」，原作「家」，據宗文本改。

〔四〕徙鎮鄆州　「鎮」字原闕，據宗文本補。

〔五〕趙延義　宋丙本、通鑑卷二七九、册府卷一〇四作「趙延乂」。按舊五代史卷一三一有趙延乂傳。吴縝纂誤卷中：「司天趙延義，今按雜傳乃是趙延乂也。」

〔六〕遣審虔將千騎至白司馬坡踏戰地　「司」字原闕，據宗文本補。按通鑑卷二八〇胡注：「白司馬阪也，在洛陽北。史逸『司』字。」王鳴盛商榷卷九八：「坡當作坂，唐酷吏侯思止傳：思止鞫誣告人反者，輒云急承白司馬。此因洛有白司馬坂，故用歇後語誘令承反也。」

〔七〕出爲河陽節度使　「河陽」，舊五代史卷四七唐末帝紀中敍其事作「河中」。通鑑卷二七九：「（清泰二年十二月）以中書侍郎、同平章事充樞密使韓昭胤同平章事，充護國節度使。」按護國即河中。另據舊五代史卷四七唐末帝紀中，清泰二年出爲河陽節度使者乃宋審虔。

〔八〕本陰山諸部人也　「陰山」，原作「山陰」，據舊五代史卷七〇康思立傳、册府卷一四八、卷七八二乙正。

〔九〕徙安遠又徙安國　舊五代史卷四六唐末帝紀上：「（清泰元年五月）以陝府節度使康思立爲邢州節度使。」邢州即安國軍。舊五代史卷七〇康思立傳云其清泰初自陝州改授邢臺，則似未嘗歷安遠。

〔一〇〕思立以疾卒于道　「以」字原闕，據宗文本補。

〔一一〕從榮敗走　「從榮」二字原闕，據宗文本補。

〔一二〕西師驚潰　「師」，原作「帥」，據宋丙本、宗文本、詳節卷四改。

〔一三〕愍帝召兩人訊之　「訊之」二字原闕，據宗文本補。通鑑卷二七九敍其事作「召而訊之」。

〔一四〕兩人爭於前　「兩人」二字原闕，據宗文本補。通鑑卷二七九敍其事作「二人訟於帝前」。

〔一五〕天子自爲之將　「之」字原闕，據宗文本、玉海卷一三九引五代史補。

〔一六〕朝廷無大將之職　「無」字原闕，據宗文本、玉海卷一三九引五代史補。

〔一七〕而舉天下内外之兵皆屬侍衛司矣　「屬」字原闕，據宗文本、玉海卷一三九引五代史補。

〔一八〕皆分屬此兩司矣　「皆」字原闕，據宗文本、玉海卷一三九引五代史補。

〔一九〕以彥稠爲招討使　「招討使」，舊五代史卷六六藥彥稠傳作「副招討使」。按本書卷六唐本紀：「西京留守索自通、侍衛步軍指揮使藥彥稠討之。辛亥，自通執彥温殺之。」藥彥稠係索自通之副。

〔二〇〕彥稠又逐鹽州諸戎　「彥稠」二字原闕，據宗文本補。

〔二一〕晉高祖立贈侍中　「晉高祖」，舊五代史卷六六藥彥稠傳作「漢高祖」。按舊五代史卷一〇〇漢高祖紀下：「（天福十二年閏七月）故邠州節度使藥彥稠……並贈侍中。」

新五代史卷二十八

唐臣傳第十六

豆盧革

豆盧革，父瓚，唐舒州刺史。豆盧爲世名族，唐末天下亂，革避地之中山，唐亡，爲王處直掌書記。

莊宗在魏，議建唐國，而故唐公卿之族遭亂喪亡且盡，以革名家子，召爲行臺左丞相。莊宗即位，拜同中書門下平章事。革雖唐名族，而素不學問，除拜官吏，多失其序，常爲尚書郎蕭希甫駁正，革頗患之。莊宗已滅梁，革乃薦韋說爲相。說，唐末爲殿中侍御史，坐事貶南海，後事梁爲禮部侍郎。革以說能知前朝故事〔一〕，故引以佐己，而說亦無學術，徒以流品自高。

是時，莊宗内畏劉皇后，外惑宦官、伶人，郭崇韜雖盡忠於國，而亦無學術，革、説俯仰默默無所爲，唯諾崇韜而已。唐、梁之際，仕宦遭亂奔亡，而吏部銓文書不完，因緣以爲姦利，至有私鬻告敕，亂易昭穆，而季父、母舅反拜姪、甥者，崇韜請論以法。是時，唐新滅梁，朝廷紀綱未立，議者以爲宜革以漸，而崇韜疾惡太甚，果於必行，説、革心知其未可，而不能有所建言。是歲冬，選人吴延皓改亡叔告身行事，事發，延皓及選吏尹玫皆坐死，尚書左丞判吏部銓崔沂等皆貶，説、革詣閤門待罪。由是一以新法從事，往往以僞濫駁放而斃踣羈旅、號哭道路者，不可勝數。及崇韜死，説乃教門人上書言其事，而議者亦以罪之〔二〕。

是歲，大水，四方地連震，流民殍死者數萬人，軍士妻子皆採稆以食。莊宗日以責三司使孔謙，謙不知所爲。樞密小吏段徊曰：「臣嘗見前朝故事，國有大故，則天子以朱書御札問宰相。水旱，宰相職也。」莊宗乃命學士草詔，手自書之，以問革、説。革、説不能對，第曰：「陛下威德著于四海，今西兵破蜀，所得珍寶億萬，可以給軍。水旱，天之常道，不足憂也。」革自爲相，遭天下多故，而方服丹砂鍊氣以求長生，嘗嘔血數日，幾死。二人各以其子爲拾遺，父子同省，人以爲非，遽改佗官，而革以説子爲弘文館學士，説以革子爲集賢院學士。

莊宗崩，革爲山陵使，莊宗已祔廟，革以故事當出鎮，乃還私第，數日未得命，而故人賓客趣使入朝。樞密使安重誨詬之于朝曰：「山陵使名尚在，不俟改命，遽履新朝，以我武人可欺邪！」諫官希旨，上疏誣革縱田客殺人，説坐與隣人爭井，遂俱罷。革貶辰州刺史，説漵州刺史〔三〕，所在馳驛發遣。宰相鄭珏〔四〕、任圜三上章，請毋行後命，不報。革復坐請俸私自入，説賣官與選人，責授革費州司户參軍，説夷州司户參軍，皆員外置同正員。已而竄革陵州，説合州，皆長流百姓。

初，説嘗以罪竄之南海，遇赦還，寓江陵，與高季興相知，及爲相，常以書幣相問遺。唐兵伐蜀，季興請以兵入三峽，莊宗許之，使季興自取夔、忠、萬、歸、峽等州爲屬郡。及破蜀，季興無功，而唐用佗將取五州〔五〕。明宗初即位，季興數請五州，以謂先帝所許，朝廷不得已而與之。及革、説再貶，因以其事歸罪二人。天成二年夏，詔陵、合州刺史監賜自盡。

革子昪，説子濤，皆官至尚書郎，坐其父廢。至晉天福初，濤爲尚書膳部員外郎，卒。

盧程

盧程，不知其世家何人也。唐昭宗時，程舉進士，爲鹽鐵出使巡官。唐亡，避亂燕趙，變服爲道士，遊諸侯間。豆盧革爲王處直判官，盧汝弼爲河東節度副使，二人皆故唐時名族，與程門地相等，因共薦之，以爲河東節度推官。

莊宗嘗召程草文書，程辭不能。其後戰胡柳，掌書記王緘歿于陣〔六〕，莊宗還軍太原，置酒，謂監軍張承業曰：「吾以巵酒辟一書記於坐。」因舉巵屬巡官馮道。程位在道上，以嘗辭不能，故不用，而遷程支使。程大恨，曰：「用人不以門閥而先田舍兒邪！」

莊宗已即帝位〔七〕，議擇宰相，而盧汝弼、蘇循已死，次節度判官盧質當拜，而質不樂任事，乃言豆盧革與程皆故唐時名族，可以爲相，莊宗以程爲中書侍郎、同平章事。是時，朝廷新造，百度未備，程、革拜命之日，肩輿導從，喧呼道中。莊宗聞其聲以問左右，對曰：「宰相檐子入門。」莊宗登樓視之，笑曰：「所謂似是而非者也。」

程奉皇太后册，自魏至太原，上下山險，所至州縣，驅役丁夫，官吏迎拜，程坐肩輿自若，少忤其意，必加笞辱。人有假驢夫於程者，程帖興唐府給之，府吏啓無例，程怒笞吏背。少尹任圜〔八〕，莊宗姊婿也，詣程訴其不可。程戴華陽巾，衣鶴氅，據几决事，視圜罵曰：「爾何蟲豸，恃婦家力也！宰相取給州縣，何爲不可！」圜不對而去，夜馳至博州見莊宗。莊宗大怒，謂郭崇韜曰：「朕悮相此癡物，敢辱予九卿！」趣令自盡，崇韜亦欲殺之，賴盧質力解之，乃罷爲右庶子。莊宗入洛，程於路墜馬中風，卒，贈禮部尚書。

任圜

任圜，京兆三原人也。爲人明敏，善談辯，見者愛其容止，及聞其論議縱横，益皆悚動。李嗣昭節度昭義，辟圜觀察支使。梁兵築夾城圍潞州，踰年而晉王薨，晉兵救潞者皆解去。嗣昭危甚，問圜去就之計，圜勸嗣昭堅守以待，不可有二心。已而莊宗攻破梁夾城，聞圜爲嗣昭晝守計，甚嘉之，由是益知名。其後嗣昭與莊宗有隙，圜數奉使往來，辨釋讒構，嗣昭卒免於禍，圜之力也。嗣昭從莊宗戰胡柳，擊敗梁兵，圜頗有功，莊宗勞之曰：「儒士亦破體邪？仁者之勇，何其壯也！」

張文禮弑王鎔，莊宗遣嗣昭討之。嗣昭戰歿，圜代將其軍，號令嚴肅。既而文禮子處球等閉城堅守，不可下，圜數以禍福諭鎮人，鎮人信之。圜嘗擁兵至城下，處球登城呼圜曰〔九〕：「城中兵食俱盡，而久抗王師，若泥首自歸，懼無以塞責，幸公見哀，指其生路。」圜告之曰：「以子先人，固難容貸，然罰不及嗣，子可從輕。其如拒守經年，傷吾大將，一朝困竭，方布款誠，以此計之，子亦難免。然坐而待弊，曷若伏而俟命？」處球流涕曰：「公言是也！」乃遣人送狀乞降〔一〇〕，人皆稱圜其言不欺。既而佗將攻破鎮州，處球雖見殺，而鎮之吏民以嘗乞降，故得保其家族者甚衆。

其後以鎮州爲北京，拜圜工部尚書、兼真定尹、北京副留守、知留守事，爲政有惠愛。明年，郭崇韜兼領成德軍節度使，改圜行軍司馬，仍知真定府事。圜與崇韜素相善，又爲其司馬，崇韜因以鎮州事託之，而圜多所違異。初，圜推官張彭爲人傾險貪黷，圜不能察，信任之，多爲其所賣。及崇韜領鎮，彭爲圜謀隱公廨錢。莊宗遣宦者選故趙王時宫人百餘，有許氏者尤有色，彭賂守者匿之。後事覺，召彭詣京師，將罪之，彭懼，悉以前所隱公錢簿書獻崇韜，崇韜深德彭，不殺，由是與圜有隙。同光三年，圜罷司馬，守工部尚書。

魏王繼岌暨崇韜伐蜀，懼圜攻己於後，乃辟圜參魏王軍事。蜀滅，表圜黔南節度使，圜懇辭不就。繼岌殺崇韜，以圜代將其軍而旋。康延孝反，繼岌遣圜將三千人會董璋、孟知祥等兵，擊敗延孝於漢州，而魏王先至渭南，自殺，圜悉將其軍以東。明宗嘉其功，拜圜同中書門下平章事、兼判三司。是時，明宗新誅孔謙，圜選辟才俊，抑絶僥倖，公私給足，天下便之。

是秋，韋説、豆盧革罷相，圜與安重誨、鄭珏、孔循議擇當爲相者，圜意屬李琪，而珏、循雅不欲琪爲相，謂重誨曰：「李琪非無文藝，但不廉耳。宰相，端方有器度者足以爲之，太常卿崔協可也。」重誨以爲然。佗日，明宗問誰可相者，重誨即以協對。圜前爭曰：「重誨未諳朝廷人物，爲人所賣。天下皆知崔協不識文字，而虛有其表〔一一〕，號爲『没字碑』。臣以陛下誤加採擢，無功幸進，比不知書〔一二〕，以臣一人取笑足矣，相位有幾，豈容更益笑端！」明宗曰：「宰相重位，卿等更自詳審。然吾在藩時，識易州刺史韋肅，世言肅名家子，且待我甚厚，置之此位可乎？肅或未可，則馮書記先朝判官，稱爲長者，可以相矣。」馮書記者，道也。議未決，重誨等退休於中興殿廊下，孔循不揖，拂衣而去，行且駡曰：「天下事一則任圜，二則任圜，圜乃何人！」圜謂重誨曰：「李琪才藝，可兼時輩百人，而讒夫巧沮，忌害其能，若舍琪而相協，如棄蘇合之丸而取蛣蜣之轉也！」重誨笑而止。然重誨終以循言爲信，居月餘，協與馮道皆拜相。協在相位數年，人多嗤其所爲，然圜與重誨交惡自協始。

故時使臣出四方，皆自户部給券，重誨奏請自内出〔一三〕，圜以故事爭之，不能得，遂與重誨辨於帝前，圜聲色俱厲。明宗罷朝，後宫嬪御迎前問曰：「與重誨論者誰？」明宗曰：「宰相也。」宫人奏曰：「妾在長安，見宰相奏事，未嘗如此，蓋輕大家耳。」明宗由是不悦，而使臣給券卒自内出，圜益憤沮。重誨嘗過圜，圜出妓〔一四〕，善歌而有色，重誨欲之，圜不與，由是二人益相惡。而圜遽求罷職，乃罷爲太子少保〔一五〕。圜不自安，因請致仕，退居于磁州。朱守殷反于汴州，重誨誣圜與守殷連謀，遣人矯制殺之。圜受命怡然，聚族酣飲而死。明宗知而不問，爲下詔，坐圜與守殷通書而言涉怨望。愍帝即位，贈圜太傅〔二六〕。

趙鳳

趙鳳，幽州人也，少以儒學知名。燕王劉守光時，悉黥燕人以爲兵，鳳懼，因髡爲僧，依燕王弟守奇自匿。守奇奔梁，梁以守奇爲博州刺史，鳳爲其判官。守奇卒，鳳去爲鄆州節度判官。晉取鄆州，莊宗聞鳳名，得之喜，以爲扈鑾學士。莊宗即位，拜鳳中書舍人、翰林學士。

莊宗及劉皇后幸河南尹張全義第，酒酣，命皇后拜全義爲父。明日，遣宦者命學士作牋上全義，以父事之，鳳上書極言其不可。全義養子郝繼孫犯法死，宦官、伶人冀其貲財，固請籍没，鳳又上書言：「繼孫爲全義養子，不宜有别籍之財，而於法不至籍没，刑人利財，不可以示天下。」是時，皇后及羣小用事，鳳言皆不見納。

明宗武君，不通文字，四方章奏，常使安重誨讀之。重誨亦不知書，奏讀多不稱旨。

孔循教重誨求儒者置之左右，而兩人皆不知唐故事，於是置端明殿學士，以馮道及鳳爲之。

鳳好直言而性剛强，素與任圜善，自圜爲相，頗薦進之。初，端明殿學士班在翰林學士下，而結銜又在官下。明年，鳳遷禮部侍郎，因諷圜升學士於官上，又詔班在翰林學士上。圜爲重誨所殺，而誣以謀反。是時，重誨方用事，雖明宗不能詰也，鳳獨號哭呼重誨曰：「任圜天下義士，豈肯謀反！而公殺之，何以示天下？」重誨慚不能對。

術士周玄豹以相法言人事多中，莊宗尤信重之，以爲北京巡官。明宗爲内衙指揮使，重誨欲試玄豹，乃使佗人與明宗易服，而坐明宗於下坐，召玄豹相之，玄豹曰：「内衙，貴將也，此不足當之。」乃指明宗於下坐曰：「此是也！」因爲明宗言其後貴不可言。明宗即位，思玄豹以爲神，將召至京師，鳳諫曰：「好惡，上所慎也。今陛下神其術而召之，則傾國之人，皆將奔走吉凶之説，轉相惑亂，爲患不細。」明宗遂不復召。

朱守殷反，明宗幸汴州，守殷已誅，又詔幸鄴。是時，從駕諸軍方自河南徙家至汴，不欲北行，軍中爲之洶洶。而定州王都以爲天子幸汴州誅守殷，又幸鄴以圖己，因疑不自安。宰相率百官詣閤，請罷幸鄴，明宗不聽，人情大恐，羣臣不復敢言。鳳手疏責安重誨，言甚切直，重誨以白，遂罷幸。

有僧遊西域，得佛牙以獻，明宗以示大臣。鳳言：「世傳佛牙水火不能傷，請驗其真僞。」因以斧斫之，應手而碎。是時，宮中施物已及數千，因鳳碎之乃止。

天成四年夏，拜門下侍郎、同中書門下平章事。祕書少監于嶠者，自莊宗時與鳳俱爲翰林學士，而嶠亦訐直敢言，與鳳素善。及鳳已貴，而嶠久不遷，自以材名在鳳上而不用〔一七〕，因與蕭希甫數非斥時政，尤詆訾鳳，鳳心銜之，未有以發。而嶠與隣家爭水竇，爲安重誨所怒，鳳即左遷嶠祕書少監。嶠因被酒往見鳳，鳳知其必不遜，乃辭以沐髮，嶠詬直吏，又溺於從者直廬而去。省吏白鳳，嶠溺於客次，且詬鳳。鳳以其事聞，明宗下詔奪嶠官，長流武州百姓，又流振武，天下冤之。

其後安重誨爲邊彥温等告變，明宗詔彥温等廷詰，具伏其詐，即斬之。後數日，鳳奏事中興殿，啓曰：「臣聞姦人有誣重誨者。」明宗曰：「此閑事，朕已處置之，卿可無問也。」鳳曰：「臣所聞者，繫國家利害，陛下不可以爲閑。」因指殿屋曰：「此殿所以尊嚴宏壯者，棟梁柱石之所扶持也，若折其一棟，去其一柱，則傾危矣。大臣，國之棟梁柱石也，且重誨起微賤，歷艱危，致陛下爲中興主，安可使姦人動搖！」明宗改容謝之曰：「卿言是也。」遂族彥温等三家。

其後重誨得罪，羣臣無敢言者，獨鳳數言重誨盡忠。明宗以鳳爲朋黨，罷爲安國軍節度使。鳳在鎮所得俸禄，悉以分將校賓客。廢帝入立，召爲太子太保。病足居于家，疾篤，自筮，投蓍而歎曰：「吾家世無五十者，又皆窮賤，吾今壽過其數而富貴，復何求哉！」清泰二年，卒于家。

李襲吉

李襲吉，父圖，洛陽人，或曰唐相林甫之後也。乾符中，襲吉舉進士，爲河中節度使李都推鹽判官。後去之晉，晉王以爲榆次令，遂爲掌書記。

襲吉博學，多知唐故事。遷節度副使，官至諫議大夫。晉王與梁有隙，交兵累年，後晉王數困，欲與梁通和，使襲吉爲書諭梁，辭甚辨麗。梁太祖使人讀之，至於「毒手尊拳，交相於暮夜；金戈鐵馬，蹂踐於明時」，歎曰：「李公僻處一隅，有士如此，使吾得之，傅虎以翼也！」顧其從事敬翔曰：「善爲我答之。」及翔所答，書辭不工，而襲吉之書，多傳於世。

襲吉爲人恬淡，以文辭自娱，天祐三年卒。以盧汝弼代爲副使。

汝弼工書畫，而文辭不及襲吉。其父簡求爲河東節度使，爲唐名家，故汝弼亦多知唐故事。晉王薨，莊宗嗣爲晉王，承制封拜官爵皆出汝弼。十八年，卒。莊宗即位，贈襄吉禮部尚書、汝弼兵部尚書。

張憲

張憲，字允中，晉陽人也。爲人沈靜寡欲，少好學，能鼓琴飲酒。莊宗素知其文辭，以爲天雄軍節度使掌書記。莊宗即位，拜工部侍郎、租庸使，遷刑部侍郎、判吏部銓、東都副留守。憲精於吏事，甚有能政。

莊宗幸東都，定州王都來朝，莊宗命憲治鞠場，與都擊鞠。初，莊宗建號於東都，以鞠場爲即位壇，於是憲言：「即位壇，王者所以興也。漢鄗南、魏繁陽壇，至今皆在，不可毀。」乃別治宮西爲鞠場，場未成，莊宗怒，命兩虞候亟毀壇以爲場。憲退而歎曰：「此不祥之兆也！」

初，明宗北伐契丹，取魏鎧仗以給軍，有細鎧五百，憲遂給之而不以聞。莊宗至魏，大怒，責憲馳自取之，左右諫之乃止。又問憲庫錢幾何，憲上庫簿有錢三萬緡，莊宗益怒，謂其嬖伶史彥瓊曰：「我與羣臣飲博〔一八〕，須錢十餘萬，而憲以故紙給我。我未渡河時，庫錢常百萬緡，今復何在？」彥瓊爲憲解之，乃已。

郭崇韜伐蜀，薦憲可任爲相，而宦官、伶人不欲憲在朝廷，樞密承旨段徊曰：「宰相在天子面前，事有非是，尚可改作，一方之任，苟非其人，則爲患不細。憲材誠可用，不如任以一方。」乃以爲太原尹、北京留守。

趙在禮作亂，憲家在魏州，在禮善待其家，遣人以書招憲，憲斬其使，不發其書而上之。莊宗遇弒，明宗入京師，太原猶未知，而永王存霸奔于太原。左右告憲曰：「今魏兵南嚮，主上存亡未可知，存霸之來無詔書，而所乘馬斷其鞦，豈非戰敗者乎！宜拘之以俟命。」憲曰：「吾本書生，無尺寸之功，而人主遇我甚厚，豈有懷二心以幸變，第可與之俱死爾！」憲從事張昭遠教憲奉表明宗以勸進，憲涕泣拒之。已而存霸削髮，見北京巡檢符彥超，願爲僧以求生，彥超麾下兵大譟，殺存霸。憲出奔忻州〔一九〕，亦見殺。

嗚呼！予於死節之士，得三人而失三人焉。鞏廷美、楊温之死，予既已哀之，至於張憲之事，尤爲之痛惜也。予於舊史考憲事實，而永王存霸、符彥超與憲傳所書始末皆不同，莫得而考正。蓋方其變故倉卒之時，傳者失之爾，然要其大節，亦可以見也，憲之志誠可謂忠矣。當其不顧其家，絶在禮而斬其使，涕泣以拒昭遠之說，其志甚明。至其欲與存霸俱死，及存霸被殺，反棄太原而出奔，然猶不知其心果欲何爲也。而舊史書憲坐棄城而賜死，予亦以爲不然。予之於憲，固欲成其美志，而要在憲失其官守而其死不明，故不得列于死節也。

蕭希甫

蕭希甫，宋州人也。爲人有機辯，多矯激。少舉進士，爲梁開封尹袁象先掌書記。象先爲青州節度使，以希甫爲巡官。希甫不樂，乃棄其母妻，變姓名，亡之鎮州，自稱青州掌書記，謁趙王王鎔。鎔以希甫爲參軍，尤不樂，居歲餘，又亡之易州，削髮爲僧，居百丈山。莊宗將建國于魏，置百官，求天下隱逸之士，幽州李紹宏薦希甫爲魏州推官。

莊宗即帝位，欲以知制誥，有詔定内宴儀，問希甫：「樞密使得坐否？」希甫以爲不可。樞密使張居翰聞之怒，謂希甫曰：「老夫歷事三朝天子，見内宴數百，子本田舍兒，安知宫禁事？」希甫不能對，由是宦官用事者皆切齒。宰相豆盧革等希宦官旨，共排斥之，以爲駕部郎中。希甫失志，尤怏怏。

莊宗滅梁，遣希甫宣慰青齊，希甫始知其母已死，而妻袁氏亦改嫁矣。希甫乃發哀服喪，居于魏州，人有引漢李陵書以譏之曰：「老母終堂，生妻去室。」時皆傳以爲笑。

明宗即位，召爲諫議大夫。是時，復置匭函，以希甫爲使，希甫建言：「自兵亂相乘，王綱大壞，侵欺凌奪，有力者勝。凡略人之妻女，占人之田宅，姦贓之吏，刑獄之冤者，何可勝紀？而匭函一出，投訴必多，至於功臣貴戚，有不得繩之以法者。」乃自天成元年四月二十八日昧爽已前，大辟已下〔二〇〕，皆赦除之，然後出匭函以示衆。初，明宗欲以希甫爲諫議大夫，豆盧革、韋説頗沮難之。其後革、説爲安重誨所惡，希甫希旨，誣奏革縱田客殺人，而説與隣人爭井，井有寶貨。有司推劾，井中惟破釜而已。革、説終皆貶死，明宗賜希甫帛百匹、粟麥三百石，拜左散騎常侍〔二一〕。

希甫性褊而躁進，嘗遣人夜叩宮門上變，言河堰牙官李筠告本軍謀反。詰旦，追問無狀，斬筠，軍士詣安重誨求希甫啖之。是時，明宗將有事於南郊，前齋一日，羣臣習儀于殿廷，宰相馮道、趙鳳，河南尹秦王從榮，樞密使安重誨候班于月華門外。希甫與兩省班先入，道等坐廊下不起。既出，希甫召堂頭直省朝堂驅使官，責問宰相、樞密見兩省官何得不起，因大詬詈。是夜，託疾還第。月餘，坐告李筠事動摇軍衆，貶嵐州司户參軍，卒于貶所。

劉贊

劉贊，魏州人也。父玭爲縣令，贊始就學，衣以青布衫襦，每食則玭自肉食，而別以蔬食食贊於牀下，謂之曰：「肉食，君之禄也，爾欲之，則勤學問以干禄，吾肉非爾之食也。」由是贊益力學。舉進士，爲羅紹威判官，去爲租庸使趙巖巡官，又爲孔謙鹽鐵判官。明宗時，累遷中書舍人、御史中丞、刑部侍郎。守官以法，權豪不可干以私。

是時，秦王從榮握兵而驕，多過失，言事者請置師傅以輔道之。大臣畏王，不敢決其事，因請王得自擇，秦王即請贊，乃拜贊祕書監，爲秦王傅。贊泣曰：「禍將至矣！」

秦王所請王府元帥官屬十餘人，類多浮薄傾險之徒，日獻諛諂以驕王，獨贊從容諷諫，率以正道。秦王嘗命賓客作文於坐中，贊自以師傅，恥與羣小比伍，雖操筆勉彊，有不悦之色。秦王惡之，後戒左右，贊來不得通。贊亦不往，月一至府而已，退則杜門不交人事。

已而秦王果敗死，唐大臣議王屬官當坐者，馮道曰：「元帥判官任贊與秦王非素好，而在職不逾月，詹事王居敏及劉贊皆以正直爲王所惡，河南府判官司徒詡病告家居久，皆宜不與其謀。而諮議參軍高輦與王最厚，輦法當死，其餘可次第原減。」朱弘昭曰：「諸公不知其意爾，使秦王得入光政門，當待贊等如何？吾徒復有家族邪！且法有首從，今秦王夫婦男女皆死，而贊等止其一身幸矣！」道等難之。而馮贇亦爭，以爲不可〔二二〕，贊等乃免死。於是論高輦死，而任贊等十七人皆長流。

初，贊聞秦王敗，即白衣駕驢以俟，人有告贊奪官而已，贊曰：「豈有天子家嗣見殺〔二三〕，而賓僚奪官者乎，不死幸矣！」已而贊長流嵐州百姓。清泰二年，詔歸田里，行至石會關，病卒。

何瓚

何瓚，閩人也，唐末舉進士及第。莊宗爲太原節度使，辟爲判官。莊宗每出征伐，留張承業守太原，承業卒，瓚代知留守事。

瓚爲人明敏，通於吏事，外若疎簡而内頗周密〔二四〕。莊宗建大號于鄴都，拜瓚諫議大夫，瓚慮莊宗事不成，求留守北京。

瓚與明宗有舊，明宗即位，召還，見於内殿，勞問久之，已而以瓚爲西川節度副使。是時，孟知祥已有二志，方以副使趙季良爲心腹，聞瓚代之，亟奏留季良，遂改瓚行軍司馬。瓚恥於自辭，不得已而往，明宗賜予甚厚。初，知祥在北京爲馬步軍都虞候，而瓚留守太原，知祥以軍禮事瓚，瓚常繩以法，知祥初不樂，及瓚爲司馬，猶勉待之甚厚。知祥反，罷瓚司馬，置之私第，瓚飲恨而卒。

校勘記

〔一〕革以説能知前朝故事　「故」字原闕，據宗文本補。按通鑑卷二七二：「豆盧革薦禮部侍郎韋説諳練朝章。」

〔二〕而議者亦以罪之　「亦」，宗文本作「益」。

〔三〕説溆州刺史　「溆州」，本書卷六唐本紀、舊五代史卷四三豆盧革傳作「敍州」。朱孝誠墓碑（拓片刊北京圖書館藏中國歷代石刻拓本匯編第三十册）記：「元和初，張伯靖負固敍州。」錢大昕潛研堂金石文跋尾卷八：「史稱伯靖『溆州蠻』，碑作『敍』，當以碑爲正。」

〔四〕鄭珏　原作「鄭班」，據宗文本、舊五代史卷四三豆盧革傳改。按本書卷五四、舊五代史卷五八有鄭珏傳。

〔五〕而唐用佗將取五州　舊五代史卷三四唐莊宗紀八、卷六七韋説傳、通鑑卷二七三敍其事皆云唐所取及高季興所求者爲夔、忠、萬三州。

〔六〕王緘　原作「王諴」。據通鑑卷二七〇、册府卷七五六改。按舊五代史卷六〇有王緘傳，山右石刻叢編卷九封白雞山記題「節度判官、金紫光□大夫、檢校尚書右僕射、賜紫金魚袋王緘撰」，即其人。

〔七〕莊宗已即帝位　「帝」字原闕，據宗文本補。

〔八〕任圜　通鑑卷二七二作「任團」。按舊五代史卷六七任圜傳、册府卷三〇〇：「武皇愛之，以宗女妻團。」本傳下文同。

〔九〕處球登城呼圜曰　「處球」，舊五代史卷六二張文禮傳、册府卷九四二作「處瑾」。

〔一〇〕乃遣人送狀乞降　「人」，原作「子」，據宋丙本、宗文本改。按舊五代史卷六二張文禮傳、册府卷九四二記送狀者乃「牙將張彭」。

〔一一〕而虛有其表　「其」字原闕，據諸史提要卷一五引五代史、錦繡萬花谷前集卷一〇引新五代史任圜傳補。宗文本「有」下空一格。

〔一二〕比不知書　「比」，原作「此」，據宋丙本、諸史提要卷一五引五代史、舊五代史卷五八崔協傳、册府卷三一七、卷三三七改。

〔一三〕重誨奏請自内出　「内」字原闕，據宗文本及本卷下文補。

〔一四〕圜出妓　「圜」字原闕，據宗文本補。

〔一五〕而圜遽求罷職乃罷爲太子少保　「職乃罷」三字原闕，據宗文本補。

〔一六〕愍帝即位贈圜太傅　舊五代史卷六七任圜傳記贈太傅在末帝清泰中，非愍帝時事。

〔一七〕自以材名在鳳上而不用　「材」，原作「林」，據宋丙本、宗文本改。

〔一八〕我與羣臣飲博　「飲」字原闕，據宗文本補。

〔一九〕憲出奔忻州　「忻州」，原作「沂州」，據宗文本、通鑑卷二七五、歐陽文忠公文集卷六九與王深甫論五代張憲帖改。太平寰宇記卷四二：「（忻州）南至太原府一百八十里。」

〔二〇〕大辟已下　「下」，原作「上」，據册府卷四七五改。

〔二一〕拜左散騎常侍　「左」，册府卷四八一作「右」。

〔二二〕以爲不可　「以爲」二字原闕，據宗文本補。

〔二三〕豈有天子家嗣見殺　「家」，原作「冢」，據宗文本改。

〔二四〕外若疎簡而内頗周密　「若」，原作「君」，據宋丙本、宗文本改。

新五代史卷二十九

晉臣傳第十七

桑維翰

桑維翰，字國僑，河南人也。爲人醜怪，身短而面長，常臨鑑以自奇曰：「七尺之身，不如一尺之面。」慨然有志於公輔。初舉進士，主司惡其姓，以「桑」「喪」同音。人有勸其不必舉進士，可以從佗求仕者，維翰慨然，乃著日出扶桑賦以見志。又鑄鐵硯以示人曰：「硯弊則改而佗仕。」卒以進士及第。晉高祖辟爲河陽節度掌書記，其後常以自從。

高祖自太原徙天平，不受命，而有異謀，以問將佐，將佐皆恐懼不敢言，獨維翰與劉知遠贊成之，因使維翰爲書求援於契丹。耶律德光已許諾，而趙德鈞亦以重賂啖德光〔一〕，求助己以篡唐。高祖懼事不果，乃遣維翰往見德光，爲陳利害甚辯，德光意乃決，卒以滅唐而興晉，維翰之力也。高祖即位，以維翰爲翰林學士、禮部侍郎、知樞密院事，遷中書侍郎、同中書門下平章事、兼樞密使。天福四年，出爲相州節度使，歲餘，徙鎮泰寧。

吐渾白承福爲契丹所迫，附鎮州安重榮以歸晉，重榮因請與契丹絶好，用吐渾以攻之。高祖重違重榮，意未決。維翰上疏言契丹未可與爭者七，高祖召維翰使者至臥內，謂曰：「北面之事，方撓吾胸中，得卿此疏，計已決矣，可無憂也。」維翰又勸高祖幸鄴都。七年，高祖在鄴，維翰來朝，徙鎮晉昌。

出帝即位，召拜侍中。而景延廣用事，與契丹絶盟，維翰言不能入，乃陰使人說帝曰：「制契丹而安天下，非用維翰不可。」乃出延廣於河南，拜維翰中書令，復爲樞密使，封魏國公，事無巨細，一以委之，數月之間，百度寖理。初，李瀚爲翰林學士〔二〕，好飲而多酒過，高祖以爲浮薄。天福五年九月，詔廢翰林學士，按唐六典歸其職於中書舍人，而端明殿學士、樞密院學士皆廢。及維翰爲樞密使，復奏置學士，而悉用親舊爲之。

維翰權勢既盛，四方賂遺，歲積鉅萬。內客省使李彥韜、端明殿學士馮玉用事，共讒之。帝欲驟黜維翰，大臣劉昫、李崧皆以爲不可，卒以玉爲樞密使，既而以爲相，維翰日益見疎。帝飲酒過度得疾，維翰遣人陰白太后，請爲皇弟重睿置師傅。帝疾愈，知之，怒，乃罷維翰，以爲開封尹。維翰遂稱足疾，稀復朝見。

契丹屯中渡，破欒城，杜重威等大軍隔絕，維翰曰：「事急矣！」乃見馮玉等計事，而謀不合。又求見帝，帝方調鷹於苑中，不暇見，維翰退而歎曰：「晉不血食矣！」

自契丹與晉盟，始成於維翰，而終敗於景延廣，故自兵興，契丹凡所書檄，未嘗不以此兩人爲言。耶律德光犯京師，遣張彥澤遺太后書，問此兩人在否，可使先來。而帝以維翰嘗議毋絶盟而已違之也，不欲使維翰見德光，因諷彥澤圖之，而彥澤亦利其貲産。維翰狀貌既異，素以威嚴自持，晉之老將大臣，見者無不屈服，彥澤以驍捍自矜，每往候之，雖冬月未嘗不流汗。初，彥澤入京師，左右勸維翰避禍，維翰曰：「吾爲大臣，國家至此，安所逃死邪！」安坐府中不動。彥澤以兵入，問：「維翰何在？」維翰厲聲曰：「吾，晉大臣，自當死國，安得無禮邪！」彥澤股栗不敢仰視，退而謂人曰：「吾不知桑維翰何如人，今日見之，猶使人恐懼如此，其可再見乎？」乃以帝命召維翰。維翰行，遇李崧，立馬而語，軍吏前白維翰，請赴侍衛司獄。維翰知不免，顧崧曰：「相公當國，使維翰獨死？」崧慚不能對。是夜，彥澤使人縊殺之，以帛加頸，告德光曰：「維翰自縊。」德光曰：「我本無心殺維翰，維翰何必自致。」德光至京師，使人檢其尸，信爲縊死，乃以尸賜其家，而貲財悉爲彥澤所掠。

景延廣

景延廣，字航川，陜州人也。父建善射，嘗教延廣曰：「射不入鐵，不如不發。」由是延廣以挽彊見稱。事梁邵王友誨，友誨謀反被幽，延廣亡去。後從王彦章戰中都，彦章敗，延廣身被數創，僅以身免。

明宗時，朱守殷以汴州反，晉高祖爲六軍副使，主誅從守殷反者。延廣爲汴州軍校當誅，高祖惜其才，陰縱之使亡，後録以爲客將。高祖即位，以爲侍衛步軍都指揮使、領果州團練使，徙領寧江軍節度使。天福四年，出鎮義成。又徙保義，復召爲侍衛馬步軍都虞候，徙領河陽三城〔三〕，遷馬步軍都指揮使、領天平。

高祖崩，出帝立，延廣有力，頗伐其功。初，出帝立，晉大臣議告契丹，致表稱臣，延廣獨不肯，但致書稱孫而已，大臣皆知其不可而不能奪。契丹果怒，數以責晉，延廣謂契丹使者喬瑩曰：「先皇帝北朝所立，今天子中國自册，可以爲孫，而不可爲臣。且晉有横磨大劍十萬口，翁要戰則來，佗日不禁孫子，取笑天下。」瑩知其言必起兩國之爭，懼後無以取信也，因請載于紙，以備遺忘。延廣敕吏具載以授瑩，瑩藏其書衣領中以歸，具以延廣語告契丹，契丹益怒。

天福八年秋，出帝幸大年莊還，置酒延廣第。延廣所進器服、鞍馬、茶牀、椅榻皆裹金銀，飾以龍鳳。又進帛五千匹，綿一千四百兩，馬二十二匹，玉鞍、衣襲、犀玉、金帶等，請賜從官，自皇弟重睿，下至伴食刺史、重睿從者各有差。帝亦賜延廣及其母妻、從事、押衙、孔目官等稱是。時天下旱蝗，民餓死者歲十數萬，而君臣窮極奢侈以相誇尚如此。

明年春，契丹入寇，延廣從出帝北征，爲御營使，相拒澶、魏之間。先鋒石公霸遇虜於戚城，高行周、符彥卿兵少不能救，馳騎促延廣益兵，延廣按兵不動。三將被圍數重，帝自御軍救之，三將得出，皆泣訴。然延廣方握親兵，恃功恣横，諸將皆由其節度，帝亦不能制也。契丹嘗呼晉人曰：「景延廣喚我來，何不速戰？」是時，諸將皆力戰，而延廣未嘗見敵。契丹已去，延廣獨閉壁不敢出。自延廣一言而契丹與晉交惡，凡號令征伐一出延廣，晉大臣皆不得與，故契丹凡所書檄，未嘗不以延廣爲言。契丹去，出帝還京師，乃出延廣爲河南尹，留守西京。明年，出帝幸澶淵，以延廣從，皆無功。

延廣居洛陽，鬱鬱不得志。見晉日削，度必不能支契丹，乃爲長夜之飲，大治第宅，園置妓樂〔四〕，惟意所爲。後帝亦追悔，遣供奉官張暉奉表稱臣以求和，德光報曰：「使桑維翰、景延廣來，而割鎮、定與我，乃可和。」晉知其不可，乃止。契丹至中渡，延廣屯河陽，聞杜重威降，乃還。

德光犯京師，行至相州，遣騎兵數千雜晉軍渡河趨洛，以取延廣，戒曰：「延廣南奔吴，西走蜀，必追而取之。」而延廣顧慮其家，未能引決，虜騎奄至，乃與從事閻丕馳騎見德光於封丘，并丕見鎖。延廣曰：「丕，臣從事也，以職相隨，何罪而見鎖？」丕乃得釋。德光責延廣曰：「南北失懽，皆因爾也。」召喬瑩質其前言，延廣初不服，瑩從衣領中出所藏書，延廣乃服〔五〕。因以十事責延廣，每服一事，授一牙籌，授至八籌，延廣以面伏地，不能仰視，遂叱而鎖之。將送之北行，至陳橋，止民家。夜分，延廣伺守者殆，引手扼吭而死，時年五十六。漢高祖時，贈侍中〔六〕。

嗚呼，自古禍福成敗之理，未有如晉氏之明驗也！其始以契丹而興，終爲契丹所滅。然方其以逆抗順，大事未集，孤城被圍，外無救援，而徒將一介之命，持片舌之彊，能使契丹空國興師，應若符契，出危解難，遂成晉氏，當是之時，維翰之力爲多。及少主新立，釁結兵連，敗約起爭，發自延廣。然則晉氏之事，維翰成之，延廣壞之，二人之用心者異，而其受禍也同，其故何哉？蓋夫本末不順而與夷狄共事者，常見其禍，未見其福也。可不戒哉！可不戒哉！

吴巒

吴巒，字寶川，鄆州盧縣人也。少舉明經不中，清泰中爲大同沙彦珣節度判官。晉高祖起太原，召契丹爲援，契丹過雲州，彦珣出城迎謁，爲契丹所虜。城中推巒主州事，巒即閉門拒守，契丹以兵圍之。高祖入立，以雲州入于契丹，而巒猶守城不下，契丹圍之凡七月。高祖義巒所爲，乃以書告契丹，使解兵去。高祖召巒，以爲武寧軍節度副使、諫議大夫、復州防禦使。

出帝即位，與契丹絶盟，河北諸州皆警，以謂貝州水陸之衝，緩急可以轉餉，乃積芻粟數十萬，以王令温爲永清軍節度使。令温牙將邵珂素驕很難制，令温奪其職。珂閑居無憀，乃陰使人亡入契丹，言貝州積粟多而無兵守，可取。令温以事朝京師，心頗疑珂，乃質其子崇範以自隨。晉大臣以巒前守雲州七月，契丹不能下，乃遣巒馳驛代令温守貝州。巒善撫士卒，會天大寒，裂其帷幄以衣士卒，士卒皆愛之。珂因求見巒，願自效，巒推心信之。開運元年正月，契丹南寇，圍貝州，巒命珂守南門。契丹圍三日，四面急攻之，巒從城上投薪草焚其梯衝殆盡。已而珂自南門引契丹入，巒守東門方戰，而左右報珂反，巒顧城中已亂，即投井死。而令温家屬爲契丹所虜，出帝憫之，以令温爲武勝軍節度使，後累歷方鎮，周顯德中卒。令温，瀛州河間人也。〔二〕

〔二〕王令温疑邵珂而質其子矣，巒不能察其奸，反委以兵。及契丹入貝州，又不拒戰，遽投井死，其死不足貴，故不列於死事。

校勘記

〔一〕趙德鈞　原作「趙德均」，據宋丙本、宗文本、通鑑卷二八〇改。按舊五代史卷九八有趙德鈞傳。

〔二〕李瀚　通鑑卷二八二作「李澣」。

〔三〕徙領河陽三城　「領」，原作「鎮」，據宋丙本、宗文本及本卷上下文改。按舊五代史卷八〇晉高祖紀六：「以陝州節度使景延廣爲河陽三城節度使、兼侍衛親軍馬步軍都虞候。」則其河陽節度使之職蓋係遥領。

〔四〕園置妓樂　「置」，宗文本作「池」。

〔五〕延廣乃服　「乃服」，原作「服乃」，據宗文本乙正。

〔六〕贈侍中　舊五代史卷八八景延廣傳敍其事作「詔贈中書令」，舊五代史考異卷三：「案歐陽史作贈侍中。據薛史，延廣出爲洛都留守，已兼侍中矣，贈官當是中書令。」

新五代史卷三十

漢臣傳第十八

蘇逢吉

蘇逢吉，京兆長安人也。漢高祖鎮河東，父悦爲高祖從事，逢吉長代悦作奏記，悦乃言之高祖。高祖召見逢吉，精神爽秀，憐之，乃以爲節度判官。

高祖性素剛嚴，賓佐稀得請見，逢吉獨入，終日侍立高祖書閤中。兩使文簿盈積，莫敢通，逢吉輒取内之懷中，伺高祖色可犯時以進之，高祖多以爲可，以故甚愛之。然逢吉爲人貪詐無行，喜爲殺戮。高祖嘗以生日遣逢吉疏理獄囚以祈福，謂之「靜獄」。逢吉入獄中閲囚，無輕重曲直悉殺之，以報曰：「獄靜矣。」

高祖建號，拜逢吉中書侍郎、同中書門下平章事。是時，制度草創，朝廷大事皆出逢吉，逢吉以爲己任，然素不學問，隨事裁決，出其意見，是故漢世尤無法度，而不施德政，民莫有所稱焉。

高祖既定京師，逢吉與蘇禹珪同在中書，除吏多違舊制。逢吉尤納貨賂，市權鬻官，謗者讙譁。然高祖方倚信二人，故莫敢有告者。鳳翔李永吉初朝京師，逢吉以永吉故秦王從曮子，家世王侯，當有奇貨，使人告永吉，許以一州，而求其先王玉帶，永吉以無爲解，逢吉乃使人市一玉帶，直數千緡，責永吉償之；前客省使王筠自晉末使楚，至是還，逢吉意筠得楚王重賂，遣人求之，許以一州，筠怏怏，以其橐裝之半獻之：而皆不得州。

晉相李崧從契丹以北，高祖入京師，以崧第賜逢吉，而崧別有田宅在西京，逢吉遂皆取之。崧自北還，因以宅券獻逢吉，逢吉不悦，而崧子弟數出怨言。其後，逢吉乃誘人告崧與弟嶼、嶬等，下獄，崧款自誣伏：「與家僮二十人，謀因高祖山陵爲亂。」獄上中書，逢吉改「二十人」爲「五十人」，遂族崧家。

是時，天下多盜，逢吉自草詔書下州縣，凡盜所居本家及鄰保皆族誅。或謂逢吉曰：「爲盜族誅，已非王法，況鄰保乎！」逢吉恡以爲是，不得已，但去族誅而已。於是鄆州捕賊使者張令柔盡殺平陰縣十七村民數百人。衞州刺史葉仁魯聞部有盜，自帥兵捕之。時村民十數共逐盜，入于山中，盜皆散走。仁魯從後至，見民捕盜者，以爲賊，悉擒之，斷其脚筋，暴之山麓，宛轉號呼，累日而死。聞者不勝其冤，而逢吉以仁魯爲能，由是天下因盜殺人滋濫。

逢吉已貴，益爲豪侈，謂中書堂食爲不可食，乃命家廚進羞，日極珍善。繼母死，不服喪。妻武氏卒，諷百官及州鎮皆輸綾絹爲喪服。武氏未期，除其諸子爲官。有庶兄自外來，未白逢吉而見其諸子，逢吉怒，託以它事告於高祖，杖殺之。

逢吉嘗從高祖征鄴，數使酒辱周太祖於軍中，太祖恨之。其後隱帝立，逢吉素善李濤，諷濤請罷太祖與楊邠樞密。李太后怒濤離間大臣，罷濤相，以楊邠兼平章事，事悉關決〔一〕。逢吉、禹珪由是備位而已。乾祐二年，加拜司空。

周太祖鎮鄴，不落樞密使，逢吉以謂樞密之任，方鎮帶之非便，與史弘肇爭，於是卒如弘肇議。弘肇怨逢吉異己〔二〕，已而會王章第，使酒坐中，弘肇怒甚。逢吉謀求出鎮以避之，既而中輟，人問其故，逢吉曰：「苟捨此而去，史公一處分，吾虀粉矣！」

是時，隱帝少年，小人在側。弘肇等威制人主，帝與左右李業、郭允明等皆患之。逢吉每見業等，以言激之，業等卒殺弘肇，即以逢吉權知樞密院。方命草麻，聞周太祖起兵，乃止。逢吉夜宿金祥殿東閣，謂司天夏官正王處訥曰：「昨夕未瞑，已見李崧在側，生人接死者，無吉事也。」周太祖至北郊，官軍敗于劉子陂。逢吉宿七里，夜與同舍酣飲，索刀將自殺，爲左右所止。明日，與隱帝走趙村，自殺於民舍。周太祖定京師，梟其首，適當李崧被刑之所。廣順初，賜其子西京莊并宅一區。

史弘肇

史弘肇，字化元，鄭州滎澤人也。爲人驍勇，走及奔馬。梁末，調民七户出一兵，弘肇爲兵，隸開道指揮，選爲禁兵。漢高祖典禁兵，弘肇爲軍校。其後，漢高祖鎮太原，使將武節左右指揮，領雷州刺史。高祖建號於太原，代州王暉拒命，弘肇攻破之，以功拜忠武軍節度使、侍衛步軍都指揮使。

是時，契丹北歸，留耿崇美攻王守恩於潞州。高祖遣弘肇前行擊之，崇美敗走，守恩以城歸漢。而河陽武行德、澤州翟令奇等，皆迎弘肇自歸。弘肇入河陽，高祖從後至，遂入京師。

弘肇爲將，嚴毅寡言，麾下嘗少忤意，立檛殺之，軍中爲股慄，以故高祖起義之初，弘肇行兵所至，秋毫無犯，兩京帖然。遷侍衛親軍馬步軍都指揮使，領歸德軍節度使、同中書門下平章事。高祖疾大漸，與楊邠、蘇逢吉等同授〔一〕顧命。

〔二〕一作受。

隱帝時，河中李守貞、鳳翔王景崇、永興趙思綰等皆反，關西用兵，人情恐懼，京師之民，流言以相驚恐。弘肇出兵警察，務行殺戮，罪無大小皆死。是時，太白晝見，民有仰觀者，輒腰斬于市。市有醉者忤一軍卒，軍卒誣其訛言〔三〕，坐棄市。凡民抵罪，吏以白弘肇，弘肇但以三指示之〔四〕，吏即腰斬之。又爲斷舌、決口、斮筋、折足之刑。李崧坐奴告變族誅，弘肇取其幼女以爲婢。於是前資故將失職之家，姑息僮奴，而廝養之輩，往往脅制其主。侍衛孔目官解暉狡酷，因緣爲姦，民抵罪者，莫敢告訴。燕人何福進有玉枕〔五〕，直錢十四萬，遣僮賣之淮南以鬻茶。僮隱其錢，福進笞責之，僮乃誣告福進得趙延壽玉枕，以遺吳人。弘肇捕治，福進棄市，帳下分取其妻子，而籍其家財。

弘肇不喜賓客，嘗言：「文人難耐，呼我爲卒。」

弘肇領歸德，其副使等月率私錢千緡爲獻。潁州麴場官麴温與軍將何拯爭官務〔六〕，訟之三司，三司直温。拯訴之弘肇，弘肇以謂潁己屬州，而温不先白己，乃追温殺之，連坐者數十人。

周太祖平李守貞，推功羣臣，弘肇拜中書令。隱帝自關西罷兵，漸近小人，與後贊、李業等嬉遊無度，而太后親族頗行干託，弘肇與楊邠稍裁抑之。太后有故人子求補軍職，弘肇輒斬之。帝始聽樂，賜教坊使等玉帶、錦袍，往謝弘肇，弘肇怒曰：「健兒爲國征行者未有偏賜，爾曹何功，敢當此乎！」悉取所賜還官。

周太祖出鎮魏州，弘肇議帶樞密以行〔七〕，蘇逢吉、楊邠以爲不可，弘肇恨之。明日，會飲竇貞固第，弘肇厲聲舉爵屬太祖曰：「昨日廷論，何爲異同？今日與公飲此。」逢吉與邠亦舉大爵曰：「此國家事也，何必介意乎！」遂俱飲釂。弘肇曰：「安朝廷，定禍亂，直須長槍大劍，若『毛錐子』安足用哉？」三司使王章曰：「無『毛錐子』，軍賦何從集乎？」「毛錐子」，蓋言筆也。弘肇默然。他日，會飲章第，酒酣，爲手勢令，弘肇不能爲，客省使閻晉卿坐次弘肇，屢教之。蘇逢吉戲曰：「坐有姓閻人，何憂罰爵！」弘肇妻閻氏，酒家倡，以爲譏己，大怒，以醜語詬逢吉，逢吉不校。弘肇欲毆之，逢吉先出。弘肇起索劍欲追之，楊邠泣曰：「蘇公，漢宰相，公若殺之，致天子何地乎？」弘肇馳馬去，邠送至第而還。由是將相如水火。隱帝遣王峻置酒公子亭和解之。

是時，李業、郭允明、後贊、聶文進等用事，不喜執政。而隱帝春秋漸長，爲大臣所制，數有忿言，業等乘間譖之，以謂弘肇威震人主，不除必爲亂。隱帝頗欲除之。夜聞作坊鍛甲聲，以爲兵至，達旦不寐。由是與業等密謀禁中。乾祐三年冬十月十三日〔八〕，弘肇與楊邠、王章等入朝，坐廣政殿東廡，甲士數十人自內出，擒弘肇、邠、章斬之，并族其三家。

弘肇已死，帝坐崇元殿召羣臣，告以弘肇等謀反，羣臣莫能對。又召諸軍校見於萬歲殿，帝曰：「弘肇等專權，使汝曹常憂横死，今日吾得爲汝主矣！」軍校皆拜。周太祖即位，追封弘肇鄭王，以禮歸葬。

楊邠

楊邠，魏州冠氏人也。少爲州掌籍吏，租庸使孔謙領度支，補邠勾押官，歷孟、華、鄆三州糧料院使。事漢高祖爲右都押衙，高祖即位，拜樞密使。

邠出於小吏，不喜文士，與蘇逢吉等内相排忌。逢吉諷李濤上疏罷邠與周太祖樞密使〔九〕，邠泣訴李太后前，太后怒，罷濤相，加邠中書侍郎兼吏部尚書、同平章事。是時，逢吉、禹珪頗以私賄除吏，多繆。邠爲相，事無大小，必先示邠，邠以爲可，乃入白，而深革逢吉所爲，凡門蔭出身，諸司補吏者，一切罷之。

邠雖長於吏事，而不知大體，以謂爲國家者，帑廪實，甲兵完而已，禮樂文物皆虚器也。以故秉大政而務苛細，凡前資官不得居外，而天下行旅，皆給過所，然後得行。旬日之間，人情大擾，邠度不可行而止。

邠常與王章論事帝前，帝曰〔一〇〕：「事行之後，勿使有言也！」邠遽曰：「陛下但禁聲，有臣在。」聞者爲之戰慄。李太后弟業求爲宣徽使，帝與太后私以問邠，邠止以爲不可。帝欲立所愛耿夫人爲后，邠又以爲不可；夫人死，將以后禮葬之，邠又以爲不可。由是隱帝大怒，而左右乘間構之，與史弘肇等同日見殺。

邠爲人頗儉靜，四方之賂雖不却，然往往以獻於帝。居家謝絶賓客，晚節稍通縉紳，延客門下，知史傳有用，乃課吏傳寫。未幾，及於禍。周太祖即位，追封弘農王。

王章

王章，魏州南樂人也。爲州孔目官，張令昭逐節度使劉延皓，章事令昭。令昭敗，章婦翁白文珂與副招討李周善，乃以章託周。周匿章褚中，以橐駝負之洛陽，藏周第。唐滅，章乃出，爲河陽糧料使。漢高祖典禁兵，補章孔目官，從之太原。

高祖即位，拜三司使、檢校太尉〔一一〕。高祖崩，隱帝即位，加太尉、同中書門下平章事。是時，漢方新造，承契丹之後，京師空乏，而關西三叛作，周太祖用兵西方，章供饋軍旅，未嘗乏絶，然征利剥下，民甚苦之。往時民租一石輸二升爲「雀鼠耗」，章乃增一石輸二斗爲

「省耗」，緡錢出入，皆以八十爲陌，章減其出者陌三，州縣民訴田者，必全州縣覆之〔一二〕，以括其隱田。天下由此重困。然尤不喜文士，嘗語人曰：「此輩與一把算子，未知顛倒，何益於國邪！」百官俸廩皆取供軍之餘不堪者，命有司高估其價，估定又增，謂之「擡估」，章猶意不能滿，往往復增之〔一三〕。民有犯鹽、礬、酒麴者，無多少皆抵死，吏緣爲姦，民莫堪命。已而與史弘肇等同日見殺。

劉銖

劉銖，陝州人也。少爲梁邵王牙將，與漢高祖有舊，高祖鎮太原，以爲左都押衙。銖爲人慘酷好殺戮，高祖以爲勇斷類己，特信用之。高祖即位，拜永興軍節度使〔一四〕，徙鎮平盧，加檢校太師、同平章事，又加侍中。

是時，江淮不通，吴越錢鏐使者常泛海以至中國。而濱海諸州皆置博易務〔一五〕，與民貿易。民負失期者，務吏擅自攝治，置刑獄，不關州縣。而前爲吏者，納其厚賂〔一六〕，縱之不問。民頗爲苦，銖乃一切禁之。然銖用法，亦自爲刻深。民有過者，問其年幾何，對曰若干，即隨其數杖之，謂之「隨年杖」；每杖一人，必兩杖俱下，謂之「合歡杖」。又請增民租，畝出錢三十以爲公用，民不堪之。隱帝患銖剛暴，召之，懼不至。是時，沂州郭淮攻南唐還〔一七〕，以兵駐青州，隱帝乃遣符彥卿往代銖。銖顧禁兵在，莫敢有異意，乃受代還京師。

銖嘗切齒於史弘肇、楊邠等，已而弘肇等死，銖謂李業等曰：「諸君可謂僂儸兒矣。」權知開封府，周太祖兵犯京師，銖悉誅太祖與王峻等家屬。太祖入京師，銖妻裸露以席自蔽，與銖俱見執。銖謂其妻曰：「我則死矣，汝應與人爲婢。」太祖使人責銖曰：「與公共事先帝，獨無故人之情乎？吾家屠滅，雖有君命，加之酷毒，一何忍也！今公亦有妻子，獨不念之乎〔一八〕？」銖曰：「爲漢誅叛臣爾，豈知其佗。」是時，太祖方欲歸人心，乃與羣臣議曰：「劉侍中墜馬傷甚，而軍士逼辱，殆有微生〔一九〕，吾欲奏太后，貸其家屬，何如？」羣臣皆以爲善。乃止殺銖，與李業等梟首於市，赦其妻子。太祖即位，賜陜州莊宅各一區。

李業

李業，高祖皇后之弟也。后昆弟七人，業最幼，故尤憐之。高祖時，以爲武德使。隱帝即位，業以皇太后故，益用事，無顧憚。時天下旱蝗，黃河決溢，京師大風拔木，壞城門，宮中數見怪物投瓦石、撼門扉。隱帝召司天趙延乂問禳除之法，延乂對曰：「臣職天象日時，察其變動，以考順逆吉凶而已，禳除之事，非臣所知也。然臣所聞，殆山魈也。」皇太后乃召尼誦佛書以禳之，一尼如廁，既還，悲泣不知人者數日，及醒訊之，莫知其然。而帝方與業及聶文進、後贊、郭允明等狎昵，多爲廋語相誚戲，放紙鳶于宮中。太后數以灾異戒帝，帝不聽〔二〇〕。

時宣徽使闕，業欲得之，太后亦遣人微諷大臣〔二一〕。大臣楊邠、史弘肇等皆以爲不可。業由此怨望，謀殺邠等。邠等已死，又遣供奉官孟業以詔書殺郭威于魏州。威舉兵反，隱帝遣左神武統軍袁巘、侍衛馬軍都指揮使閻晉卿等率兵拒威于澶淵。兵未出，威已至滑州，帝大懼，謂大臣曰：「昨太草草耳。」業請出府庫以賚軍，宰相蘇禹珪以爲未可，業拜禹珪於帝前曰：「相公且爲官家勿惜府庫。」乃詔賜京師兵及魏兵從威南者錢人十千，督其子弟作書，以告北兵之來者。及漢兵敗于北郊，業取内庫金寶，懷之以奔其兄保義軍節度使洪信，洪信拒而不納。業走至絳州，爲人所殺。

聶文進

聶文進，并州人也。少爲軍卒，善書算，給事漢高祖帳中。高祖鎮太原，以爲押司官。

高祖即位，歷拜領軍、屯衞將軍、樞密院承旨。周太祖爲樞密使，頗親信之，文進稍横恣。遷右領軍大將軍，入謝，召諸將軍設食朝堂，儀鸞、翰林、御廚供帳飲食，文進自如，有司不敢劾。

周太祖鎮鄴，文進等用事居中，及謀殺楊邠等，文進夜作詔書，制置中外。邠等已死，文進點閱兵籍，指麾殺戮，以爲己任。周太祖在鄴聞邠等遇害，初以爲文進不與，及發詔書，皆文進手跡，乃大詬之。

周兵至京師，隱帝敗于北郊，太后懼，使謂文進善衞帝，對曰：「臣在此，百郭威何害！」慕容彦超敗走，帝宿于七里，文進夜與其徒飲酒，歌呼自若。明旦，隱帝遇弑，文進亦見殺〔一三〕。

後贊

後贊，兗州瑕丘人。其母倡也。贊幼善謳，事張延朗。延朗死，贊更事漢高祖，高祖愛之，以爲牙將。高祖即位，拜飛龍使，隱帝尤愛幸之。楊邠等執政，贊久不得遷，乃共謀殺邠等。邠等死，隱帝悔之，贊與允明等番休侍帝，不欲左右言己短。隱帝兵敗北郊，贊奔兖州，慕容彦超執送京師，梟首于市。

郭允明

郭允明，少爲漢高祖廝養，高祖愛之，以爲翰林茶酒使。隱帝尤狎愛之，允明益驕横無顧避，大臣不能禁。

允明使荆南高保融，車服導從如節度使，保融待之甚厚。允明乃陰使人步測其城池高下，若爲攻取之計者以動之。荆人皆恐，保融厚賂以遣之。遷飛龍使〔二三〕。

已而李業與允明謀殺楊邠等，是日，無雲而昏〔二四〕，霧雨如泣，日中，載邠等十餘尸暴之市中。允明手殺邠等諸子於朝堂西廡，王章壻張貽肅血流逆注。隱帝敗于北郊，還至封丘門，不得入，帝走趙村，允明從後追之，弑帝于民舍，乃自殺。

校勘記

〔二二〕事悉關決　「事」字原闕，據宗文本補。

〔二三〕弘肇怨逢吉異己　「己」字原闕，據宗文本、舊五代史卷一〇八蘇逢吉傳、册府卷三一七補。

〔三〕軍卒誣其訛言　「軍卒」二字原闕，據宗文本補。

〔四〕弘肇但以三指示之　「弘肇」二字原闕，據宗文本、詳節卷四補。

〔五〕何福進　舊五代史卷一〇七史弘肇傳、册府卷四四八作「何福殷」。按舊五代史卷一二四有何福進傳，漢周時累歷方鎮，非燕之賈人。

〔六〕何拯　宗文本作「陳拯」。

〔七〕弘肇議帶樞密以行　「以」字原闕，據宗文本、册府卷九一八補。按本書卷一一周本紀：「拜威鄴都留守、天雄軍節度使，仍以樞密使之鎮。」

〔八〕乾祐三年冬十月十三日　「十月十三日」，舊五代史卷一〇七史弘肇傳作「十一月十三日」。按本書卷一〇漢本紀、舊五代史卷一〇三漢隱帝紀下、通鑑卷二八九繫其事於十一月丙子。按十一月甲子朔，丙子爲十三日。

〔九〕逢吉諷李濤上疏罷邠與周太祖樞密使　「罷」，原作「罪」，據宋丙本、宗文本改。

〔一〇〕帝曰　「帝」字原闕，據宗文本、通鑑卷二八九補。

〔一一〕檢校太尉　「太尉」，舊五代史卷一〇〇漢高祖紀下、卷一〇七王章傳作「太傅」。按本卷下文：「隱帝即位，加太尉。」此作「太尉」，疑誤。

〔一二〕必全州縣覆之　「全」，原作「至」，據宗文本改。舊五代史卷一〇七王章傳敍其事作「章必命全州覆視」。

〔三〕往往復增之　「往往」，原作「往」，據宗文本改。

〔四〕拜永興軍節度使　「度」字原闕，據宗文本、舊五代史卷一〇七劉銖傳補。

〔五〕而濱海諸州皆置博易務　「博易務」，舊五代史卷一〇七劉銖傳、册府卷六九〇作「迴易務」。

〔六〕納其厚賂　「納」，宗文本、舊五代史卷一〇七劉銖傳作「利」。

〔七〕郭淮　舊五代史卷一〇七劉銖傳、通鑑卷二八九作「郭瓊」。按宋史卷二六一有郭瓊傳。

〔八〕獨不念之乎　「不」字原闕，據宗文本補。

〔九〕殆有微生　「殆」，原作「迨」，據宗文本、册府卷四一改。

〔一〇〕帝不聽　「帝」字原闕，據宗文本補。

〔一一〕太后亦遣人微諷大臣　「微」字原闕，據宗文本補。按舊五代史卷一〇七李業傳：「太后亦令人微露風旨於執政。」

〔一二〕文進亦見殺　「見殺」，原作「自殺」，據宋丙本、宗文本改。按舊五代史卷一〇七聶文進傳：「文進奔竄，爲軍士所追，梟其首。」通鑑卷二八九：「聶文進挺身走，軍士追斬之。」

〔一三〕遷飛龍使　「遷」，舊五代史卷一〇七郭允明傳作「兼」。按舊五代史卷一〇三漢隱帝紀下記郭允明弑隱帝時仍爲翰林茶酒使。

〔一四〕無雲而昏　「無」，原作「天」，據宋丙本、宗文本、舊五代史卷一〇三漢隱帝紀下改。

新五代史卷三十一

周臣傳第十九

王朴

王朴，字文伯，東平人也。少舉進士，爲校書郎，依漢樞密使楊邠。邠與王章、史弘肇等有隙，朴見漢興日淺，隱帝年少孱弱，任用小人，而邠爲大臣，與將相交惡，知其必亂，乃去邠東歸。後李業等教隱帝誅權臣，邠與章、弘肇皆見殺，三家之客多及，而朴以故獨免。

周世宗鎮澶州，朴爲節度掌書記。世宗爲開封尹，拜朴右拾遺，爲推官。世宗即位，遷比部郎中，獻平邊策，曰：

唐失道而失吴、蜀，晉失道而失幽、并。觀所以失之之由，知所以平之之術。當失之時，君暗政亂，兵驕民困，近者姦於內，遠者叛於外，小不制而至于僭〔一〕，大不制而至于濫〔二〕，天下離心，人不用命，吳、蜀乘其亂而竊其號，幽、并乘其間而據其地。平之之術，在乎反唐、晉之失而已。必先進賢退不肖以清其時，用能去不能以審其材，恩信號令以結其心，賞功罰罪以盡其力〔三〕，恭儉節用以豐其財，徭役以時以阜其民。俟其倉廩實、器用備、人可用而舉之。彼方之民，知我政化大行，上下同心，力彊財足，人安將和，有必取之勢，則知彼情狀者願爲之間諜，知彼山川者願爲之先導。彼民與此民之心同，是與天意同，與天意同，則無不成之功。

攻取之道，從易者始。當今惟吳易圖，東至海，南至江，可撓之地二千里。從少備處先撓之，備東則撓西，備西則撓東，彼必奔走以救其弊，奔走之間，可以知彼之虛實、衆之彊弱，攻虛擊弱，則所向無前矣。勿大舉，但以輕兵撓之。彼人怯弱，知我師入其地，必大發以來應，數大發則民困而國竭，一不大發則我獲其利。彼竭我利，則江北諸州乃國家之所有也。既得江北，則用彼之民，揚我之兵，江之南亦不難而平之也。如此，則用力少而收功多。得吳，則桂廣皆爲內臣，岷蜀可飛書而召之。如不至，則四面並進，席卷而蜀平矣。吳、蜀平，幽可望風而至。唯并必死之寇，不可以恩信誘，必須以彊兵攻，力已竭，氣已喪，不足以爲邊患，可爲後圖。方今兵力精練，器用具備，羣下知法，諸將用命，一稔之後，可以平邊。

臣書生也，不足以講大事，至于不達大體，不合機變，惟陛下寬之！

遷左諫議大夫、知開封府事。歲中，遷左散騎常侍、充端明殿學士。是時，世宗新即位，鋭意征伐，已撓羣議，親敗劉旻於高平，歸而益治兵，慨然有平一天下之志。數顧大臣問治道，選文學之士徐台符等二十人，使作爲君難爲臣不易論及平邊策，朴在選中。而當時文士皆不欲上急於用武，以謂平定僭亂，在修文德以爲先。惟翰林學士陶穀、竇儀、御史中丞楊昭儉與朴皆言用兵之策，朴謂江淮爲可先取。世宗雅以知朴，及見其議論偉然，益以爲奇，引與計議天下事，無不合，遂決意用之。顯德三年，征淮，以朴爲東京副留守。還，拜户部侍郎、樞密副使，遷樞密使。四年，再征淮，以朴留守京師。

世宗之時，外事征伐，而内修法度。朴爲人明敏多材智，非獨當世之務，至於陰陽律曆之法，莫不通焉。顯德二年，詔朴校定大曆，乃削去近世符天流俗不經之學，設通、經、統三法，以歲軌離交朔望周變率策之數，步日月五星，爲欽天曆。六年，又詔朴考正雅樂，朴以謂十二律管互吹，難得其真，乃依京房爲律準，以九尺之絃十三，依管長短寸分設柱，用七聲爲均，樂成而和。

朴性剛果，又見信於世宗，凡其所爲，當時無敢難者，然人亦莫能加也。世宗征淮，朴留京師，廣新城，通道路，壯偉宏闊，今京師之制，多其所規爲。其所作樂，至今用之不可變。其陳用兵之略，非特一時之策。至言諸國興滅次第云：「淮南可最先取，并必死之寇，最後亡。」其後宋興，平定四方，惟并獨後服，皆如朴言。

六年春，世宗遣朴行視汴口，作斗門，還，過故相李穀第，疾作，仆于坐上，舁歸而卒，年五十四〔四〕。世宗臨其喪，以玉鉞叩地，大慟者數四。贈侍中。

鄭仁誨

鄭仁誨，字日新，太原晉陽人也。初事唐將陳紹光。紹光爲人驍勇而好使酒，嘗因醉怒仁誨，拔劍欲殺之，左右皆奔走，仁誨植立不動，無懼色，紹光擲劍于地，撫仁誨曰：「汝有器量，必富貴，非吾所及也。」仁誨後棄紹光去，還鄉里，事母以孝聞。

漢高祖爲河東節度使，周太祖居帳下，時時往過仁誨，與語甚懽。每事有疑，即從仁誨質問，仁誨所對不阿，周太祖益奇之。漢興，周太祖爲樞密使，乃召仁誨用之，累官至内客省使。太祖破李守貞於河中，軍中機畫，仁誨多所參決。太祖入立，以仁誨爲大内都點檢、恩州團練使、樞密副使，累遷宣徽北院使，出爲鎮寧軍節度使。顯德元年，拜樞密使。

世宗攻河東，仁誨留守東都。明年冬，以疾卒。世宗將臨其喪，有司言歲不利臨喪，世宗不聽，乃先以桃苅而臨之。

仁誨自其微時，常爲太祖謀畫，及居大位，未嘗有所聞，而太祖、世宗皆親重之，然亦能謙謹好禮，不自矜伐，爲士大夫所稱。贈中書令，追封韓國公，謚曰忠正。

扈載

扈載，字仲熙，北燕人也。少好學，善屬文。廣順初，舉進士高第，拜校書郎、直史館，再遷監察御史。其爲文章，以辭多自喜，常次歷代有國廢興治亂之迹爲運源賦，甚詳。又因遊相國寺，見庭竹可愛，作碧鮮賦，題其壁，世宗聞之，遣小黄門就壁録之，覽而稱善，因拜水部員外郎、知制誥。遷翰林學士，賜緋，而載已病，不能朝謝。居百餘日，乃力疾入直學士院。世宗憐之，賜告還第，遣太醫視疾。

初，載以文知名一時，樞密使王朴尤重其才，薦於宰相李穀，久而不用，朴以問穀曰：「扈載不爲舍人，何也？」穀曰：「非不知其才，然載命薄，恐不能勝。」朴曰：「公爲宰相，以進賢退不肖爲職，何言命邪？」已而召拜知制誥。及爲學士，居歲中病卒，年三十六。

議者以穀能知人而朴能薦士。

是時，天子英武，樂延天下奇才，而尤禮文士，載與張昭、竇儼、陶穀、徐台符等俱被進用。穀居數人中，文辭最劣，尤無行。昭、儼數與論議，其文粲然，而穀徒能先意所在，以進諛取合人主，事無大小，必稱美頌贊，至於廣京城、爲木偶耕人、紫芝白兔之類，皆爲頌以獻，其辭大抵類俳優。而載以不幸早卒，論議雖不及昭、儼，而不爲穀之諛也。

嗚呼！作器者，無良材而有良匠；治國者，無能臣而有能君。蓋材待匠而成，臣待君而用。故曰：治國譬之於奕，知其用而置得其處者勝，不知其用而置非其處者敗。敗者臨棊注目，終日而勞心，使善奕者視焉，爲之易置其處則勝矣。勝者所用，敗者之棊也；興國所用，亡國之臣也。王朴之材，誠可謂能矣，不遇世宗，何所施哉？世宗之時，外事征伐，攻取戰勝；內修制度，議刑法、定律曆，講求禮樂之遺文，所用者五代之士也，豈皆愚怯於晉、漢，而材智於周哉？惟知所用爾。

夫亂國之君，常置愚不肖於上，而彊其不能，以暴其短惡，置賢智於下，而泯沒其材能，使君子、小人皆失其所，而身蹈危亡。治國之君〔五〕，能置賢知於近，而置愚不肖於遠，使君子、小人各適其分，而身享安榮。治亂相去雖遠甚，而其所以致之者不多也，反其所置而已。嗚呼，自古治君少而亂君多，況於五代，士之遇不遇者，可勝歎哉！

校勘記

〔一〕小不制而至于僭　「僭」，舊五代史卷一二八王朴傳作「大」。

〔二〕大不制而至于濫　「濫」，舊五代史卷一二八王朴傳作「僭」。

〔三〕賞功罰罪以盡其力　「罰」，原作「非」，據宋丙本、宗文本、詳節卷五、舊五代史卷一二八王朴傳、通鑑卷二九二改。

〔四〕年五十四　「五十四」，舊五代史卷一二八王朴傳作「四十五」。

〔五〕治國之君　宋丙本、宗文本、吴縝纂誤卷中引五代史作「治君之用」。